IMMER DIESE SENIOREN!

Rutger Booß

IMMER DIESE SENIOREN!

111 Gründe, warum sie uns in den Wahnsinn treiben

SCHWARZKOPF & SCHWARZKOPF

INHALT

Weil sie einfach keine Zeit haben – Weil sie ihre Nachkommen als Besitz oder als fremde Sache behandeln – Weil Beige ihre Lieblingsfarbe ist und sie gerne Sandalen mit kackbraunen Socken tragen – Weil sich 82-jährige magersüchtige Couturiers mit Pferdeschwanz für Stilikonen halten (Das Lagerfeld-Syndrom) – Weil sie sich als »Fashion-Rentner« für Google zum Affen machen – Weil sie den Berufstätigen Plätze in der Kantine wegnehmen – Weil sie einkaufen, wenn alle Berufstätigen unterwegs sind, und sich in der Schlange vormogeln – Weil sie extrem lärmempfindlich und gleichzeitig die größten Krachmacher sind – Weil Nachbarschaftsstreit ihr liebstes Hobby ist – Weil sie sich als Spanner empören, wenn sie was Nacktes in Nachbars Garten erspähen – Weil sie Schaden anrichten, wenn sie Nachbarschaftshilfe leisten wollen – Weil sie als Raucher mit dem Lüften auf Kriegsfuß stehen – Weil sie durch Rudelbildung an Engstellen den Fußgängerverkehr blockieren – Weil ihre Rudelbildung am Warmwassertag das Schwimmen unmöglich macht und sie in der Muckibude schwätzend die Geräte blockieren – Weil sie Notausgänge für Zugangswege halten – Weil ihre total übertriebene Tierliebe nervt

Weil sie am liebsten über Krankheiten reden – Weil sie immer dicker werden – Weil sie sich mit Medikamenten vollstopfen, ohne auf Wechselwirkungen zu achten – Weil sie mehr oder weniger grundlos ärztliche Wartezimmer füllen – Weil sie den Polizeinotruf blockieren – Weil sie auf zweifelhafte Gesundheitsratgeber und Hilfsmittel reinfallen – Weil ihre Begeisterung für Smoothies die Kauprobleme der Jungen fördert – Weil sie aus Eitelkeit ihren Körper zur Dauer-

baustelle machen – Weil sie mit ihrem und dem Leben ihrer Kinder spielen, wenn sie mit 65 Jahren Vierlinge bekommen

3. KAPITEL: SENIOREN ALS AUTOFAHRER –

Weil sie als Sonntagsfahrer schleichen, nicht zügig überholen und vor Schneefahrbahnen zu viel Respekt haben – Weil sie durch untertouriges Fahren den Motor versauen – Weil sie andere Verkehrsteilnehmer anschwärzen – Weil sie nicht platzsparend parken oder vergessen, wo sie geparkt haben, und ihr eigenes Auto »vertauschen« – Weil sie aus Bösartigkeit Rettungswagen zuparken – Weil sie zu Irrfahrten mit Unfällen neigen und überproportional häufig als Geisterfahrer unterwegs sind – Weil sie Bremse mit Gaspedal verwechseln – Weil sie mit auf 45 km/h gedrosselten »Tuckerlis« in Wohnhäuser krachen, im Rollstuhl auf der Bundesstraße kutschieren und ohne Reifen auf der Überholspur auf der Autobahn unterwegs sind – Weil sie zu Unfallflucht neigen, wenn sie es haben krachen lassen

Weil sie als E-Biker glauben, dass ihnen allein der Radweg gehört – Weil sie ein geradezu pathologisches Bedürfnis nach Busreisen haben – Weil sie im Bus immer die besten Plätze haben wollen – Weil sie bei Busreisen ständig Pipi machen müssen – Weil sie durch Herumkramen den Start von Flugzeugen gefährden – Weil sie faul die Flüsse rauf und runter cruisen, ohne wirklich mitzubekommen, was rechts und links los ist – Weil Seniorendampfer auf dem Rhein zur Landplage geworden sind – Weil sie jeden Souvenirschrott kaufen – Weil sie mit ihren vermeintlichen Seeabenteuern strunzen und am liebsten am Kapitänstisch sitzen – Weil sie auf Landausflügen Einheimische verhöhnen

Weil sie spitz wie Nachbars Lumpi und dazu noch korrupt bis ins Mark sind (Das Berlusconi-Syndrom) – Weil die Allianz von Geld,

Macht und Glamour im Allgemeinen zum Kotzen ist und bei alten Zauseln ganz besonders (Das Rupert-Murdoch-Syndrom) – Weil sie Privatleben und Sexmagazin nicht voneinander trennen (Das Hugh-Hefner-Syndrom) – Weil sie 70 Jahre alt werden müssen, um von ihrer 40 Jahre jüngeren Partnerin mit der gesellschaftlichen Wirklichkeit konfrontiert zu werden (Das Franz-Müntefering-Syndrom) – Weil Omas Hochwürden nicht mit Präsern provozieren sollen – Weil sie als männliches Opernlogenluder Frauen nur als dekoratives Beiwerk benutzen (Das Lugner/»Mörtel«-Syndrom) – Weil sie nicht raffen, wie süße Thai-Mädchen funktionieren

6. KAPITEL: DIE SENIOREN UND DAS LIEBE GELD
Weil viele in Gelddingen unbedarft sind und sich zu Tode sparen – Weil sie die Liebe zur eigenen Immobilie ökonomisch blind macht – Weil sie mitverantwortlich für Filialschließungen von Banken und Sparkassen sind – Weil sie für eine Beute von 5.000 Euro sieben Jahre Knast riskieren – Weil die Alterspension eines Gewerkschafters im Wert von 23 Millionen Euro ein Geschmäckle hat – Weil die Weltmeister der Altersvorsorge sich auf Kosten der Belegschaften bereichern – Weil sie selbst als Milliardäre mit Zahlen nicht umgehen können – Weil sie Geldscheine zerschneiden, um ihre Erben zu ärgern – Weil sie vergessen, wo sie den Zaster versteckt haben – Weil sie die Nachricht über 150.000 Dollar Preisgeld für Spam halten – Weil sie sich nach erfolgreichem Superjuwelenraub verquatschen – Weil alte Anlagebetrüger noch dreister sind als junge Verbrecher – Weil sie selbst als Schmuggler nichts taugen – Weil Omas nicht für ihre Enkel Schmiere stehen sollen – Weil sie als hohe religiöse Würdenträger den Staat bescheißen – Weil sie als Blender meinen, es ginge immer nur aufwärts – Weil sie sich auf Kosten der Steuerzahler Frühpensionierung erschleichen

7. KAPITEL: SENIOREN UND GEWALT
Weil sie fliehende Einbrecher in den Rücken schießen – Weil sie mit Revolver die Aufstiegsfeier im Vereinsheim stürmen – Weil sie auf Ge-

richtsvollzieher schießen – Weil sie sich mit Panzerminen vor Gericht Gehör verschaffen wollen – Weil sie aus Wut Autos zerkratzen – Weil sie ihre Opfer mit Drogen betäuben, um sexuelle Gewalt auszuüben (Das Bill-Cosby-Syndrom) – Weil Seniorenknäste den Steuerzahler viel kosten

Weil sie den richtigen Zeitpunkt zum Aufhören verpassen – Weil sie sich im Theater als »Wutabonnenten« aufführen – Weil sie Kunst und Kreuzworträtsel nicht unterscheiden können

Weil sie ihren Memoirenschreibern verbieten, die Wahrheit zu veröffentlichen (Das Helmut-Kohl-Syndrom) – Weil sie die Weisheit mit Löffeln gefressen haben (Das Helmut-Schmidt-Syndrom) – Weil sie ihre von Eitelkeit triefenden Memoiren mit Sex-Histörchen aufbrezeln

Weil sie entweder Internet-Verweigerer oder What'sApp-Süchtige sind – Weil mit Rücksicht auf sie Programminnovationen bei ARD und ZDF unterbleiben – Weil sie eine Verjüngung alter Fernsehformate abstrafen – Weil sie auch vom Privatfernsehen mehr Gestriges verlangen – Weil sie in den Medien private Banalitäten von sich geben, obwohl sie intelligente Menschen sind – Weil sie schwer erträgliche Dampfplauderer sind

Weil sie zum Ekelpaket mutieren (Das Helmut-Berger-Syndrom) – Weil sie unerträgliche Großmäuler sind (Das Gunter-Gabriel-Syndrom) – Weil sie sich im Urwald wie Weltverbesserer aufführen (Das Rainer-Langhans-Syndrom)

VORBEMERKUNG

Während in Deutschland immer weniger Kinder geboren werden, schwillt die Menge der Senioren unaufhörlich an. Früher war alles besser, meckern sie, während sie ihre höher gelegten raumgreifenden SUV mittels elektronischer Einparkhilfe rangieren.

Senioren beleidigen unsere Augen, wenn sie auf gepflegten Strandpromenaden kurzhosig in Sandalen mit braun-beigen Socken über das Pflaster spazieren. Sie beleidigen unsere Ohren, wenn sie sich an Engstellen in Fußgängerzonen zusammenrotten und im Rudel jammern – über den Euro als Teuro, über die faulen Griechen und über die gierigen Flüchtlinge, denen alles in den Arsch geschoben wird, was sie dann bezahlen müssen.

In der Politik machen Senioren gerne Vorschläge, was zu verbessern sei, und vergessen in gnädiger Demenz, was sie selbst hätten verbessern können, als sie noch in verantwortlichen Positionen waren, es aber seinerzeit unterlassen haben.

Beckenbauer, Berlusconi, Blatter – sie und ihresgleichen hatten und haben mehr Einfluss, als der Gesellschaft guttut, und lassen sich auch von Urteilen der Justiz nicht beeindrucken.

Senioren machen zu allen Jahreszeiten ohrenbetäubenden Lärm: im Winter mit der Motorsäge, im Frühling mit dem Vertikutierer, im Sommer mit dem Rasenmäher und der Heckenschere, im Herbst mit dem Laubbläser und dem Astschredder. Doch wehe, Nachbarskinder spielen laut. Da wird Senior schon mal gewalttätig.

Es könne doch niemand eine Gesellschaft wollen, sagte kürzlich Frank-Jürgen Weise, der Chef der Bundesanstalt für Arbeit und bis Oktober 2016 gleichzeitig des Bundesamts für Migration und Flüchtlinge (BAMF), wo nur noch »ältere graue Herren durch die Gegend laufen und langsam mit dem Auto auf der Autobahn herumfahren.«[1]

Über manche Schandtaten von Senioren könnte man schmunzeln, wenn man sie auf die leichte Schulter nähme. Doch bei der dunklen Seite der Senioren ist uns nicht zum Lachen zumute. Wir geben den *silver* und *golden agers* keinen Altersrabatt. Wie sagte schon die *heute Show*: »Deutschland braucht keine Obergrenze, Deutschland braucht dringend eine Opa-Grenze.«[2] In diesem Buch zeigen wir den Oldies ihre Grenzen auf.

Es gibt mindestens 111 Gründe, weshalb uns Senioren in den Wahnsinn treiben. Und wenn trotzdem in diesem Buch manchmal Mitleid oder Sympathie mit den Alten und ihrem gelegentlich sehr schrägen Verhalten durchscheint, möge man es mit dem Alter des Autors entschuldigen.

Rutger Booß

1. KAPITEL

SENIOREN IM ALLTAG

Die amtliche Statistik des Bundes und der Länder erfasste im Jahr 2011 16,5 Millionen Menschen, die älter als 65 Jahre sind (= Senioren, in diesem Buch geschlechtsneutral gebraucht). Das ist ein Fünftel der Bevölkerung. Von den Seniorinnen und Senioren ist fast die Hälfte 75 Jahre oder älter. Rund 1,89 Millionen haben ein Alter von mindestens 85 Jahren. Diese sogenannten Hochbetagten machen 11,4 Prozent aller Seniorinnen und Senioren und 2,4 Prozent der Gesamtbevölkerung aus. 57,5 Prozent der Senioren sind weiblich; bei den Hochbetagten steigt der weibliche Anteil auf 75 Prozent. Alte Weiber leben länger als alte männliche Zausel.

Im Alltag ist es also unvermeidlich, auf Senioren und sogar auf Hochbetagte zu treffen. Nicht immer zeigen sie ihre helle Seite. Denn »alte Leute sind gefährlich«, bemerkte schon George Bernard Shaw. »Sie haben keine Angst vor der Zukunft.«[1]

WEIL SIE EINFACH KEINE ZEIT HABEN

Senioren haben keine Zeit. Das hört sich verrückt an. Ist aber so. Berufstätige haben ihre gesetzlichen Arbeitspausen, ihren Feierabend, das freie Wochenende, den garantierten Jahresurlaub – Rentner haben nichts davon. Sie müssen ständig mit Terminproblemen kämpfen. Zwar sind auch Schüler und Hartz-IV-Empfänger von Zeitnot betroffen, wie Mitarbeiter der Gesundheitsbranche glaubhaft versichern. Aber die Zeitnot von Senioren ist extrem.

Die senile Bettflucht treibt viele Senioren schon ganz früh aus den Federn, um sechs Uhr wird gefrühstückt, und dann will Senior Termine mit Arzt oder PhysiotherapeutIn machen. Wenn Senior um sieben Uhr morgens keinen Termin kriegt, ist ihm schon sein ganzer Tag vergällt. Glücklicherweise leidet auch der treue vierbeinige Gefährte der Senioren an seniler Korbflucht. Also heißt es Gassi gehen.

Der Vormittag ist mit Arztbesuchen, Krankengymnastik/Massage/Lymphdrainage/Fußpflege ausgefüllt. Nach dem Mittagessen um zwölf/halb eins ist ausreichend Zeit für den Mittagsschlaf einzuplanen. Damit verbunden ist eine schwierige Entscheidung. Schaut man sich um 14:10 Uhr *Rote Rosen* (ARD) an oder verschiebt man es auf den nächsten Morgen um 9:05 Uhr? Also Mittagsschlaf, damit man um 15:10 Uhr wach und aufnahmefähig ist, wenn der *Sturm der Liebe* (ARD) durch das Fernsehen fegt. Anschließend ist Kaffeetrinken angesagt. Senioren, die diese beiden Serien als wahre *afficionados* genussvoll auskosten wollen, schalten natürlich zuerst am Nachmittag und dann am folgenden Morgen den Fernseher ein: Zweimal schauen macht dreifach Freude, wie der Volksmund sagt. Problem: Wer die *Rosen* und den *Sturm* zweimal sehen will, muss zusätzliche

Fenster im knappen Zeitbudget öffnen. Wo bleibt da noch Zeit, um mit Nachbarn ein Schwätzchen zu halten oder in die Bürgersprechstunde zu gehen, um sich über ungepflegte städtische Blumenbeete zu beschweren? Und dann sind da ja noch die familiären Zeiträuber, die eigenen Kinder, die als Rabeneltern ihre Sprösslinge den Omas und Opas zur Bespaßung aufs Auge drücken – in völliger Unkenntnis der Tatsache, dass die Zeitknappheit der Omas und Opas viel gravierender ist als die der berufstätigen Eltern.

Wenn in unserer eigentlich friedlichen und beschaulichen Gesellschaft jemand Grund zum Burn-out hat, dann sind es die stressgeplagten Senioren, die sich ständig zwischen der Pest anstrengender Fernreisen zu Wasser, zu Lande oder in der Luft und der Cholera täglichen häuslichen und familiären Zeitdrucks entscheiden müssen.

2. GRUND

WEIL SIE IHRE NACHKOMMEN ALS BESITZ ODER ALS FREMDE SACHE BEHANDELN

Omas und Opas sind heutzutage ziemlich unentbehrlich. Sie entlasten die berufstätigen Eltern bei der Versorgung der Kinder, bringen sie zum Kindergarten oder holen sie von der Schule, betten sie in den Mittagsschlaf und helfen ihnen bei den Hausaufgaben.

Alles sehr sympathisch, aber es gibt auch Omas und Opas, die sich für absolut unentbehrlich halten. Das mag ja in afrikanischen oder asiatischen Stammesgesellschaften der Fall sein, aber im 21. Jahrhundert in Mitteleuropa ist dank eines öffentlichen Erziehungssystems und guter Nachbarschaft die Rolle der Omas und Opas geschrumpft. Ich kenne einen Opa, der an jedem Sonntagabend in Dortmund den ICE nach Berlin besteigt, dort seine Enkel von Montagmorgen bis Dienstagabend betreut und seine heimatliche Wohnung erst wieder in der Nacht zu Mittwoch betritt. Ein anderer Opa aus meinem Freundeskreis musste alles stehen und liegen lassen und extrem kurzfristig von Dortmund nach Frankfurt fahren, weil seine Tochter von einer Biene gestochen worden und vom Arzt zu absoluter Bettruhe verdonnert worden war.

Nicht so liebenswert wie die 24-Stunden-Service-Großeltern sind die Omas und Opas, die meinen, bessere Erzieher als ihre Kinder zu sein. Gründe, mit dem Erziehungserfolg ihrer Sprösslinge unzufrieden zu sein, mag es viele geben. »Du lässt deinen Kindern zu viel durchgehen!« – »Du förderst dein Kind zu wenig!« – »Du achtest zu wenig auf gute Ernährung!« – »Du kümmerst dich nicht um seine schulischen Leistungen!« Gerne pflanzen Omas und Opas den Eltern ihrer Enkel ein schlechtes Gewissen ein und treiben einen Keil in die Eltern-Kind-Beziehung. Das passiert im Übrigen auch dann, wenn die Großeltern ihre Enkel über Gebühr verwöhnen und alles zulassen, was die Eltern ihren Kindern sonst verboten haben.

Absolut hassenswert sind jene Großeltern, die sich überhaupt nicht um ihre Abkömmlinge kümmern. Meistens deshalb, weil sie schon Zoff mit ihren Kindern hatten. Leider gibt es jede Menge solcher gestörter Beziehungen. Was kümmern mich die Nachkommen meines ungeratenen/undankbaren Kindes? Soll die ganze Bagage doch der Teufel holen! Ich habe immer alles richtig gemacht …!

Haben Enkelkinder ein Recht auf Großeltern? Ich glaube schon. So wie ja auch jedes Kind ein Recht auf Eltern hat.

WEIL BEIGE IHRE LIEBLINGSFARBE IST UND SIE GERNE SANDALEN MIT KACKBRAUNEN SOCKEN TRAGEN

Keine andere Farbe ist bei Senioren so beliebt wie Beige. »Abschied von Beige: Farbe bekennen!«, rät nachdrücklich www.aponet.de älteren Menschen. Der Appell scheint dringend erforderlich zu sein. Der Vorwurf lautet: Viele Senioren scheuen sich, farbige Kleidung zu tragen und mit der Mode zu gehen.

So beschissen Senioren in ihren beigen Klamotten auch aussehen, eines muss man ihnen lassen: Beige ist eine alte Naturfarbe in farblicher Nachbarschaft von Sand, Ecru, Chamois, Elfenbein und Isabellfarbe. Die Isabellfarbe verdankt ihren Namen angeblich einem Gelöbnis der spanischen Königin Isabella, ihr weißes Hemd nicht eher zu wechseln, bis Granada von den Mauren befreit wäre. Nach drei Jahren dürfte das ehedem weiße Hemd nicht nur eine intensive Farbe, sondern auch einen intensiven Geruch angenommen haben. Senioren bekennen sich also gerne zumindest farblich zur abendländischen Tradition. Aber müssen sie deswegen immer beige Mäntel, beige Jacken, beige Strickjacken, beige Cordhosen und kackbraune Budapester tragen? Und wie lange noch kann sich die Herrenunterwäsche von der Seniorenbeigitis fernhalten? Noch geht es da schwarz, weiß und bunt zu. Oder ist Senior untendrunter schon isabellfarbig?

Auch im warmen Sommer mag Senior sich nicht von seiner Lieblingsfarbe trennen. Ein multifunktionales Talent ist der beige 1.000-Taschen-Blouson, der sich bei Bedarf blitzschnell in eine Weste verwandeln lässt. Die Weste mit 14 »smarten« Taschen wird im Sommer 2016 von einem Textilversender rotzfrech als »Fotografenweste« angeboten, um nicht den Begriff »Senioren-Reiseweste« verwenden zu müssen.[2] Was an 14 Taschen smart sein soll, bleibt das Geheimnis des Anbieters.

Megacool zumindest in den Augen ihrer bejahrten Träger sind die Long-Bermudas, die den blassen Senioren-Unterschenkeln Freifläche für begehrte Sonnenbräune geben. Doch diese unappetitliche Zurschaustellung stößt auf wachsenden Protest stilbewusster Kulturschaffender. So äußerte Sänger Max Raabe unmissverständlich: »Ich mag es nicht, wenn ich in Straßencafés mehr Fleisch auf dem Stuhl sehe als auf dem Teller.«[3]

Die zarten Seniorenfüße werden gerne durch beige Socken in braunen Sandalen geschützt. So geht es noch vor dem Frühstück mit dem eventuell beigen Hotelbadetuch an den Pool, um das teuer bezahlte Urlaubsparadies gegen unwürdige Landsleute, Engländer oder Russen zu verteidigen. Dabei kommt es gar nicht darauf an, den reservierten Platz später selbst zu nutzen. Schon die Reservierung als solche führt zu einem berauschenden Triumphgefühl. Wenn ich wollte, könnte ich den Liegestuhl am Pool in Besitz nehmen, philosophiert Senior. Vielleicht will ich aber gar nicht, weil es mir draußen viel zu heiß wird. Da bleibe ich lieber im kühlen Zimmer und gucke fern.

4. GRUND

WEIL SICH 82-JÄHRIGE MAGERSÜCHTIGE COUTURIERS MIT PFERDESCHWANZ FÜR STILIKONEN HALTEN (DAS LAGERFELD-SYNDROM)

Eines kann man Senioren nicht vorwerfen: dass ihr Haarschmuck uniform sei. Mit dem altersbedingten Haarausfall gehen die *golden agers* ganz verschieden um. Von Glatze über Bürstenschnitt bis zum Pferdeschwanz sind alle Haarlängen und moden vorhanden. Ältere Glatzenträger bekommen zunehmend Konkurrenz von jüngeren Herren, die aus Gründen der Faulheit oder aus sonstigen Gründen den radikalen Haarschnitt bevorzugen.

Vor Senioren mit Pferdeschwanz muss ausdrücklich gewarnt werden. Wenn greise Pferdeschwänzler wie der 82-jährige Couturier Karl Lagerfeld ihr magersüchtiges Erscheinungsbild als originär und sogar nachahmenswert in Szene setzen, sollte man ihnen sofort den Weg zum Friseur und zum nächsten Currywurststand zeigen. Eine Unverschämtheit, dass dieser Kerl der angenehm rundlichen Sängerin Adele Vorwürfe in Sachen Figur macht. Er soll erst mal seine Steuerangelegenheiten bereinigen. Steuer? »Ich sehe das selbst nicht. Das wird abgezogen von meinen Geschäftsleuten, ich kriege den Rest«, versicherte er im April 2014. Sein Brutto-Einkommen wird auf jährlich rund 40 Millionen Euro geschätzt, sein Vermögen auf stolze 350 Millionen.[4] Und natürlich ist der große Selbstdarsteller immer dabei, wenn sich auf der Welt was tut. Im Mai 2016 eröffnete Lagerfeld in Havanna/Kuba eine Ausstellung seiner Fotografien. Auch wenn Frauenmagazine wie *Brigitte* oder *Freundin* den Pferdeschwanz als die »schnelle Lösung für schöne Haare« empfehlen, bei Greisen wie Lagerfeld und allen anderen Senioren geht das gar nicht.

5. GRUND

WEIL SIE SICH ALS »FASHION-RENTNER« FÜR GOOGLE ZUM AFFEN MACHEN

Günther Anton Krabbenhöft ist ein rüstiger Berliner Rentner. Seit Jahrzehnten lebt er in seinem Kreuzberger Kiez, ist freundlich zu seinen Mitmenschen, so wie seine Mitmenschen auch freundlich zu ihm sind. Von vielen Menschen seiner Generation unterscheidet sich Krabbenhöft nur durch sein Outfit. Das Senioren-Model kleidet sich adrett. Seine Macke ist, wie ein Dandy der 20er Jahre auszusehen: Weste, Fliege, Einstecktuch, klassische »Melone« auf dem Kopf, Stiefel an den Füßen. Wer so durch Berlin läuft, fällt irgendwann irgendwem auf. Nicht den Kiezbewohnern; die sind so ziemlich alles gewohnt. Im Sommer 2015 gerät Krabbenhöft vor die Linse australischer Touristen. Eigentlich will er sich nicht fotografieren lassen, doch er lässt sich erweichen. Und dann verbreitet sich das Foto des bestangezogenen angeblich 104-jährigen Berliners weltweit im Internet. Berlin ist sowieso hip, und so wird Krabbenhöft für die Zeitschrift *Cosmopolitan* zu »Deutschland ältestem Hipster«, der in Blogs als »Stilgott« verehrt werde.

Doch Krabbenhöft ist weder 104 Jahre alt, noch fühlt er sich als Hipster. Er wurde 1945 geboren und arbeitete als Koch. Der Großvater zweier Enkelkinder liebt es, sich kleidungsmäßig vom beigen Einerlei seiner Altersgruppe abzugrenzen. Außerdem tanzt er leidenschaftlich gern. Im Interview erzählt er: »Ich habe immer schon gerne getanzt, aber irgendwann, so mit 50, dachte ich: Die jungen Leute wollen mich nicht mehr dabeihaben. Auf privaten Partys war ich aber immer derjenige, der am längsten getanzt hat. Im Februar war ich dann an einem Sonntagnachmittag in der U-Bahn unterwegs und wurde von zwei jungen Mädchen angesprochen, die meinen Style mochten. Die meinten: ›Komm doch mit ins *Berghain*.‹ Und weil ich das schon immer mal sehen wollte, bin ich mitgegangen.«[5]

Im *Berghain* wurde der vermeintlich 104-Jährige zur konkurrenzlosen Selfie-Attraktion. Das ließ andere Clubs nicht ruhen. Auch sie wollten mit dem schrillen Opa glänzen: *Sisyphos, Kater Blau, Ritter Butzke, Farbfernseher*. Und so kann es sich Günther Anton Krabbenhöft aussuchen, wo er nahezu kostenlos tanzend seine Abende verbringt. Auch sein Aufwand für Kleidung hält sich in Grenzen. Das Meiste stamme, gesteht er, aus Secondhandläden.[6]

Warum sollte man diesen sympathischen, lebensfrohen älteren Herrn nicht mögen? Nein, nicht wegen seines dandyhaften Auftretens und auch nicht aus Neid, weil ihn junge Mädchen anhimmeln, den Autor dieses Buches aber nicht. Der Bogen wurde am 22. Dezember 2015 überspannt. In einer ganzseitigen Anzeige in der *Süddeutschen* und im *Spiegel* war ein großformatiges Foto Krabbenhöfts abgebildet. Weiter hieß es: »Kostenlos testen, was einen Fashion-Rentner inspiriert. Jetzt digitale Zeitungen und Magazine lesen, mit denen Günther Anton Krabbenhöft neue Trends entdeckt. Mit deinem Android-Gerät bei Google Play.«

Wer sich für Zeitungsverleger und die globale Internet-Krake Google zum Affen macht, kann nicht mehr mit unserer Sympathie rechnen.

6. GRUND

WEIL SIE DEN BERUFSTÄTIGEN PLÄTZE IN DER KANTINE WEGNEHMEN

Senioren fühlen sich oft auch im Ruhestand ihrem früheren Betrieb verbunden. 30 Jahre haben sie da gearbeitet; sie kennen jedes Eckchen des Betriebsgeländes von der Abstellkammer bis zur Kantine, sie kennen noch viele ehemalige Kollegen, auch wenn die bekannten Gesichter immer weniger werden. Wenn sie zur Weihnachtsfeier eingeladen werden, nehmen die Alten gerne daran teil. Es gibt aber Situationen, in denen ihre Anhänglichkeit höchst störend und unerwünscht, sogar hassenswert ist. Mit der allergrößten Selbstverständlichkeit betreten die Pensionäre die Behördenkantine, sobald sie mittags geöffnet ist. So haben sie das 30 Jahre lang gemacht, und warum sollte es jetzt anders sein, nur weil sie einen kleinen Zuschlag für das Essen zahlen müssen, weil sie nicht mehr aktiv im Berufsleben stehen? Und von dem Platz, auf dem sie 30 Jahre lang von Montag bis Freitag gesessen und gegessen haben, lassen sie sich auch nicht durch irgendwelche neu hinzugekommenen Mitarbeiter vertreiben. Die erwarten natürlich, wenn sie schon mit kleiner Verspätung zum Mittagessen kommen, dass die Senioren ihre Mahlzeit genauso zügig zu sich nehmen wie sie selbst. Aber warum, bitte, sollten sie das? Sie haben für die Mittagsmahlzeit alle Zeit der Welt. Und in den Seniorenmagazinen steht ja auch, dass man nicht schlingen, sondern sorgfältig kauen soll. Das ist viel gesünder.

Natürlich könnte das Essen in der Kantine etwas abwechslungsreicher sein, aber Hauptsache, man kommt vor dem großen Pulk der Berufstätigen und findet den angestammten Platz, bevor das große Gedränge beginnt und das hastige Herunterschlingen.

Für den Nachtisch lassen wir uns jetzt ganz viel Zeit. Wir Senioren sind nämlich Genießer, auch wenn die Berufstätigen uns hassen, weil wir ihnen die Plätze wegnehmen.

7. GRUND

WEIL SIE EINKAUFEN, WENN ALLE BERUFSTÄTIGEN UNTERWEGS SIND, UND SICH IN DER SCHLANGE VORMOGELN

Senioren kaufen am liebsten dann ein, wenn auch die meisten Berufstätigen unterwegs sind. Einkauf am Morgen? Kommt nicht infrage – außer am Samstagvormittag. Die betagten Herrschaften folgen dem genetisch vorgegebenen Herdentrieb. Unbewusst spielt auch die Angst vor Einsamkeit eine Rolle. Oder ist es Sehnsucht nach dem Bad in der Menge? Der Freitagnachmittag bietet sich dafür ganz hervorragend an, wenn Tausende Berufstätige, von einer anstrengenden Arbeitswoche gestresst, sich aufs wohlverdiente Wochenende freuen und noch schnell ihre Einkäufe erledigen wollen. Mühelos gelingt es Senioren, durch geschicktes und immer wieder wiederholtes Fehlverhalten den Berufstätigen den Feierabend zu vermiesen. Senior hat genug vom Schlangestehen. Das war vor 60, 70 Jahren, das muss jetzt nicht mehr sein. Also versucht er, von links kommend, sich an die Spitze der Schlange vor der Fleisch- und Wursttheke zu stellen unter Missachtung eines Schildes, auf dem deutlich sichtbar steht: »Bitte von rechts anstellen«.

Wenn er sich an die Spitze der Schlange gemogelt und die Aufmerksamkeit der gestressten Verkäuferin gewonnen hat, lässt er es langsam angehen. »Was wünschen Sie?«, fragt die Verkäuferin. »Vier Scheiben von der Tiroler Jagdwurst, fünf Scheiben Holsteiner Schinken, sechs Scheiben Mortadella mit Pistazien.« Die Verkäuferin macht sich ans Werk. »Nein, warten Sie«, tönt es aus Seniorenfeinschmeckermund. »Lieber fünf Scheiben von der Tiroler Jagdwurst und vier Scheiben Mortadella.« – »Schinken bleibt? Fünf Scheiben?«, fragt die geduldige Verkäuferin. »Ach, wissen Sie, ich glaube, ich nehme doch lieber den Schwarzwälder Schinken, der ist ein bisschen intensiver, oder?« Pause. »Was ist denn das für ein Schinken? Der sieht ja gut aus?« – »Das ist ein spanischer, luftgetrockneter Schinken, Serrano.« – »Ja, das muss ich mir noch mal überlegen. Mein Mann mag keinen Luft getrockneten Schinken …« Und so weiter und so fort.

Die Kundenschlange ist kräftig gewachsen, aber noch droht keine Entwarnung. Der Senioreneinkauf im Fachgeschäft kommt mit dem Bezahlvorgang zum Höhepunkt. Ein gewaltiges Kramen in Tasche oder Handtasche beginnt. »Ich muss nur mal eben mein Portemonnaie finden.« Irgendwann findet es sich tatsächlich. Dann folgt weiteres Kramen nach Scheinen und Münzen. »Ich glaube, ich habe es passend!«, ruft nach gefühlten fünf Minuten der Liebling aller Berufstätigen und breitet seine Barschaft auf der Verkaufstheke aus. Im Bestfall ergreift die in Gelddingen erfahrene Verkäuferin die Gelegenheit zur Abkürzung des Bezahlvorgangs, indem sie versucht, einen passenden

Geldschein zu ergattern und das Wechselgeld spornstreichs zu-
rückzugeben.

Dann muss nur noch verpackt werden. »Brauchen Sie eine
Tragetasche?«, fragt die höfliche Verkäuferin. »Nein danke, ich
habe immer einen Stoffbeutel bei mir. O, der ist ja schon voll.
Dann packen Sie es doch lieber in eine Plastiktüte.«

Wir fordern: Senioren sollten allesamt Vegetarier sein. Dann
würde das Einkaufen am Freitagnachmittag im Fleischerfach-
geschäft wieder mehr Spaß machen.

Wenn Vordrängeln nicht möglich ist, greifen Senioren auch
gerne zu einer verbalen Erpressung. »Können Sie mich bitte
vorlassen. Mein Bus fährt gleich.« Welcher mild gestimmte Berufstätige kann sich diesem inbrünstig vorgetragenen Hilferuf
verweigern? Jeder Berufstätige weiß doch, dass Senioren im
Gegensatz zu Berufstätigen eines nicht haben: Zeit. Rentner-
stress ist einfach viel schlimmer, viel brutaler als der drohende
Burn-out eines Schichtarbeiters oder eines Freiberuflers mit
einer 60-Stunden-Woche.

8. GRUND

WEIL SIE EXTREM LÄRMEMPFINDLICH UND
GLEICHZEITIG DIE GRÖSSTEN KRACHMACHER SIND

Senioren sind sehr lärmempfindlich und ruhebedürftig, was
schon in der Bezeichnung »Ruheständler« deutlich wird. Vor
allem Kinderlärm stört sie. Spielende Kinder auf der Straße vor
dem Haus, ein gut besuchter Spielplatz oder ein Kindergarten
in der Nachbarschaft – das sind echte Herausforderungen für
den ruhebedürftigen Senior. In zahlreichen Prozessen haben
Senioren versucht, dem verhassten Kinderlärm ein für alle Mal
einen juristischen Riegel vorzuschieben. Zum Bedauern der

Ruheständler hat die Rechtsprechung im Allgemeinen Kindern und ihrer akustischen Entfaltung recht gegeben. Und auch des Pensionärs liebstes Schild »Spielen verboten«, das gerne in Mehrfamilienanlagen angebracht wird, hat seine Wirkung durch höchstrichterliche Entscheidung verloren.

Dem Senior bleibt nur ein Mittel, um ein Äquivalent zum Kinderlärm zu schaffen: Er muss sich selbst vom trägen, geräuschempfindlichen Mittagsschläfer zum spitzenmäßigen Krachmacher verwandeln. Dazu bieten ihm alle vier Jahreszeiten vielfältige Möglichkeiten: Im Frühjahr muss der vom Winter ruinierte Rasen mit dem Elektro-Vertikutierer auf Vordermann gebracht werden. Auf den Terrassenplatten kämpft der Hochdruckreiniger gegen Moos und Schmutz. Im Sommer kommen Motor-Rasenmäher und elektrische Heckenschere zum Einsatz; in Hanglagen und an der Böschung auch gerne die gute Motorsense mit ihrem unvergleichlichen Sound. Im Herbst schlägt die Stunde des Laubbläsers. Auch der Astschredder gibt ein markantes Erkennungszeichen von sich. Im Winter singt die Motorsäge ihr dramatisches Lied. Oh, wir haben den schweren, mit Drehstrom betriebenen Astspalter vergessen, den man im Baumarkt leihen kann.

Bei diesen für die Umwelt unerträglichen Geräuschen geht das Herz des Seniors auf. Denn er mag es, gegen die Wildnis zu kämpfen. Er mag es, Ordnung zu schaffen. Er tut das alles ja nicht nur, weil er Gärtner mit Leib und Seele ist, sondern weil die Natur das verlangt. Es ist quasi Krachmachen im Dienst von Natur und Menschheit. Außerdem verheizt der sparsame Senior in seinem Kamin am liebsten Selbstgefälltes, Selbstgesägtes, Selbstgespaltenes.

WEIL NACHBARSCHAFTSSTREIT IHR LIEBSTES HOBBY IST

In der Öffentlichkeit entsteht manchmal der Eindruck, Senioren seien schwach und bedürften der Hilfe, z.B. beim Überqueren der Straße. Im Streit mit Nachbarn laufen Senioren zu ungeahnter verbaler und physischer Stärke auf. Sie werden zu Schlägern und manchmal sogar zu Mördern. Aber sie halten sich dabei fit. Wie schrieb der Franzose Jean Cocteau: »Am ältesten werden die Streitlustigen. Zank und Polemik sind eine wunderbare Medizin für ältere Herrschaften.«[7] Weil Nachbarschaftsstreit der Senioren liebstes Hobby ist, ist in Rechtsschutzversicherungen für Senioren juristischer Beistand bei Nachbarschaftsstreitereien ausdrücklich ausgeschlossen. So verhandelte das Amtsgericht Dortmund allein im Jahr 2012 105 zivile Nachbarschaftssachen.[8] Gründe nachbarschaftlichen Unfriedens gibt es genug. Das geht vom Heckenschnitt über Rauchen auf dem Balkon zur Lärmbelästigung und – im Ruhrgebiet – zur massiven Dreck- und Lärmbelästigung durch Brieftauben.

Ein 73-Jähriger erschoss im Herbst 2015 im niedersächsischen Cadenberge bei Cuxhaven zuerst seinen Nachbarn und dann sich selbst. Die beiden hatten in dem Mehrfamilienhaus übereinander gewohnt und seit längerem Streit miteinander gehabt.

Am 15. März 2016 hackte Rentner Werner M. in einer Passauer Kleingartenanlage den Johannisbeerstrauch seines Nachbarn »Adi« S. ab. Begründung für den Gartenfrevel: Der Mindestabstand von 50 Zentimeter zur Grenze sei unterschritten. Es kam zum Streit. Der Rentner schlug seinen Nachbarn nieder, setzte sich rittlings auf sein Opfer und erstickte ihn mit seiner Jacke. Vor Gericht bestritt der 67-jährige Wut-Rentner jegliche Tötungsabsicht und bezeichnete sich selbst als Opfer des Nachbarschaftsstreits.[9]

Weniger tödlich, dafür aber mit einem für die Zuschauer vergnüglichen Auftritt des angeklagten Seniors endete ein Nachbarschaftsstreit zwischen einem 65-jährigen pensionierten Richter und seinem 29-jährigen Kontrahenten in einer scheinbar ruhigen Wohnlage im idyllischen Kleinstädtchen Wetter an der Ruhr. Es war Sommer. Man hatte gegrillt und gefeiert und nach dem Ende der Party ein wenig Musik auf dem Tablet-PC gehört. Der Exrichter fühlte sich gestört und ging aufs Nachbargrundstück. Dort verpasste er dem 29-jährigen Nachbarssohn unvermittelt einen heftigen Faustschlag. Als der sich von seiner Überraschung erholt hatte, rief er die Polizei und erstattete Anzeige gegen den Richter im Ruhestand.

Im Prozess vor dem Amtsgericht Wetter bestritt der Jurist seine Prügelattacke und behauptete, er selbst sei Opfer des 29-Jährigen geworden. Der habe ihm schwere Schnittwunden zugefügt. Das Gericht hielt diese Behauptung für wenig glaubwürdig. Als der Staatsanwalt in seinem Plädoyer die »unbeherrschte, arrogante Art« des Exrichters erwähnte, ereiferte der sich: »Hören Sie auf, mich zu beleidigen!«[10]

Für seine Prügelattacke kassierte der Senior 6.000 Euro Geldstrafe, 60 Tagessätze à 100 Euro.

Dass Senioren nicht mit sich spaßen lassen und Wut-Rentner sich als Berserker profilieren, musste ein 51-jähriger Radfahrer im Kanton Luzern erfahren. Der bei Mountainbikern beliebte Weg im Sigigerwald in Ruswil in der Innerschweiz führt an der Jagdhütte des 74-jährigen Fritz F. vorbei. Im Sommer 2011 trieben es die Biker nach Meinung des Seniors besonders bunt. Am 8. Juli 2011 fuhr Radler I. M. (51) an der Waldhütte vorbei. Er ignorierte die selbst gebastelten Fahrverbotsschilder. Der 74-Jährige bespritzte den Radler mit Wasser; es kam zum Streit. Später fuhr der Radler weiter, doch der Rentner setzte ihm mit dem Auto nach. Er wollte den unbelehrbaren Radler überholen und zur Rede stellen. Dabei streifte die Stoßstange des Autos das

Fahrrad. Der 51-Jährige stürzte und wurde vom Auto überrollt. Er erlitt Frakturen an den Halswirbeln, Quetschwunden an den Beinen und Schulterverletzungen.

Der Wut-Rentner wurde vom Luzerner Kriminalgericht wegen schwerer Körperverletzung im Juni 2014 zu zwei Jahren Haft auf Bewährung verurteilt.[11]

10. GRUND

WEIL SIE SICH ALS SPANNER EMPÖREN, WENN SIE WAS NACKTES IN NACHBARS GARTEN ERSPÄHEN

In Mittelmeerländern sitzen Senioren häufig vor ihren Häusern auf der Straße und betrachten scheinbar uninteressiert das Geschehen um sie herum. In Deutschland ist es nicht üblich, vor dem Haus am Straßenrand auf Stühlen zu sitzen und zu dösen. Verbreiteter ist es, aus dem Fenster zu gucken und seine Neugier zu befriedigen. Senior ist gerne auf der Suche nach etwas Fremdem, das er von seinem geschützten Aussichtspunkt erspähen und sich darüber echauffieren kann. Wenn es in Nachbars Garten was zu sehen gibt, steigt Seniors Adrenalinspiegel gewaltig.

In Dortmund fühlte sich ein Rentner durch nackte Männer in Nachbars Garten empfindlich gestört. Das sei »ideelle Immission«, eine Art optische Luftverschmutzung, erklärte der beim Termin im Landgericht. »Der Anblick ist manchmal ein echter Schock für mich.« Mehrmals in der Woche laufe der Nachbar mit seinen Freunden nach einem Aufguss in der Gartensauna nackt über den Rasen. »Dabei spielt dann natürlich auch Alkohol eine Rolle«, ergänzte der Rentner. Was ihn beim Anblick des nackten 42-jährigen Nachbarn und seiner Freunde so krass schockiert habe, kam nicht zur Sprache.

In erster Instanz hatte das Dortmunder Amtsgericht dem Rentner bei seiner Zivilklage gegen den nackten Saunafreund recht gegeben. Es verbot dem Nachbarn, sich im Garten seiner Kleidung zu entledigen. Das Landgericht sah das anders. Schon das Reichsgericht hatte sich in den 20er-Jahren mit Nackedeis im öffentlichen Raum beschäftigt. In zwei Grundsatzurteilen hatte der Bundesgerichtshof 1965 und 1985 Nacktheit auf eigenem Grund und Boden erlaubt. Nur bei sexueller Belästigung könne sie untersagt werden.

Es stellte sich heraus, dass der nackte Nachbar nur von einem Zimmer im Obergeschoss und nur in einem bestimmten Winkel aus dem Küchenfenster gesehen werden konnte, da sein Grundstück von einer hohen Hecke umschlossen war. Damit war klar, dass das Gericht es eigentlich mit einem Spanner zu tun hatte, einem Wutbürger, der seinem Nachbarn den Spaß verderben wollte.

Der Spanner folgte der Empfehlung des Richters, seine Klage zurückzuziehen. Als die Journalisten ihn fragten, wie alt er sei, verweigerte er die Antwort: »Sonst heißt es wieder, die alten Knacker haben immer was zu meckern.«[12]

11. GRUND

WEIL SIE SCHADEN ANRICHTEN, WENN SIE NACHBARSCHAFTSHILFE LEISTEN WOLLEN

Er hatte es so gut gemeint. Der 69-jährige Senior wollte am Vortag des 1. Mai 2016 seinem Nachbarn im schwäbischen Dettingen unter Teck helfen, Unkraut zu beseitigen. Mit seinem Gasbrenner rückte er dem unerwünschten Grünzeug zu Leibe. Dabei geriet die dahinter befindliche 2,5 Meter hohe Thujahecke auf einer Länge von 25 Metern in Brand. Das Feuer verschonte auch einen vor der Hecke geparkten Opel Corsa nicht. Die Halterin konnte ihr Fahrzeug noch vor dem Eintreffen der alarmierten Feuerwehr Dettingen aus dem Brandbereich wegfahren, hat aber einen Sachschaden von 10.000 Euro zu beklagen. 17 Feuerwehrleuten mit drei Fahrzeugen gelang es, noch vor der Walpurgisnacht den Brand zu löschen und weiteren Schaden zu verhindern.

Es ist nicht bekannt, ob und wie sich der Nachbar für die freundliche Hilfe des 69-Jährigen bedankt hat.[13]

12. GRUND

WEIL SIE ALS RAUCHER MIT DEM LÜFTEN AUF KRIEGSFUSS STEHEN

Friedhelm Adolfs, geb. 1938, staunte nicht schlecht, als er im Januar 2013 die fristlose Kündigung seiner 42 Quadratmeter großen Souterrainwohnung in der Kühlwetterstraße 49 im Düsseldorfer Zooviertel erhielt. Begründung der Hausbesitzerin: Adolfs rauche zu viel, lüfte zu wenig und belästige mit unerträglichem Zigarettengestank die übrigen Mieter des Hauses, überwiegend Unternehmen mit Büros. Adolfs, der seit 40 Jahren in der Wohnung wohnte und im selben Haus 35 Jahre als Hausmeister gearbeitet hatte, nahm einen tiefen Zug aus seiner Zigarette und legte Widerspruch ein. Ahnte er schon zu dieser Zeit, dass sein Fall von grundsätzlicher Bedeutung sein würde? Wenn die Vermieter recht bekämen, würde das ihnen Kündigungsmöglichkeiten in fast unbegrenztem Ausmaß ermöglichen – nicht nur wegen Rauchens, sondern auch wegen aller möglichen anderen Gerüche. Gefahr im Verzug für Knoblauchfreunde und Kohlesser, Fischliebhaber und Parfümbenutzer.

Im Juli 2013 bestätigte das Amtsgericht Düsseldorf den Rausschmiss des rauchenden Seniors, im Juni 2014 folgte das Landgericht dem erstinstanzlichen Urteil. Tenor: »Das Grundrecht auf körperliche Unversehrtheit der Nachbarn hat Vorrang vor dem Recht des Rauchers auf freie persönliche Entfaltung.«[14] Alle Kompromissversuche scheiterten. Auch als der Rentner eine Schiene unter seiner Wohnungstür anbrachte, damit der Rauch nicht ins Treppenhaus abziehen konnte, vermochte das die 87-jährige Hausbesitzerin nicht zu besänftigen.

Doch Friedhelm Adolfs gab nicht auf. »Im Februar 2015 hob der Bundesgerichtshof das Urteil mit Verweis auf ungenügende Erkenntnisse über eine schwerwiegende Geruchsbelästigung auf. Der dritte Durchgang begann im Juni 2015 und musste wegen eines Schlaganfalls von Adolfs unterbrochen werden.«[15]

In der am 11. Januar 2016 wieder aufgenommenen Verhandlung ging es um die Bewertung von Geruchserinnerungen. Die fielen höchst unterschiedlich aus. Ein Immobilienmakler, Mieter der 4. Etage und geschäftlich auch für die Vermieter-Greisin tätig, schimpfte als Zeuge über die Geruchsbelästigung. »Das ist ekelhaft, widerlich, wie Körperverletzung.«[16] Die Zeugen, die Friedhelm Adolfs benannt hatte, waren völlig anderer Ansicht. Im Haus habe es eher nach Müll und feuchtem Muff aus dem Keller oder nach Heizöl gestunken als nach Rauch.

Adolfs' Nachfolger als Hausmeister hatte eine weitere Geruchserinnerung. Kunden, Mandanten, Angestellte der Firmen stellten sich zum Paffen gerne in den Hauseingang, vor allem bei Regen. Wenn es im Haus nach Zigarettenqualm roch, dann müsse das keineswegs von dem Souterrainmieter stammen.

Am 28. September 2016 posierte der inzwischen 78-jährige Adolfs mit Zigarre im Mund und zum Victory-Zeichen gespreizten Fingern vor dem Landgericht Düsseldorf. Er hatte endgültig gesiegt.

Die Bewertung der unterschiedlichen und z. T. widersprüchlichen Geruchserinnerungen der zwölf Zeugen stellte das Gericht vor eine große Herausforderung. Der Bundesgerichtshof hatte 2015 in einem Grundsatzurteil festgestellt, dass Wohnungsinhaber verpflichtet werden könnten, nur zu bestimmten Zeiten auf dem Balkon zu rauchen, wenn der Rauch als »wesentliche Beeinträchtigung« empfunden wird. In einem anderen Rechtsstreit hatte das Amtsgericht Frankfurt schon 2013 ein Rauchverbot für den Nutzer des Balkons verfügt, der unter dem Schlafzimmerfenster des Klägers liegt.[17] Die Popularität und Akzeptanz des Rauchens sinkt hierzulande kontinuierlich. Das ist zweifellos der Tatsache geschuldet, dass Rauchen zu erheblichen Krankheitskosten führt und zu den größten Todesursachen zählt. »In einer Umfrage des Marktforschungsinstituts YouGov sagten 40 Prozent, dass es sie ›sehr störe‹, wenn jemand eine Zigarette neben ihm rauche. 17 Prozent fanden es nicht berauschend und kreuzten an, dass es sie ›ein wenig störe‹. 26 Prozent zeigten sich diplomatisch: Es störe sie nicht, aber es sei ›auch nicht angenehm.‹«[18]

13. GRUND

WEIL SIE DURCH RUDELBILDUNG AN ENGSTELLEN DEN FUSSGÄNGERVERKEHR BLOCKIEREN

Vor Senioren ist man nur zu Hause sicher. Wer die Wohnung verlässt und zum Einkaufen in die Fußgängerzone oder auf den Markt geht, ist bald von dieser beständig wachsenden Seniorenmenge umzingelt. Ein Wochenmarkt, der an einem normalen Werktag vormittags stattfindet, wird ohnehin fast nur von Nicht-Berufstätigen besucht. Ältere Müßiggänger besitzen ein strategisches Geschick, sich an Engstellen zu gemeinschaftlichem

Jammern zusammenzurotten: »Die faulen Griechen …«, »die unfähigen Politiker …«, »die Sozialschmarotzer-Flüchtlinge …«, »der böse Euro-Teuro …« usw. usf.

Mit ihrer Fähigkeit, den fließenden Fußgängerverkehr zum Erliegen zu bringen, stehen Senioren allerdings nicht allein. Auch junge Mütter mit Kinderwagen lieben kuschelige Engstellen auf öffentlichen Wegen und Plätzen. »Durch diese hohle Gasse muss er kommen«, hieß es schon bei Friedrich Schiller. Die Zusammenrottung an Engstellen hat neben der Erleichterung der Kommunikation (Schwätzen) auch die Funktion einer optischen Mautstelle. Hier ist es problemlos möglich, in Ruhe die sich mühsam Durchquetschenden zu taxieren, sie in Bezug auf Kleidung und Aussehen einzuschätzen. Aber Vorsicht, bitte nicht die Wegeversperrer anrempeln! Besser ist die höfliche Bitte: »Lassen Sie mich freundlicherweise passieren.« Senioren geruhen in den meisten Fällen, der Bitte in einem Gnadenakt nachzukommen.

Sehr gerne bilden Senioren auch Rudel an den Engstellen am Anfang und am Ende von Rolltreppen. Wenn man sich im Kaufhaus oder an der U-Bahn-Station an der Rolltreppe begegnet, kann man doch nicht einfach seiner Wege gehen. Ein kleiner Plausch ist doch das Mindeste, was jetzt angesagt ist. Wie gut, dass man sicher steht an diesem Ort, wo Stehen und Sich-Bewegen zusammenkommen. Die Menschen auf der Rolltreppe können sich gefälligst in Acht nehmen.

Höchste Unfallgefahr besteht, wenn sich Senioren gegenläufig auf einer Verkehrsinsel des Zebrastreifens begegnen. Das unerwartete Treffen muss mit einem Schwätzchen gefeiert werden. Oder doch nur mit einem Zuruf im Vorübergehen? Gehen sie oder bleiben sie stehen?, fragen sich die übrigen Verkehrsteilnehmer. Es kommt zu Staus und Auffahrunfällen, der Verkehr bricht zusammen.

WEIL IHRE RUDELBILDUNG AM WARMWASSERTAG DAS SCHWIMMEN UNMÖGLICH MACHT UND SIE IN DER MUCKIBUDE SCHWÄTZEND DIE GERÄTE BLOCKIEREN

Auch in Schwimmbädern kommen Senioren ihrem genetischen Hang zur Rudelbildung gerne nach. Was gibt es Schöneres, als sich am Warmbadetag im Becken zu versammeln, zu reden und zu meckern, während das warme Wasser die betagten Leiber umschmeichelt? Am Warmbadetag gehört das Schwimmbad ohnehin den Warmbader-Senioren. Es heißt doch nicht Warm-schwimmtag, sondern Warmbadetag. Was soll das also, das Getue von Leuten, die ihre Bahnen schwimmen wollen, aber das nicht können, weil ein Rudel in buchstäblichem Ruhestand ihnen angeblich die Bahn versperrt? In Wirklichkeit ist es doch so, dass die Schwimmer, z. B. wenn sie kraulen, die Zusammen-künfte der Oldies behindern. Schwimmen sollte man eigentlich verbieten, wenn Senioren sich am Warmbadetag im Wasser tum-meln. Bitte etwas mehr Respekt vor dem Alter, liebe Schwimmer!

Früher haben sie sich aufs Spazierengehen mit anschließen-dem Kaffeetrinken beschränkt. Heute bevölkern ganze Horden von gesundheitsbesessenen Senioren Fitnessstudios. Hier gibt es zwar keinen Warmbadetag, aber Tage mit besonderen Kur-sen. Und an diesen Tagen toben sich vorzugsweise Seniorinnen aus. Der normale Muckibudenbesucher steigt zu Beginn seines Besuchs im Studio aufs Rad, aufs Laufband oder auf den Cross-trainer, um sich in zehn Minuten warm zu strampeln. Dann ab-solviert er in gewohnter Reihenfolge seine Übungen. Und zum Schluss geht's noch mal kurz aufs Rad oder auf den Crosstrainer. Die gesundheitsbewussten Seniorinnen vertreiben sich die Zeit vor ihren Kursen mit intensiver Konversation. Von Gerät zu Ge-rät plaudert man über Arztbesuche, den Garten oder die Enkel.

Das dauert. Steht denn irgendwo geschrieben, dass die Übungen an den Geräten zügig zu absolvieren sind? Es ist für Material und Muskeln viel schonender, wenn man ganz viele Päuschen macht und sich mit seiner Nachbarin unterhält. Und das Schöne ist doch: Seniorinnen geht der Gesprächsstoff nie aus. Auch nicht in der Muckibude.

15. GRUND

WEIL SIE NOTAUSGÄNGE FÜR ZUGANGSWEGE HALTEN

Hand aufs Herz: Das ist jedem Autofahrer schon mal passiert. Wir laufen durch ein großes Parkhaus, das wir zum ersten Mal benutzt haben, und finden auf Anhieb unser Auto nicht. Wohlgemerkt, auf Anhieb. Nach ein paar Minuten hat wohl jeder seinen Pkw gefunden, und sei es, dass ihn das charakteristische Geräusch der Türverriegelung auf die richtige Fährte gebracht hat.

Ein 76-jähriges Ehepaar musste in Dortmund umfangreiche und ziemlich anstrengende Parkhausstudien betreiben. »Wir stellten unseren Wagen auf dem oberen Parkdeck ab und gingen durch die uns am nächsten gelegene Tür in ein helles, geräumiges Treppenhaus«, schilderte die Seniorin der Lokalzeitung den Beginn ihrer Irrfahrt.[19] »Kein Durchgang zur Ladenstraße« stand auf einem Schild, das die Senioren aber nicht weiter beachteten, da sie nicht in die Ladenstraße des Einkaufszentrums, sondern zum benachbarten Weihnachtsmarkt gehen wollten. Fröhlich stiefelte das Paar 100 Stufen hinab, um zu einer Tür zu gelangen, auf der stand: »Nur im Notfall zu öffnen«. Die Senioren berieten sich und kamen zu dem Ergebnis, dass ein richtiger Notfall noch nicht vorlag. Daher trauten sie sich auch nicht, die Nottür zu öffnen, und kraxelten wieder 100 Stufen hoch. Es blieb ihnen nichts anderes übrig, als den Weg zum Weihnachtsmarkt durch das Einkaufsparadies entsprechend der Beschilderung zu nehmen. Über diese Zumutung beschwerte sich das Paar bei der Info der Shoppingmall. Offenbar hatten die beiden noch nicht die Erfahrung gemacht, dass mittlerweile auch in Flughäfen der vorgeschriebene Laufweg durch nicht umgehbare Duty-free-Angebote führt und nicht durch Notausgänge.

16. GRUND

WEIL IHRE TOTAL ÜBERTRIEBENE TIERLIEBE NERVT

Nein, es geht in diesem Abschnitt nicht um Hundesenioren, sondern um Senioren mit ihrer äffischen Liebe zu Hunden, die häufig ihre Liebe zu Mitmenschen deutlich übersteigt.

Hundesenioren führen teilweise ein sehr angenehmes Leben im Betreuten Wohnen. Vereinzelt suchen sie ein ruhiges Plätzchen für den Lebensabend bei www.graue-schnauzen.de. Gerne vermittelt www.omihunde-netzwerk.de Hunde auch an Senioren: »Wir sind der Überzeugung, dass ältere Hundehalter ihren Hunden viel zu geben haben, und suchen deshalb gemeinsam mit ihnen Wege, ihnen die Hundehaltung auch im fortgeschrittenen Alter zu ermöglichen.« www.tier.tv/hund dreht die Argumentation um. Hunde halten jung, so die Botschaft. Wissenschaftler hätten herausgefunden, dass Senioren mit Hund mehr soziale Kontakte pflegten. *Tier* schlägt vor, Hunde und Senioren sollten gemeinsam alt werden. »Wichtig ist jedoch, dass Hund und Herrchen auch altersmäßig zusammenpassen – ein verspielter und etwas wilder Welpe würde ältere Menschen überfordern. Am schönsten ist es deshalb, wenn Hund und Mensch zusammen alt werden.«[20]

Ich kenne eine Seniorin, die ihrem Hund an jedem Sommertag beim Spaziergang ein Eis im Hörnchen spendiert. Im Winter, in der eisfreien Zeit, kriegt das arme Tier Kekse oder eine halbe Waffel.

Weltmeisterin in königlicher Hundeliebe ist zweifellos Elisabeth II. »Die Queen mag Hunde, Pferde, Männer und Frauen – in dieser Reihenfolge«, schrieb Lisbeths Biograf Graham Turner.[21] Wie der Tierpsychologe Dr. Roger Mugford im Magazin *Town & Country* enthüllte, ist die Zuneigung der Monarchin zu ihren Hunden unendlich größer als seinerzeit die zu ihrer Schwiegertochter Diana. Ein eigener Koch ist für die Menüs der königlichen Corgis verantwortlich. Unter Rinderfilet und Hähnchenbrust läuft da gar nichts. Und die 90-Jährige lässt es sich nicht nehmen, die Corgis selbst zu füttern. Auf Porzellan und in Silberschüsseln wird serviert. Die niedlichen Kläffer sitzen im Halbkreis um die Chefin des British Empire herum und werden dann streng nach dem Senioritätsprinzip bedient: das älteste Tier zuerst, das jüngste zuletzt. Böse endet es, wenn sich einer mit den Hunden einen Scherz erlaubt. So habe 1999 ein Kammerdiener, berichtet Mugford, spaßeshalber den Tieren Alkohol ins Futter gemischt. Der Bedienstete habe sich königlich darüber amüsiert, wie die putzigen Hundchen besoffen herumtorkelten. Bald verging ihm das Lachen. Er wurde zum einfachen Lakaien degradiert.[22] So eine Degradierung bei Hofe ist schlimmer als eine ordentliche Hinrichtung.

Wenn Frauchen oder Herrchen vor Waldi sterben, ist das keine Meldung wert. Aber wenn Bhumibol Aduljadej, 88 Jahre alt, König von Thailand, um seinen Hund trauert, muss das unbedingt eine deutsche investigative Zeitung berichten.[23] König Bhumibol hatte 2002 ein Buch über die königliche Hündin Khun Tongdaeng veröffentlicht und die Hündin darin »als tapfer, treu und dankbar« gepriesen – quasi Gegenstück zu der aufständischen Bevölkerungsgruppe der sog. Rothemden, die sich dem unantastbaren Königshaus gegenüber als untreu und undankbar aufführten. Khun Tongdaeng (»Khun« heißt eigentlich »Gnädige Frau«) brachte es schon zu Lebzeiten zu Kinoruhm. Millionen Thailänder sahen einen Animationsfilm mit der königlichen Hündin als Hauptdarstellerin. Ob sich Thailands König vor seinem Tod vom Schock über den Verlust der »Gnädigen Frau« erholt hat, konnte man eventuell in der *Bunten* lesen.

Auch die chilenisch-US-amerikanische Autorin Isabel Allende trauert um ihren Hund, den sie überlebte. Zum Ehe-Aus nach 27 Jahren trug auch der Hund bei, sagte sie. Sie habe alles loslassen müssen. »Alles. Das große Haus, all die Möbel.« Und dann sei auch noch der Hund gestorben, der 15 Jahre bei dem Paar gelebt habe. »Ich erlebe mit 73 noch mal einen Neuanfang.«[24] Es steht zu vermuten, dass der Herrchen und Frauchen in gleich enger Weise verbundene Hund die Trennung schlechter als das Paar verkraftet und sich selbst zu Tode gebracht hat.

Wenn in diesem Abschnitt von Hundesenioren die Rede war, muss auch ein kleiner Abstecher in das Reich der Pferderentner erlaubt sein. Bei Seniorenpferden und Pferdesenioren handelt es sich offensichtlich um dasselbe, nämlich um das Betreute Wohnen für alte Pferde. Die leiden offenbar noch häufiger als ihre Herrchen und Frauchen an Arthrose. Das Beispiel einer überaus rührenden Internet-Suche nach einem betreuten Wohnplatz für einen Pferde-Opi darf hier dokumentiert werden, auch wenn es nicht die dunkle Seite der Senioren dokumentiert. Bachval postet am 24.04.2004:

»Hallo zusammen! Ich suche einen ›ziemlich speziellen‹ Rentnerstall für meinen ›ziemlich speziellen‹ Rentner. Er ist ein Wallach, ein Budjonny, 1,60 m Stockmaß und 27 Jahre alt. Ich suche einen Stall, in dem mein Pferd nachts eine schöne große Box hat, die täglich gemistet oder zumindest gut eingestreut wird und wo er tagsüber (auch im Winter!) den ganzen Tag raus auf eine schöne große Weide kommt. Die Weide sollte Schatten (und natürlich Wasser) bieten, da mein alter Herr im Sommer sehr unter der Hitze leidet. Er müsste allerdings beschlagen bleiben, da er ohne Eisen nicht lange laufen könnte. Na ja – und dann wäre da noch das ›Futterproblem‹! Mein Opi hat kaum mehr Backenzähne, würde also verhungern, wenn er nur auf der Weide wäre. Er bekommt eingeweichte Heucops, um seinen Raufutterbedarf abzudecken, und ansonsten lebt er von eingeweichten Pellets und gequetschtem Hafer, was natürlich durch z.B. Müsli ersetzt werden könnte. Er bekommt zurzeit fünf Mahlzeiten täglich, die auf zwei bis drei Mahlzeiten reduziert werden könnten.« Bachval äußert sich noch über die Gefahr von Koliken und über die Notwendigkeit, mehr als 150 Euro im Monat zu bezahlen, »wenn ich dadurch eine für meinen Opi optimale Unterbringung gewährleisten könnte.«

Was sich wie eine Satire anhört, ist durchaus ernst gemeint. Denn Bachval erhält auf seinen post etliche gute Ratschläge und Bekundungen von Pferdebesitzern, die ähnliche Probleme mit ihren Omis und Opis haben.[25]

Aber natürlich gibt es auch Angebote für zweibeinige, Müsli essende Omis und Opis, sich auf Pferde einzulassen. Es geht dabei nicht ums Reiten. Da ist die Unfallgefahr zu hoch. Die Insassen eines Altersheims sollen vielmehr Pferde berühren und mit ihnen spazieren gehen. »Herr Schmidt, der nicht mehr viel läuft, lässt sich zu einem Spaziergang mit Pferd motivieren. (…) Eine ältere Dame genießt das weiche, warme Maul des Pferdes, welches mit seinem regelmäßigen Atem ihre Hand erwärmt. (…) Pferde bewegen Senioren!«[26]

2. KAPITEL

SENIOREN UND GESUNDHEIT

Wenn es um ihre Gesundheit geht, sind Senioren zugleich Opfer und Täter. Die Pharmaindustrie schwätzt ihnen allerlei überflüssiges Zeug auf, Pillen mit unerwünschten Wechselwirkungen und Pflanzensäfte mit unbewiesenen positiven Wirkungen. Gleichzeitig treiben Senioren aber auch gerne selbst Raubbau mit ihrer Gesundheit – durch zu viel Alkohol, Nikotin, unausgewogene Ernährung, zu wenig Bewegung. Es gibt immer mehr wohlhabende und ganz pfiffige Senioren, die Weltreisen auf Kreuzfahrtschiffen buchen und die Reise als mobile Kurzzeitpflege und das Schiff als schwimmendes Krankenhaus sehen. Die Balkonkabine auf dem *Traumschiff* ist selbstverständlich einem Krankenzimmer im städtischen Krankenhaus vorzuziehen, die Betreuung durch Chefhostess Beatrice von Ledebur (Heide Keller) könnte nicht besser sein, und Schiffsarzt Dr. Wolf Sander, Nachfolger des unvergessenen Doc Schröder, kümmert sich vorbildlich um den Patienten. Doch wehe, der Passagier wird ernsthaft krank. Dann muss Käptn Siegfried Rauch einen Hubschrauber anfordern, und der Passagier kann seine Krankheit im Dschungelkrankenhaus von Nosy Be/Madagaskar auskurieren. Und das ist nicht so perfekt wie das städtische Krankenhaus. Also aufgepasst, Senioren: Nur gesund aufs Kreuzfahrtschiff und auf der Reise möglichst nicht schwer krank werden!

WEIL SIE AM LIEBSTEN ÜBER KRANKHEITEN REDEN

Senioren sind kommunikativ. Sie sind sehr viele und treten gerne im Rudel auf. Senioren brauchen nicht lange zu suchen, um Gesprächspartner zu finden. Das Jammern darüber, dass früher alles viel besser war, erschöpft sich irgendwann. Dann ist Zeit für der Senioren Lieblingsthema: Krankheiten, die man selbst hatte oder die Freunde oder Bekannte heimgesucht hatten. Glücklicherweise gibt es so viele altersbedingte Krankheiten, dass einem nie der Gesprächsstoff ausgeht. Erfahrene Senioren kennen alle Krankheiten und alle Therapien dieser Welt, haben sie mit wechselndem Erfolg ausprobiert und können daher ihren Ärzten Ratschläge geben, die die meisten arroganten Weißkittel allerdings nicht beherzigen

Logisch: Prostatakrebs ist ein originäres Männerthema, Brustkrebs ein originär weibliches. Hüft- und Knieoperationen sprechen Männlein und Weiblein in gleicher Weise an. Über Prostata- oder Brustoperationen zu reden ist bei Weitem nicht so ergiebig wie die Debatte über das Auswechseln von Hüft- oder Kniegelenk. Das leuchtet ein. Bei einer Prostatakrebs-operation geht etwas unwiederbringlich verloren. Mit einem neuen Hüftgelenk scheint man dem natürlichen altersbeding-ten Verfall ein Schnippchen geschlagen zu haben. Über einen Verlust zu reden ist nicht erfreulich. Ein gut funktionierendes funkelnagelneues Ersatzteil in Hüfte oder Knie zu tragen ist in jedem Fall mitteilenswert. Auch über die unterschiedliche Qua-lität von amerikanischen oder schwedischen Kniegelenken lässt sich trefflich streiten. Der Gesprächswert von Blutdruck- oder Diabetesmedikamenten ist deutlich geringer. Fast jeder Senior nimmt sie. Daher haben sie den gleichen Charme wie Leitungs-wasser.

WEIL SIE IMMER DICKER WERDEN

Nicht nur die Zahl der Senioren wächst in Deutschland, sondern auch ihr Gewicht. In politischer und wirtschaftlicher Hinsicht sowieso, aber auch im einfachen physischen Sinn. Um die Gesundheit der Senioren ist es, wie allgemein bekannt, nicht gut bestellt. »Liegt der Anteil der statistisch Dicken unter Jugendlichen etwa bei einem Drittel, so steigt er bei den über 70-Jährigen auf nicht weniger als 80 Prozent an.« Das berichtete die *Süddeutsche*, verwies auf wachsenden Altersspeck und kam zu dem Ergebnis: »Die Deutschen werden in diesem Jahrhundert mit ziemlicher Sicherheit nicht aussterben. Aber sie werden vermutlich zunehmen.«[1]

Um das leibliche Wohl der Senioren in Altersheimen kümmern sich zahlreiche Unternehmen. Marktführer bei der Kantinenverpflegung in Betrieben, Senioreneinrichtungen, Kitas und Schulen ist das Unternehmen apetito in Rheine, das täglich 400.000 hungrige Mäuler stopft. Auf seiner Homepage verkündet der Großverpfleger seine »Vision: Bestes Essen & bester Service.«[2] Als beliebtestes Essen der Senioren im Jahr 2015 hat apetito die Rinderroulade mit Soße ermittelt. Zweitbeliebtester Seniorenmampf waren Königsberger Klopse.[3] Beide Gerichte sind schwerlich dazu angetan, Senioren eine schlanke Linie zu verschaffen.

WEIL SIE SICH MIT MEDIKAMENTEN VOLLSTOPFEN, OHNE AUF WECHSELWIRKUNGEN ZU ACHTEN

Senioren lieben ihre Pillen. Häufig nehmen sie gleichzeitig mehrere Medikamente ein, die ihnen zu verschiedenen Zeiten und ggf. von verschiedenen Ärzten verschrieben wurden. Laut Apothekerkammer Niedersachsen nehmen »20 Prozent der 70-jährigen Deutschen fünf oder mehr Medikamente zu sich, Tendenz steigend. Je mehr verschrieben wird, desto größer ist die Gefahr von Wechselwirkungen. Bei der Einnahme von fünf Medikamenten beträgt die Wahrscheinlichkeit von Wechselwirkungen 38 Prozent, bei sieben oder mehr Arzneimitteln liegt sie bereits bei 82 Prozent.«[4]

Ein besonders profitables Geschäft ist das Verscherbeln von Mitteln gegen die altersbedingte Makuladegeneration (AMD). Dabei geht es nicht darum, dass die Sehkraft alter Leute naturgemäß abnimmt. Das Problem ist die Makula, der sog. Gelbe Fleck, der Punkt des schärfsten Sehens. Ca. 1,6 Millionen Senioren sind in Deutschland von dieser Krankheit betroffen, die langsam voranschreitet und erst spät Probleme bereitet. Die Stiftung Warentest untersuchte rezeptfreie Mittel, die Hilfe versprechen.[5] Die Mittel heißen »Augen-Aktiv«, »Augen Tag + Nacht«, »Augen Vital Kapseln«, »Augen Kapseln« und »Augen-Fit«. Die Stiftung kam zu dem Ergebnis: alles wenig sinnvolle Augenwischerei. Zur rascheren Kaufentscheidung starrt auf den Packungen dieser Mittel ein schönes Auge den Betrachter, den potenziellen Kunden, an. Augen auf, Senioren! Lasst euch nicht blenden! Erst recht nicht, wenn die Makula lädiert ist.

WEIL SIE MEHR ODER WENIGER GRUNDLOS ÄRZTLICHE WARTEZIMMER FÜLLEN

Neben dem äußerst umfangreichen Angebot in Drogerie und Reformhaus schätzen Senioren ganz besonders den Besuch beim Arzt. Was gibt es am Donnerstag Schöneres als einen Gang zum Hausarzt, wenn die Lesezirkel die neuen Nummern der interessanten Zeitschriften angeliefert haben? Der Charme des Wartezimmers besteht ja nicht darin, dass es voll ist, sondern in der einladenden Vielfalt der vorhandenen Magazine. Da wartet man schon mal gerne und ist eher enttäuscht, wenn man schnell drankommt. Denn das Durchblättern von *Gala*, *Bunte* und *stern* gibt dem Senior das Gefühl, am prallen Leben teilzuhaben, ohne sich intellektuell zu überanstrengen. Die freundlichen Worte des Arztes am Schluss des Besuchs bilden quasi das Sahnehäubchen auf der schmackhaften Wartezimmerkost.

Vielleicht ist es auch nur der Wunsch, wirklich wahrgenommen zu werden, der die Senioren in die Wartezimmer führt. Viele Ärzte berichten von älteren Patienten, die regelmäßig die Praxen aufsuchen, obwohl sie nicht ernsthaft krank sind. Sie suchen schlicht und einfach einen Gesprächspartner. »Hinter dem Betonen von Symptomen kann auch der Ruf nach Aufmerksamkeit stecken«, sagt Ursula Lenz von der Bundesarbeitsgemeinschaft der Senioren-Organisatoren (BAGSO).[6]

WEIL SIE DEN POLIZEINOTRUF BLOCKIEREN

Es kommt gelegentlich vor, dass der Notruf blockiert ist. Das passiert vor allem bei Naturkatastrophen, Starkregen, Blitzeis, Stromausfall usw. Es kann aber auch einen ganz anderen Grund haben, wenn der Polizeiruf besetzt ist. Wie der britische *Telegraph* berichtete, erhielt die Polizei in Manchester den Notruf eines 95 Jahre alten Paares. Die Beamten machten sich auf den Weg zum Notfall. Selbstverständlich mit dabei: der medizinische Notfallkoffer. Wenn 95-Jährige den Notruf wählen, dann riecht das nach einem schwerwiegenden medizinischen Problem: Herzinfarkt, Kreislaufkollaps, Sturz mindestens mit Gehirnerschütterung und Oberschenkelhalsbruch. Das Erstaunen der Rettungskräfte am Ort des Geschehens war groß: »Was wir aber fanden, war ein älteres Paar, das einfach nur ein bisschen Gesellschaft brauchte.«[7] Die beiden, die es zusammen auf 190 Jahre brachten, waren sich selbst nicht mehr genug. Alle Themen waren besprochen, alle Meinungen ausgetauscht worden in Jahrzehnten ehelicher Gemeinsamkeit. Ein neuer Impuls musste her. Die Greise erwiesen sich als kultivierte Gastgeber und luden ihre polizeilichen Gäste zum Tee ein. Worüber beim anschließenden Small Talk gesprochen wurde und wie lange die gepflegte Konversation dauerte, ist nicht überliefert.

Ein kultiviertes Ehepaar zweifellos, aber den Notruf blockieren, das geht gar nicht – auch nicht mit 95.

WEIL SIE AUF ZWEIFELHAFTE GESUNDHEITSRATGEBER UND HILFSMITTEL REINFALLEN

Buch- und Zeitschriftenverlage folgen dem Marketing der Pharmaindustrie und switchen von jungen Zielgruppen auf die »Generation Gold« um. Wobei der Name »Generation Gold« eine doppelte Bedeutung hat: Gold bringt das Geschäft mit dieser unaufhörlich wachsenden Zielgruppe der goldigen Alten. Natürlich gibt es bereits Bücher speziell für die Alten: »*Muskeltraining für Senioren* (€ 14,95) oder *Blutdruck natürlich behandeln* (€ 19,95).

Da Senioren als nicht Internet-affin gelten, stehen sie im Fokus des Printmarktes. Die »golden ager«, »third ager« oder »master consumer« sollen zur Goldgrube des darbenden Zeitschriftengeschäfts werden. *Brigitte Wir*, *Plus Magazin*, *Donna* und *Myway* heißen die Magazine für die rüstige Seniorin. Erstaunlich nur, dass es im Gefolge von Zeitschriftentiteln wie *Meine Familie und ich* noch nicht Entsprechendes für Senior und Seniorin gibt, z. B. *Meine Prostata und ich* oder *Meine Gebärmutter und ich*.

Mobilität hat für Senioren und ihre Angehörigen einen hohen Stellenwert. Wer im Alter auf Rollator oder Rollstuhl angewiesen ist, hat in seinem angestammten mehretagigen Reiheneigenheim Probleme. Eine seniorengerechte Wohnungsbauplanung in der Vergangenheit hätte diese Probleme verhindern können, aber nun ist es zu spät. Millionen Eigenheime müssen mit Treppenliften ausgestattet werden. Marktführer Lifta hat von 1977 bis 2015 bereits 120.000 Treppenlifte installiert, 2015 allein waren es 9000. *Lifta* wurde zum Synonym für Treppenlifte und bedarf eigentlich überhaupt keiner Werbung. Ganz falsch! Mit einer Auflage von 13,7 Millionen Exemplaren ist die *Motorwelt* das auflagenstärkste deutsche Magazin. Die umfangreiche Bewerbung von Treppenliften, Elektromobilen, Badewannen mit Tür und Luftkissenbadewannen in der ADAC-*Motorwelt* machte in der Märznummer 2016 knapp vier Prozent des gesamten Heftumfangs aus. Unter der Überschrift »Mobilitätshilfen« dienten zahlreiche Hersteller auf mehreren Seiten in großen und kleinen Anzeigen den Senioren, der offensichtlichen Hauptzielgruppe des Magazins, ihre Dienste an. Auch der *Spiegel* trägt seiner alternden Leserschaft Rechnung und lässt halbseitige Anzeigen für Treppenlifte schalten.[8] Gibt man bei Google den Begriff »Treppenlift« ein, erhält man 838.000 Einträge. Zum Vergleich: Die Suche nach »Babywindeln« führt nur zu 258.000 Ergebnissen. Was sagt uns das? In Deutschland sind Treppenlifte gut dreimal mehr gefragt als Babywindeln.

Dass Treppenlifte in den Seniorenmedien wie der ADAC-*Motorwelt* beworben werden, erstaunt nicht. Bemerkenswerter ist die Tatsache, dass es im Internet so viel über Treppenlifte zu lesen gibt. Denn Treppenlifte sind ja nicht wirklich ein sexy Internet-Thema. Oder doch? »Der Lift ist ein emotionales Produkt«, erklärt Lifta-Chef Harald Seick im Gespräch mit der *FAZ*. Das Image des Treppenlifts müsse vom technischen Hilfsmittel für Menschen mit Behinderungen zum normalen Möbelstück weiterentwickelt werden. Das Design spiele eine immer größere Rolle. Und viele Senioren bedauerten, nicht schon früher einen Treppenlift angeschafft zu haben.[9]

Aldi erwies in einem Prospekt im Sommer 2016 den Senioren auf fünf von 32 Seiten gehörige Referenz. Unter der Überschrift »Lebe den Augenblick« wurde ein Rollator angeboten, illustriert von einem lachenden, sehr gut genährten Seniorenpaar. Zwei Seiten weiter machte ein etwas jünger aussehendes Seniorenpaar Reklame für einen Duschhocker; außerdem wurden ein »Großtasten-Komfort-Mobiltelefon«, ein Gehstock, eine Tischlupe sowie ein orthopädisches Drehkissen angeboten. Natürlich durften Angebote von »Arzneipflanzentee«, Franzbranntwein, Melissengeist und Kürbiskernen gegen Beschwerden beim Wasserlassen auch nicht fehlen. Rundumversorgung für Senioren. Kauft man am besten jetzt günstig ein, bevor man es braucht.[10]

23. GRUND

WEIL IHRE BEGEISTERUNG FÜR SMOOTHIES DIE KAUPROBLEME DER JUNGEN FÖRDERT

Am 4. September 2013 – also mitten im Aufschwung der Smoothie-Welle – empfahl der für Apothekenkunden konzipierte *Senioren Ratgeber* seiner Klientel Smoothies. Diese Nahrung sei für Senioren besonders gut geeignet. »Vor allem, wenn jemand Kauprobleme hat und Rohkost eher scheut.« Immer wieder wird seitdem im Netz betont, Smoothies seien eine ideale Kost nicht nur für Models und Sportler, sondern auch für Veganer und Senioren.

Smoothies wurden in den USA erfunden. In den 20er-Jahren wurden sie in sogenannten Saftbars angeboten. Zum ersten großen Hype um die matschig-cremigen Obst- und Gemüsedrinks kam es im Zusammenhang mit der Gesundheitswelle in den 70er-Jahren. Viele Jahre später genügte den deutschen Lebensmittelhändlern der Verkauf von Apfel-, Orangen-, Trauben- und Tomatensaft nicht mehr. Im Herbst 2011 startete der REWE-Konzern zusammen mit Europas größtem Smoothiehersteller Innocent eine gewaltige PR-Kampagne, um die – im Vergleich zu Säften – teuren Smoothie-Fertigdrinks auf dem Markt durchzusetzen. U. a. in Essener Seniorenheimen strickten fortan 90-jährige Heiminsassinnen kleine Mützen für die Smoothie-Flaschen. 30 Cent pro Mütze erhielt das DRK.[11] Im Jahr 2011 wurden 191.222 Hauben gestrickt – damit konnten fast 200.000 Flaschen Innocent-Smoothies geschmückt werden. Im Jahr 2016 soll die Mützchen-Millionengrenze geknackt werden.

Jugendrotkreuzgruppen, DRK-Einrichtungen, Kreis- und Ortsverbände haben Stricknachmittage veranstaltet – Strickerinnen aller Bundesländer, vereinigt euch! Zum Wohle des Roten Kreuzes und des Coca-Cola-Konzerns, dem seit 2013 90 Prozent der Saftbude gehören![12]

Mit Rotkreuz- und REWE-Unterstützung war der Siegeszug der Smoothies nicht mehr aufzuhalten, begünstigt auch durch eine Empfehlung der Deutschen Gesellschaft für Ernährung, man möge täglich fünf Portionen Obst und Gemüse zu sich nehmen, eine Menge von 400 Gramm Gemüse bzw. 250 Gramm Obst. Schon ein einziger Liter Smoothie sei gut für vier Portionen, war das wirkungsvolle Argument vieler Smoothie-Freunde, die übrigens im Internet auch gerne Reklame für die entsprechenden Küchenmaschinen machen.

Die Stiftung Warentest untersuchte schon im November 2008 Smoothies und hob als deren Hauptnachteil das Fehlen von Ballaststoffen hervor. Die lebenswichtigen Ballaststoffe sind in püriertem Obst- und Gemüsezeug restlos verloren gegangen. Außerdem sind Smoothies kalorienreicher als Obst und Gemüse und sättigen weniger. Wer seine Nahrung für gewöhnlich mit der Schnabeltasse zu sich nimmt, für den sind Smoothies ideal. Zum Training des Kauapparates taugen sie nicht. Smoothiesüchtige Senioren geben ein schlechtes Beispiel für Jugendliche ab. Die sollten lieber darauf achten, ihren Zähnen ordentlich was zum Beißen zu geben.

WEIL SIE AUS EITELKEIT IHREN KÖRPER ZUR DAUERBAUSTELLE MACHEN

Senioren, die es sich leisten können, stemmen sich im Bunde mit dem Skalpell des Schönheitschirurgen gegen den natürlichen Alterungsprozess ihres Körpers. Kein Körperteil, das nicht optimiert werden kann, denn Optimierung ist nicht nur bei Kapitalanlagen erforderlich. Die Zahl der Senioren steigt – und mit ihr die Zahl der Schönheitsoperationen. Die Gesamtzahl der ästhetisch-plastischen Eingriffe in Deutschland wuchs 2015 um neun Prozent und erreichte den schwindelerregenden Wert von mehr als 86.000 Behandlungen, so der Präsident der Vereinigung der Deutschen Ästhetisch-Plastischen Chirurgen.[13]

Auf der Seite www.schönheitsoperationen.de können sich Interessenten informieren, wie umfangreich entsprechende Operationen sind und was sie kosten (Preise von 2015). Am preiswertesten ist ein intimchirurgischer Eingriff bei Frauen (ab ca. 1.100 Euro). Es folgen Fettabsaugung an Bein und Po mit ca. 1.500 Euro. Fettabsaugung am Bauch ist ab 1.600 Euro zu haben. Fürs gleiche Geld gibt's auch eine Augenlidstraffung. Die Öhrchen können für 1.900 Euro verkleinert oder flachgelegt, die Nase für ca. 3.000 Euro korrigiert werden. Bauch- oder Bruststraffung kosten 4.500 bzw. 4.800 Euro. Größere Brüste sind ab 4.900 Euro zu haben, kleinere Brüste kosten erstaunlicherweise mehr – Kostentreiber ist nicht die Silikonmasse, sondern die Handarbeit des Chirurgen.

Wer die Würde des Alters aus seinem Gesicht verbannen will, muss ein komplettes Facelifting buchen. Ab 5.300 Euro sind Mann oder Frau dabei. Auch Augenärzte wollen bei der Aktion »Aktiv gegen das Altern« mitmachen. Der moderne Augenarzt bietet nicht nur Sehtests und Behandlungen gegen Grauen Star an, sondern betätigt sich als Gesichtschirurg. »Hautglättung mit Hyaloronsäure« empfiehlt das Augenzentrum Ruhr gegen altersbedingte Krähenfüße. »Die Wangen fallen ein und die Wangenknochen treten hervor. Falten erscheinen, die Form und Konturen verändern sich und mit ihnen auch die Harmonie des Gesichts. Die Lösung: das Auffüllen der Falten und die Korrektur des Volumenverlusts mit erprobten Produkten, die zu 100 % auf Hyaluronsäure basieren.«[14] Auch »Faltenunterspritzung mit Botox« bietet der Augenarzt an. Die Wirkung trete nach drei bis fünf Tagen ein und halte ca. fünf bis neun Monate lang an. Man solle aber unbedingt »Stirnrunzeln, Augenbrauenhochziehen etc.« vermeiden, um den entspannten Gesichtseindruck, der keinesfalls maskenhaft wirke, nicht zu gefährden.

»Der weibliche Körper gilt als wandelnde Problemzone – bis auf eine letzte Stelle«, bemerkt Silke Wichert ironisch im Magazin der *Süddeutschen*.[15] Schönheitschirurgen hätten mittlerweile jedes weibliche Körperteil problematisiert und entsprechend benannt. Schlaffe Oberarme heißen *Bingo Wings*, *Muffin Top* ist der Kosename für die Speckfalten, hierzulande *Hüftgold* genannt. *Thigh Gap* heißt das Schönheitsideal, wenn sich die Oberschenkel barbiemäßig im Stehen nicht berühren. Die attraktive Frau besitzt eine *Brötchenvagina* und bei der *Bikini Bridge* kann sie über ihre Hüftknochen ein Lineal legen, ohne dass es den Bauch berührt.

Die Pop- und Countrysängerin Dolly Parton wurde im Januar 2016 70 Jahre alt. Freimütig erzählt die erfolgreiche Unternehmerin, die zugleich größte Arbeitgeberin im US-Staat Tennessee ist, dass sie sich sofort unters Messer legt, »wenn irgendwo was hängt oder flutscht.«[16] »An Dolly Partons 152 Zentimeter langem Körper haben Schönheitschirurgen wohl mehr Sonderschichten gefahren als an Pamela Anderson und Wolfgang Joop zusammen«, beschreibt USA-Korrespondent Dirk Hautkapp das Dolly-Parton-Phänomen, den eigenen Körper als Dauerbaustelle zu betreiben.[17] Auch Dolly Partons gleichaltrige Kollegin Cher war Dauergast bei Schönheitschirurgen mit zugegeben sehr gutem Ergebnis. »Beharrlich lässt sie seit Jahrzehnten nacharbeiten, was Falten schlägt oder der Schwerkraft zu viel Tribut zollt. Die Neujustierungen zwischen Hals und Hintern summieren sich zu einem Triumph über die Vergänglichkeit.«[18] Die 62-jährige Cyndi Lauper outet sich als Fürsprecherin von Cher. »Wenn sie nichts hätte machen lassen – die Welt würde nicht damit klarkommen, dass eine Frau heute älter aussieht als 30 Jahre zuvor. Entscheidet euch mal!«[19] Klar, dass die Welt mit Krieg, Hunger und Elend klarkommen muss – mit Chers Alterungsprozess klarzukommen ist der Welt nicht möglich.

Carmen Dell'Orefice, mit 85 Jahren das derzeit älteste aktive Model der Welt, hat in einem Ratgeber beschrieben, wie Schönheit bis ins hohe Alter gerettet werden kann, nämlich mit »Melkfett, Silikon und viel, viel Sex.«[20] Auf Botox steht sie weniger.

Der deutsch-türkische Komiker Bülent Ceylan hat sich nicht nur mit Politik, sondern auch mit Schönheitsoperationen beschäftigt und urteilt lakonisch über Selbstoptimierungen bzw. -verstümmelungen: »Auf jung machen und Botox, das bringt doch nix!«[21]

Tragisch war das Ende des Botox-Erfinders Frederic Brandt, »der Schönheitschirurg der Prominenz; der Wunderdoktor, der nicht mit einem Skalpell an seinen Patienten herumschnippelte, sondern mit der Spritze so kunstvoll hantierte wie ein Alter Meister mit dem Pinsel«. Diesen Nachruf schrieb Claudia Voigt im *Spiegel* nach dem Selbstmord des 65-Jährigen.[22]

WEIL SIE MIT IHREM UND DEM LEBEN IHRER KINDER SPIELEN, WENN SIE MIT 65 JAHREN VIERLINGE BEKOMMEN

Der Fall der Annegret Raunigk spaltete die Nation. Soll man die 13-fache Mutter bewundern, dass sie im Alter von 65 Jahren mit Vierlingen schwanger wird? Oder ist es eher abstoßend, dass eine 13-fache Mutter Sperma und Eizellen kauft, um als 65-Jährige noch vier Kinder auszutragen?

Im vorliegenden Buch, liebe Leserin, lieber Leser, wird nicht das Loblied auf die Fortschritte der Reproduktionsmedizin gesungen. In diesem Buch wird mit Egoismus, Chuzpe, Dreistigkeit und Starrsinn der Senioren abgerechnet. Und darum erhält die 65-jährige 17-fache Mutter einen eigenen Abschnitt.

Annegret Raunigk, geb. 1950, ist derzeit die älteste Vierlingsmutter Deutschlands. Ins *Guinness Buch der Rekorde* hat sie es noch nicht geschafft. Der Platz der wohl ältesten Mutter der Welt ist derzeit mit einer 70-jährigen Inderin besetzt. Vorher war Maria del Carmen Bousada die Rekordhalterin, die am 29.12.2006 im Alter von 66 Jahren zwei Kinder gebar, wie Annegret Raunigk als Ergebnis einer In-vitro-Fertilisation (IVF). Bousada erlag am 11. Juli 2009 einem Krebsleiden, das vermutlich durch die intensive Hormonbehandlung während der IVF ausgelöst wurde.

Die IVF als solche ist in Deutschland nicht verboten, wohl aber Eizellspende und Leihmutterschaft. Da bei einer Mehrlingsschwangerschaft mit mehr als drei Föten eine erhöhte Gesundheitsgefahr für Mutter und Kind besteht, empfiehlt die Bundesärztekammer, mit allen Mitteln die Schwangerschaft auf drei Föten zu begrenzen.[23]

Annegret Raunigk hatte sich in der Ukraine aus Eizell- und Samenspenden im Labor gezeugte Embryonen einpflanzen lassen. Ob und in welcher Höhe Frau Raunigk die Eizellspenderin und den Samenspender entlohnt hat, ist nicht bekannt. Eizellendiebstahl ist ein Verbrechen, das immer beliebter wird, um die wachsende Nachfrage zu befriedigen. So beschuldigte eine 24-jährige Spanierin den italienischen Arzt Severino Antinori, Eizellen aus ihrem Eierstock gestohlen zu haben. Gegen Antinori wurde wegen Raubs und schwerer Körperverletzung ermittelt.[24]

RTL konnte den Vorgang der Eizell- und Samenspende für Frau Raunigk noch nicht exklusiv filmen, wohl aber die Entwicklung der Vierlinge nach der Geburt in der Berliner Charité. Die Frühchen wogen zwischen 655 und 960 Gramm – so viel wie ein Brot vom Bäcker. Das Verhalten der 65-Jährigen sei verantwortungslos, kritisierte der Leitlinienkoordinator der Deutschen Gesellschaft für Gynäkologie und Geburtshilfe.[25]

Auf die Frage nach dem Grund für den späten Kinderwunsch der 13-fachen Mutter und siebenfachen Großmutter antwortete sie, ihre neunjährige Tochter (Nummer 13 der Kinderproduktion) habe sich ein Geschwisterchen gewünscht. (Die zwölf älteren Geschwister reichten nicht.)

RTL vermarktet die Seniorin weiterhin exklusiv, nachdem sie aus dem hippen Berlin in das beschauliche Höxter umgezogen ist. Im Weserbergland kommt Kind Nummer 13 seiner Schulpflicht nach, während die Kinder Nr. 14 – 17 auf Kita-Plätze warten. Die Heimat des Kinder verschlingenden Rattenfängers von Hameln ist übrigens nicht weit weg, also aufgepasst, Frau Raunigk!

Ein Jahr nach der Geburt der Vierlinge in der Berliner Charité besuchte RTL-*Extra*-Moderatorin Birgit Schrowange die Seniorin in Höxter. Die brave RTL-Homestory sang das Loblied der tüchtigen alleinerziehenden Vierlingsmama und der munteren Vierlinge.

»Die meisten Sorgen bereitete Dries, der eine Gehirnblutung erlitt und seither eine Art Druckventil im Gehirn trägt. Die Ärzte hatten damals prognostiziert, dass er beim Laufenlernen

Schwierigkeiten bekommen würde. Kurz vor dem ersten Geburtstag ist er der einzige der Vierlinge, der noch nicht richtig krabbeln kann. (…) Schwesterchen Neeta hat eine Darmoperation nach der Geburt gut weggesteckt. Heute ist starkes Schielen ihr Hauptproblem.«[26]

Doch die Sendung machte auch deutlich, dass Kind Nummer 13, die zehnjährige Lelia, einen unangemessen hohen Beitrag für die Bewältigung des Alltags der sechsköpfigen Familie leisten muss. Von unbeschwerter Kindheit und glücklicher Familie kann keine Rede sein. Sehr aufschlussreich war die Bemerkung von Birgit Schrowange, Annegret Raunigk habe zu elf ihrer 13 Kinder »keinen oder kaum Kontakt«.[27]

Was ist eigentlich mit der Ehrenpatenschaft des Bundespräsidenten ab dem sechsten Kind? In diesem Falle hört man nichts davon. Annegret Raunigk müsste eigentlich im Schloss Bellevue ein häufig und gern gesehener Gast sein.

3. KAPITEL

SENIOREN ALS AUTOFAHRER – DENN SIE WISSEN NICHT, WAS SIE TUN

Vorsicht, Mann mit Hut!« So lautete vor Jahren die Warnung vor einem unsicheren älteren Verkehrsteilnehmer. Und ein Wackeldackel im Fond des Pkw hieß: Alarmstufe eins!

Wackeldackel sind selbst bei Senioren aus der Mode gekommen, und statt Hut trägt Senior zur Tarnung eine Baseballkappe. Das passt zu seinem dicken SUV. Das Verkaufsgeheimnis dieser umweltschädlichen Spritfresser liegt im hohen Einstieg. Der schont Muskeln und Sehnen, entlastet die Gelenke und dient der Bequemlichkeit. Die hohe Sitzposition gibt Senior außerdem das Gefühl, Herr der Straße zu sein. Das Statistische Bundesamt ermittelte, »dass neben E-Bikes auch Neuwagen in der Generation 65 plus stärker verbreitet sind als bei Jüngeren: 42 Prozent der älteren Haushalte besaßen 2015 einen Neuwagen; das sind zehn Prozent mehr als bei den jüngeren Haushalten.«[1]

»Die Zahl der Autounfälle, die von älteren Menschen verursacht werden, nimmt überproportional zu«, heißt es in einer größeren Recherche des Journalisten Thomas Mader zum Thema »Die Unfälle der Älteren«. »Die Jungen verursachen weiterhin pro Kopf deutlich mehr Autounfälle – aber das Verhältnis verschiebt sich stetig zu Lasten der Älteren. Das liegt nicht nur daran, dass einfach immer mehr Senioren automobil bleiben. Wenn Menschen jenseits der 75 in Unfälle verwickelt sind, tragen sie in drei von vier Fällen die Hauptschuld. Damit liegt die Quote höher als bei der ›Hochrisikogruppe‹ unter 25 Jahren. Und die Unfälle der Älteren fallen nach der Zahl der Getöteten und Schwerverletzten deutlich dramatischer aus, sagt die Statistik.«[2]

Senioren haben viele Möglichkeiten, gegen die Straßenverkehrsordnung zu verstoßen. Die größten Probleme haben sie »bei der Vorfahrtsregelung, beim Abbiegen und beim Einfädeln in den fließenden Verkehr«, resümiert der Verkehrspsychologe Jürgen Salk die Defizite der Oldies am Steuer.[3] Das sind, wie gesagt, die größten Probleme. Es gibt noch mehr, wie wir sehen werden.

WEIL SIE ALS SONNTAGSFAHRER SCHLEICHEN, NICHT ZÜGIG ÜBERHOLEN UND VOR SCHNEEFAHRBAHNEN ZU VIEL RESPEKT HABEN

Senioren und Fahranfänger sind die wohl verhasstesten Verkehrsteilnehmer. Während die jungen Verkehrsrowdys vorzugsweise durch Raserei und Trunkenheit auffallen und dabei häufig selbst zu Tode kommen, bewegen sich die älteren Herrschaften im Schnecken- oder Schildkrötentempo, als ob sie noch mit der Pferdekutsche unterwegs wären. Obwohl sich die meisten Senioren für gesetzestreu halten, verstoßen sie im Straßenverkehr besonders häufig gegen Regeln und Gebote. § 3 Abs. 2 der Straßenverkehrsordnung (StVO) verbietet langsames Fahren ohne triftigen Grund, wenn dadurch der Verkehrsfluss behindert wird. Was gibt es Schöneres für Senior und Seniorin, als am Sonntagnachmittag nach einem guten Mittagessen in einem Ausflugslokal in verdauungsfördernder Behaglichkeit auf der Landstraße durch die schöne Landschaft zu zuckeln! Grundloses Schleichen auch an Sonn- und Feiertagen erfüllt den Tatbestand eines Verkehrsverstoßes. Berücksichtigt man die Einschlafgefahr nachfolgender Kfz-Führer bei der sonntäglichen Seniorenbummelfahrt, ist Strafverschärfung angesagt. Es mehren sich die Stimmen, die ein Sonntagsfahrverbot für Senioren fordern.

Sehr gerne missachten Senioren § 5 Abs. 2 der StVO. Dort heißt es: »Überholen darf ferner nur, wer mit wesentlich höherer Geschwindigkeit als der zu Überholende fährt.« Eigentlich benötigte der dicke SUV nur ein paar Sekunden, um an dem kleinen Polo auf der Autobahn vorbeizuziehen. Aber Senior macht den Überholvorgang zu einem längeren, leider auch ermüdenden Programm. Das dauert und dauert. Voll beladene

Lkw im Elefantenrennen – das ist großes Drama; das hier ist einfach eine lächerliche, miese Posse.

Es mehren sich auch die Stimmen, die ein Seniorenfahrverbot bei Neuschnee fordern. Ihr ungehemmter, jahrelang antrainierter Trieb zur Fortbewegung auf vier Rädern macht auch vor Schneefahrbahnen nicht halt. Statt bei Neuschnee zu Hause zu bleiben, schmeißt sich Senior ins weiße Getümmel, obwohl er natürlich vor Schneefahrbahnen Angst hat. Glatteis übersieht er vielleicht, aber Schnee auf der Fahrbahn, den sieht er und den fürchtet er.

Und so kann im winterlichen Berufsverkehr im deutschen Mittelgebirge ein einzelner älterer Autofahrer zum Verkehrshindernis erster Güte werden. Der berufstätige Autofahrer weiß: Wenn die Straße ansteigt, musst du Gas geben. Bleibst du auf der Schneefahrbahn stehen, kommst du nicht mehr weiter. Senior hat Angst vor Schnee und bremst. Dann bleibt er stehen und wundert sich, dass die Räder seines Daimler mit Heckantrieb durchdrehen. Die Fahrer der nachfolgenden Autos bedanken sich für längeren Aufenthalt und das Warten auf den Straßendienst.

27. GRUND

WEIL SIE DURCH UNTERTOURIGES FAHREN DEN MOTOR VERSAUEN

»Rentnerfahrzeug« ist die verächtlich gemeinte Bezeichnung für ein Auto, das vor einem Besitzerwechsel von Senioren gefahren wurde. Diese Autos zeichnen sich infolge fehlerhafter untertouriger Fahrweise – beim Schleichen üblich – durch geringere Motorleistung und nach langem Nicht-Bewegt-Werden auch durch Karosserieschäden aus. Im Internet kann man (in mangelhafter Rechtschreibung) folgenden interessanten Blog in Sachen Rentnerfahrzeug lesen.

Weiß-Blau-Fan-Rude schreibt am 01.05.2012:

»Hallo, habe mir ein Rentnerfahrzeug gekauft, 325i Cabrio BJ 86 mit 113.000 km. Habe aber das Gefühl, dass es etwas an Leistung fehlt. Denke, dass der Wagen selten und nur untertourig gefahren wurde. Legt sich das mit der Zeit wieder, wenn ich etwas hochtouriger fahre??? … Danke«

Wenig später kommt die Antwort von *Fresh Prinz*: »Das kann schon sein, die werden eben falsch (zu oft oder nur untertourig) gefahren! Es wird besser, wenn du viel AB fährst mit höherer Drehzahl und ihn richtig durchbläst etwas besser! Die volle Leistung wirst du aber nie wieder sehn denk ich mal! BMW gehören eben immer schön warm gefahren, normal bewegt und ab und zu mal auf der AB durchgeblasen! Nur Kurzstrecke, wenig Drehzahl und lange Standzeiten sind nicht gut für den Motor! Man muss auch darauf achten, dass sie keine Standschäden haben, was bei Rentnerkisten, die fast nur rumstehn, nicht selten ist. Ansonsten viel Spaß damit!«

Jonny_Wulfcastle gibt einen ähnlichen Ratschlag: »mal auf die ab und freiblaßen aber nicht gleich volle power sondern langsam steigern aber volle leistung wird der wahrscheinlich nie haben … wurde hald schlecht eingefahren (hatte auch schon einen solchen)«.

Darauf bemerkt *Gygax E30* in einer Weise, die für die Einwohner von Bern eher untypisch ist: »Hatte auch schon nen iX von ner Oma, 100tkm in 20 Jahren, am anfang hatte ich das gefühl der geht überhaupt nicht! Zahnriemen und Öl war neu. Ich hab den Warm gefahren und ihn dann geprügelt bis er wieder gelaufen ist. Auf der Bahn immer wieder mal in den 4ten oder 3ten nach ner Baustelle und bis zum Begrenzer gedreht. Jetzt geht er wieder 210, und schneller war er auch nie.«[4]

WEIL SIE ANDERE VERKEHRSTEILNEHMER ANSCHWÄRZEN

Senioren sind auch im Straßenverkehr die geborenen Besser-
wisser und Rechthaber. Besonders gern schwärzen sie andere
Verkehrsteilnehmer an: Radfahrern, die fröhlich pfeifend auf der
falschen Fahrbahnseite fahren, Fußgängern, die bei Rot über die
Ampel laufen, drohen sie mit Gebärde und/oder Hupe. Falsch-
parker werden unerbittlich angezeigt und ihrer gerechten Strafe
zugeführt – sofern die viel zu laxe Behörde mitspielt. Horst-Wer-
ner Nilges, bundesweit bekannt als »Knöllchen-Horst«, im Jahr
1954 geborener Frührentner aus Badenhausen bei Osterode,
sammelte fleißig Verkehrsverstöße. Laut Medien soll der noto-
rische Denunziant seit 2006 über 50.000 Autofahrer angezeigt
haben. Im Jahr 2015 allein brachte er es auf 5.000 Anzeigen.

Aber der supergesetzestreue Verkehrswächter hatte Pech.
Nur 30 Anzeigen konnten von der Polizei bearbeitet werden.
Da Knöllchen-Horst seine massenhaften Anzeigen preiswert
per Fax schickte, ohne Beweisfotos gemacht oder beigefügt zu
haben, wanderten sie bei der Polizei in die sogenannte Ablage P,
zu deutsch Papierkorb.[5] Immerhin brachte es Knöllchen-Horst
durch seine Umtriebe zu einem Wikipedia-Eintrag.

WEIL SIE NICHT PLATZSPAREND PARKEN ODER VERGESSEN, WO SIE GEPARKT HABEN, UND IHR EIGENES AUTO »VERTAUSCHEN«

Für gewöhnlich verstoßen Senioren auch gegen einen weiteren
Paragrafen der StVO. § 12 Abs. 5 lautet: »Es ist platzsparend zu

parken; das gilt in der Regel auch für das Halten.« Das Halten auf der Straße in zweiter Reihe – direkt neben einer Einfahrt, in die man hätte problemlos einfahren können – ist Seniorenhobby. Aus Angst, ihrer wertvollen Karre könne etwas zustoßen, bevorzugt Senior, sofern verfügbar, zumindest anderthalb Parkplatzlängen oder -breiten. Laut einer Gerichtsentscheidung von 1966 ist »mehrmaliges Vor- und Zurückfahren ... zuzumuten.« Auch beim Nebeneinanderparken haben Gerichtsurteile dem platzsparenden Parken Vorrang vor der Bequemlichkeit der Senioren eingeräumt. »Unbequemlichkeiten, die dadurch entstehen, dass die Wagentüren nicht in voller Breite geöffnet werden können, müssen da, wo der Parkraum knapp ist, in Kauf genommen werden«, heißt es im Kommentar zur StVO.[6]

Es müssen nicht immer Verkehrsverstöße sein, die zum Problem für die Senioren und ihre Mitmenschen werden. Altersbedingte Vergesslichkeit führt dazu, die Herdplatte nicht abzustellen und so einen Großbrand im Mehrfamilienhaus auszulösen. Doch es geht auch harmloser.

Ein 80-jähriger Essener Autofahrer suchte sechs Tage lang sein Auto, das sich, wie es ihm vorkam, vor ihm versteckt hatte. »Der Senior war nur kurz zur Apotheke gefahren, um ein Rezept einzulösen. Danach wusste er nicht mehr, wo er seinen anthrazitfarbenen 5er BMW älteren Baujahrs geparkt hatte.«[7] Auch die Suche der Familie des Seniors nach dem Fahrzeug blieb ohne Erfolg. Die Polizei jedenfalls versicherte, das Auto sei nicht abgeschleppt worden. Aber vielleicht war es während des Apothekenbesuchs gestohlen worden. Doch welcher Narr klaut einen 5er BMW älterer Bauart? Die Bevölkerung der Ruhr-Metropole wurde aufgerufen, sich an der Suche nach dem verschwundenen Fahrzeug zu beteiligen. Die Familie lobte einen Finderlohn von 100 Euro aus. Ein XY-Fahndungsfieber kam von Bredeney bis Borbeck auf.

Am siebten Tag konnte die Suche eingestellt werden. Anwohner hatten das Auto in der Nähe ihrer Wohnung entdeckt – sechs

Kilometer von der Apotheke entfernt. Warum der Senior seinen Wagen dort parkte und wie er die lange Strecke zu seiner Wohnung zurücklegte, ist ein einstweilen ungelöstes Rätsel. »Mein Vater hat offenbar einen Filmriss erlitten«, sagte die Tochter und dankte der Essener Bevölkerung für die große Hilfsbereitschaft.[8]

Schon vor dem Seniorenalter trainierte ein 50-jähriger Autofahrer aus der bayerischen Provinz seine Vergesslichkeit in Sachen Auto. Im August 2015 stellte er sein Fahrzeug in einem Parkhaus in der Nähe des Münchner Hauptbahnhofs ab. Als er zu seinem Heimatort Markt Schwaben zurückfahren wollte, fand er es nicht wieder. Doch alles Suchen half nicht, das Auto war nicht zu finden. Da ging der Bayer zur Polizei und meldete den Verlust seines Wagens.

Im Februar 2016 meldete sich der Betreiber des Parkhauses bei der Polizei und berichtete von einem Auto, das seit längerer Zeit nicht abgeholt worden sei. Der Datenabgleich ergab, dass es sich um das als verschollen gemeldete Fahrzeug handelte. Die Freude des Eigentümers über das wiedergefundene Auto hielt sich in Grenzen. Das Parkhaus präsentierte ihm Parkgebühren über 2.400 Euro, die in dem knappen Halbjahr angefallen waren. »Ob der vergessliche Autofahrer die Summe tatsächlich zahlen muss, ist laut Polizei noch unklar.«[9]

Ein 44-jähriger Mann meldete am Dienstag, 3. April 2012, bei der Polizeiinspektion Grafenau im Bayerischen Wald sein Auto als gestohlen. Es handelte sich um einen VW Passat, den der Mann vor einem Lebensmittelladen in Neuschönau abgestellt hatte, um kurz in diesem Geschäft etwas zu erledigen. Wie auf dem Land durchaus üblich, hatte er den Zündschlüssel stecken gelassen.

Kaum hatte der 44-Jährige das Geschäft betreten, öffnete ein 80-Jähriger die Fahrertür des Passat, setzte sich auf den Fahrersitz, drehte den Zündschlüssel um – und weg war er. Seelenruhig fuhr der Greis nach Hause und stellte den Wagen in der Garage ab. Als es schellte und zwei Polizisten vor seiner Haustür standen, schlug das Herz des Seniors schneller. Er war sich aber keiner Schuld bewusst. Die Beamten klärten ihn auf, dass er nicht seinen eigenen Škoda Fabia nach Hause gebracht, sondern einen fremden Passat gekapert habe.

Die Beamten waren dem Bayerwald-Autokaperer dadurch auf die Schliche gekommen, dass sie bei ihrer Untersuchung der Umstände des verschwundenen Passat auf einen daneben stehenden Škoda Fabia aufmerksam geworden waren, in dessen Zündschloss ein Schlüssel steckte. Über das Kennzeichen kamen sie schnell an den Übeltäter.[10]

30. GRUND

WEIL SIE AUS BÖSARTIGKEIT RETTUNGSWAGEN ZUPARKEN

Am 8. März 2016 hielt ein Rettungswagen im beschaulichen niederrheinischen Städtchen Hückelhoven wegen eines dringenden Einsatzes auf der Fahrbahn einer schmalen Straße an. Es kam zu Verkehrsbehinderungen. Wir alle kennen das und üben uns in Geduld und freuen uns, dass *wir* den Rettungsdienst nicht benötigen. Einen 70-jährigen Audi-Fahrer störte der Zwangsaufenthalt gewaltig. Er gestikulierte wild und forderte lautstark den Rettungswagenfahrer auf, Platz zu machen. Das war wegen der räumlichen Situation aber nicht möglich. Wütend drehte der Rentner und fuhr davon. Die Rettungssanitäter staunten nicht schlecht, als sie ihren Einsatz fortsetzten und den Audi des Seniors 100 Meter weiter mitten auf der Straße stehen sahen, sodass sie nicht passieren konnten. Der 70-Jährige stieg aus und erklärte seelenruhig den überraschten Sanitätern, die einen Patienten dringend ins Krankenhaus bringen mussten: »Eben habt ihr mich warten lassen. Jetzt lasse ich euch warten.« Dann ging er gemächlich in eine Bäckerei. Die Sanitäter im Einsatz mussten warten, bis der Vollpfosten wieder aus der Bäckerei herauskam, sich ins Auto setzte und davonfuhr.[11] Jetzt muss sich das Verkehrskommissariat in Heinsberg mit dem Fall herumschlagen.

31. GRUND

WEIL SIE ZU IRRFAHRTEN MIT UNFÄLLEN NEIGEN UND ÜBERPROPORTIONAL HÄUFIG ALS GEISTERFAHRER UNTERWEGS SIND

230 Kilometer von seiner Wohnung entfernt endete die Irrfahrt eines 89 Jahre alten niederländischen Autofahrers. Mit leerem Tank und beschädigtem Fahrzeug strandete er im niedersächsischen Kreis Schaumburg. In welche Unfälle und wo er verwickelt war, ließ sich nicht klären. Er bot einen schrecklichen Anblick. Der alte Mann saß auf dem Bürgersteig und hatte eine große Kopfwunde. Passanten nahmen sich des verwirrten Greises an. Den Rest erledigte die Polizei. Der Niederländer war schon zu Hause als vermisst gemeldet worden.[12] Wer Grenzkontrollen für Flüchtlinge einführen will, sollte das unbedingt auch für Senioren fordern.

Die Irrfahrt eines 79-Jährigen endete nach sieben Stunden nachts um halb eins im Gleisbett der Dortmunder Straßenbahn. Der Senior war von Warburg/Westfalen in das 84 Kilometer entfernte Soest zum Einkaufen gefahren. Auf dem Rückweg verfuhr er sich dermaßen, dass er den Heimweg nicht mehr fand. Welche Wege er nahm und wo er eventuell tankte, war nicht aufzuklären. Zum Höhepunkt seiner Irrfahrt wurde er noch auf der A 44 zum Geisterfahrer, bis sein Abenteuer fast unfallfrei in einem sanften Dortmunder Gleisbettchen beendet war.[13]

Kinderfeste scheinen Auto fahrende Senioren magisch anzuziehen. An einem schönen Samstagabend im Juli 2016 fuhr ein 78-Jähriger in eine mit Hinweisschildern und Bake gesperrte Straße in Solingen ein und stieß frontal mit dem Zugfahrzeug eines Kinderzuges zusammen. Durch den Zusammenstoß wurde die Zugmaschine, ein Kleintraktor, verschoben. Auf den Anhängern saßen zwölf Kinder im Alter zwischen drei und acht Jahren. Ein Fünfjähriger wurde schwer verletzt. Sechs weitere Kinder mussten in Krankenhäusern in Solingen, Remscheid, Wuppertal und Düsseldorf behandelt werden. Auch der Traktorfahrer wurde leicht verletzt. Dem 78-jährigen Unfallverursacher passierte nichts. Er musste allerdings erst mal seinen Führerschein abgeben.[14]

Handelt es sich beim Schleichen auf Autobahnen und bei der Parkraumverschwendung um lässliche Sünden mit geringem Hassfaktor, so endet ein spezielles Faible von Senioren im Straßenverkehr häufig tödlich. Senioren sind wesentlich häufiger als Falschfahrer unterwegs als jüngere Verkehrsteilnehmer. Eine Auswertung aller in Bayern polizeibekannten Falschfahrer der Jahre 2008 bis September 2011 ergab, dass in diesem Zeitraum 39 Prozent aller Falschfahrer über 70 Jahre alt waren.

Eine Unfallstellenstatistik der Allianz-Versicherung aus dem Jahr 2004 wies nach, dass Senioren problemlos Kreisel durchfahren können, bei Einmündungen und Kreuzungen jedoch die Unfallgefahr steigt.[15]

Autobahnauffahrten scheinen besonders problematisch zu sein. »September 2011: Ein 81-Jähriger verursacht als Geisterfahrer auf der A 14 von Leipzig nach Dresden einen schweren Unfall, bei dem drei Menschen sterben. Der Unfall löst in Sachsen eine Debatte über mehr Kontrollen der Fahrtüchtigkeit von Senioren aus.«[16]

Fünf Menschen starben, als am 10. August 2014 ein 79-Jähriger an der A3-Anschlussstelle Pöcking die falsche Spur nahm.[17]

Am 7. Juli 2015 war ein 79-Jähriger auf der B 27 als Falsch-fahrer unterwegs. Eine 59-jährige Automobilistin sah den Geisterfahrer und versuchte noch auszuweichen, konnte den Crash aber nicht mehr verhindern. Wie die Polizei ermittelte, habe der 79-Jährige kurz angehalten, um sich von dem Schreck zu erholen, sei dann aber ratlos und verwirrt weitergefahren.[18]

Am 30. Dezember 2012 fuhr ein 70 Jahre alter Mann aus Dorsten zum Kirchgang nach Gelsenkirchen-Buer. Er nahm in Gelsenkirchen-Hassel die falsche Auffahrt auf die A 52, wenige Minuten später war ein Lehrer-Ehepaar aus Münster tot, ihr Sohn wurde schwer verletzt.

Glück im Unglück hatte ein 80-Jähriger Anfang Januar 2016 auf derselben Autobahn. Wo seine Geisterfahrt begann, weiß niemand. Ab Gelsenkirchen-Buer begleitete ihn ein Polizeifahr-zeug, doch der Senior reagierte nicht auf Lautsprecherdurchsa-gen, Blaulicht und Martinshorn, sondern fuhr stur Tempo 60 mit Warnblinker. Als die Autobahn ein paar Kilometer weiter zur Bundesstraße ohne Mittelstreifen wird, blieb der Mann auf der falschen Seite und parkte angesichts einer roten Ampel. Alles wird gut, sagte sich die entnervte Polizei, kassierte den Führer-schein ein und übergab den »offensichtlich verwirrten und orientierungslosen Mann« an Angehörige.[19]

In jüngster Zeit mehren sich die Stimmen, die Fahrtests für Senioren fordern. Es »wäre gut, wenn sich zum Fahren unge-eignete Senioren auf Basis der Selbsterkenntnis einschränken oder den Führerschein abgeben«, so der Vorsitzende der Arbeits-gemeinschaft Verkehrsrecht des Deutschen Anwaltvereins.[20] Aber ist es realistisch, von Senioren Selbsterkenntnis zu fordern?

WEIL SIE BREMSE MIT GASPEDAL VERWECHSELN

Weil er statt der Bremse das Gaspedal drückte, hat ein 84 Jahre
alter Autofahrer im südbadischen Bad Säckingen am 7. Mai 2016
einen Unfall mit zwei Toten und 16 Verletzten verursacht. Das
Auto des Seniors raste in der Fußgängerzone in ein gut besuchtes
Straßencafé. Dass ein solch tragisches Unglück sich gewisserma-
ßen im Herzen der Stadt ereignet habe, sorge für große Betrof-
fenheit bei den Bürgern, erklärte der Bürgermeister der Kurstadt
im Kreis Waldshut. »Es haben sich unfassbare und schmerzhafte
Szenen zugetragen, die es nun zu verarbeiten gilt. (…) Die zu-
ständige Staatsanwaltschaft Waldshut-Tiengen ermittelt gegen
den betagten Fahrer wegen fahrlässiger Tötung und fahrlässiger
Körperverletzung. (…) Es bestehe demnach der Verdacht, dass
der Unfallverursacher vorschriftswidrig den Fußgängerbereich
der Innenstadt befahren hat und dann einen vermeidbaren
schweren Fahrfehler machte.«[21]

Der tödliche Unfall in Bad Säckingen befeuerte die Diskussion um die Verkehrstauglichkeit von Senioren. Altersforscher
wiesen darauf hin, dass Konzentrationsschwäche und Einnahme von Medikamenten die Fahrtüchtigkeit von Senioren be-
einträchtigen können. Außerdem schrumpfe altersbedingt die
Seh- und Hörfähigkeit.

Ein- und ausparkende Senioren werden zum gefährlichen
Risikofaktor im Straßenverkehr. Am selben Tag des Bad Sä-
ckinger Unglücks raste ein 79-Jähriger auf dem Parkplatz eines
Dortmunder Einkaufszentrums in zwei parkende Autos. Ergebnis: hoher Sachschaden und vier Verletzte. Er selbst, seine Bei-
fahrerin und zwei Menschen in einem geparkten Auto.

Am 3. Mai 2016 demolierte ein 79-Jähriger beim Ausparken
im rheinischen Mettmann fünf Autos. Anschließend fuhr er

gegen die Wand eines Supermarktes. Der Bums führte dazu, dass drinnen im Markt ein Regal umfiel.

Im September 2016 brachte eine 75-jährige Autofahrerin eine Tankstelle in Rostock beinahe zum Einsturz. Nach dem Tanken verwechselte sie Bremse und Gas und krachte mit voller Wucht in den Verkaufsraum. Die Kassiererin und ein Kunde auf der Suche nach was Süßem wurden verletzt. Das Tankstellengebäude wurde schwer beschädigt.[22]

33. GRUND

WEIL SIE MIT AUF 45 KM/H GEDROSSELTEN »TUCKERLIS« IN WOHNHÄUSER KRACHEN, IM ROLLSTUHL AUF DER BUNDESSTRASSE KUTSCHIEREN UND OHNE REIFEN AUF DER ÜBERHOLSPUR AUF DER AUTOBAHN UNTERWEGS SIND

Die Schweizer Senioren unterscheiden sich in der Intensität ihrer Verkehrsverstöße nicht von den deutschen. Auch Hochbetagte befahren die kurvigen Straßen der Eidgenossenschaft. Im Februar 2014 verursachte ein 89-Jähriger in Mosnang (Kanton Sankt Gallen) einen spektakulären Unfall. Sein Fahrzeug, dessen Geschwindigkeit auf 45 km/h begrenzt ist, kam ohne ersichtlichen Grund von der Säntisstraße ab, fuhr einen Abhang hinunter und landete in einem Wohnhaus. Die Bewohner des Hauses kamen glücklicherweise nicht zu Schaden, aber der 89-Jährige und seine beiden 87 und 83 Jahre alten Beifahrer konnten erst nach einer Stunde von der Feuerwehr aus dem Fahrzeug geborgen und »mit unbestimmten Verletzungen ins Spital gebracht« werden, wie der Mediensprecher der Kantonspolizei Sankt Gallen erklärte. Die Posts der *Blick*-Leser zu diesem Unfall waren höchst unterschiedlich. »Möchte nicht wissen, wie viele kaum mehr gehen können und trotzdem noch Auto fahren«, kommentierte Miriam Gawrisch Mäder. Greg Dusky kritisiert die (in Deutschland nicht praktizierte) 45-km/h-Regelung: »Außer dass die 45erli den Verkehr blockieren – genau dort wo die Straßen schmal und kurvenreich sind –, bringen sie gar nichts. Entweder man ist fahrtauglich oder eben nicht. Und wenn nicht, dann auch nicht für ein 45erli oder E-Bike.« Und Heinz Muenger bringt ein niedliches Kosewort in die Diskussion um ein Fahrzeug mit Tempolimit.: »Ja lieber Opa, da glaube ich, das war Deine letzte Fahrt. Wichtig ist, dass wieder alle gesund auf die Beine kommen, und mit dem öV (d. i. öffentlichen Nahverkehr) bist Du durchschnittlich schneller unterwegs als mit dem auf 45 km/h limitierten Tuckerli.«[23]

Ohne Unfall endete im Juli 2016 der Ausflug einer 82-Jährigen im Rollstuhl (noch langsamer als ein Tuckerli) auf der B19 bei Eisenach. Der Streckenabschnitt war früher eine Autobahn. Die Polizei war von Autofahrern über das Gefährt im Schneckentempo informiert worden und geleitete die Seniorin sicher zur nächsten Ausfahrt. Der Rollstuhl besaß zwar einen elektrischen Antrieb wie der berühmte Tesla, konnte aber geschwindigkeitsmäßig mit diesem Fahrzeug in keiner Weise mithalten. Auf der betreffenden Straße dürften nur Fahrzeuge unterwegs sein, die mindestens Tempo 60 schaffen, erklärte die Polizei. Die alte Lady kassierte ein Knöllchen – aber nicht wegen zu hoher Geschwindigkeit.[24]

»Warum halten Sie mich an?«, fragte ein 78-jähriger Mercedes-Fahrer aus dem Raum München die österreichischen Polizisten, als sie ihn auf der Inntalautobahn endlich stoppen konnten, was gar nicht so einfach war. Am Freitag, 29.7.2016 gegen 6.40 Uhr meldeten Autofahrer, dass ein Wagen ohne Vorderreifen auf der A 12 Richtung Kufstein unterwegs sei. Der Pkw fahre ständig auf der Überholspur.

Den Polizisten bot sich ein Bild des Jammers: Die Felge des rechten Vorderreifens war halb abgefahren, die Bodenfreiheit rechts betrug nur noch einen Zentimeter. Weder Lenkung noch Bremsen funktionierten in ausreichendem Maß. Der Senior beteuerte treuherzig, absolut nichts bemerkt zu haben. Das wurde nun ein Fall für den österreichischen Amtsarzt. In der Folge wurde dem Senior, der so unbekümmert und reifenlos auf der Überholspur fuhr, der Führerschein abgenommen.[25]

34. GRUND

WEIL SIE ZU UNFALLFLUCHT NEIGEN, WENN SIE ES HABEN KRACHEN LASSEN

Selbstverständlich befleißigen sich Senioren auch gerne der Unfallflucht, wenn es sein muss. Beflügelt von Frühlingsgefühlen, bandelte ein Autofahrer im westfälischen Ahlen am 3. Mai 2016 mit einer Straßenlaterne an. Er wollte jedoch seinen Flirt nicht weiter vertiefen und machte sich aus dem Staub. Die Polizei fing den Laternenschrammer ein und staunte nicht schlecht: Der Unfallflüchtige war ein 101-Jähriger. Der Hochbetagte hatte zwar schon mit 99 Jahren seinen Führerschein abgegeben, wollte aber schnell »noch etwas besorgen«.[26]

Auf einer schmalen Straße in Herdecke an der Ruhr gerieten ein 66-Jähriger und ein 25-Jähriger mit ihren Fahrzeugen aneinander. Die Außenspiegel beider Autos wurden beschädigt – ein Vorgang, wie er sich in engen Innenstadtstraßen tagtäglich ereignet. Beide Fahrer stiegen aus. Ein Wortwechsel entspann sich. »Was ist denn mit dir los?«, fragte der 25-Jährige. »Arschloch!«, lautete die knappe Antwort des Seniors. Der nahm Teile des Außenspiegels seines Kontrahenten an sich und fuhr davon. Unerlaubtes Entfernen vom Unfallort und Beleidigung, befand der Amtsrichter. Machte 2.000 Euro Geldbuße für den Senior, der mit Glück um ein Fahrverbot herumkam.[27]

4. KAPITEL

SENIOREN ZU WASSER, ZU LANDE UND IN DER LUFT

Dem »Betreuten Wohnen«, das in der zweiten Hälfte des 20. Jahrhunderts bei Senioren Furore machte, musste gesetzmäßig früher oder später das »Betreute Reisen« folgen. Senioren sind die absoluten Weltmeister im betreuten Reisen, zu Wasser, zu Lande und in der Luft. Ob mit Fahrrad, Bus oder Schiff – meistens ist Senior per Rudel unterwegs. Natürlich mit Betreuung statt Eigenverantwortung. Und im öffentlichen Nahverkehr beschwert sich Senior, wenn er denn allein unterwegs ist, gerne über die angebliche Unfreundlichkeit des Busfahrers.

Senioren, die viel reisen, sind zweifellos weniger ängstlich als ihre Stubenhockerkollegen. Vor einem aber haben die Senioren Angst: vor dem Verhungern. Keine Gruppenreise ohne regelmäßige Nahrungsaufnahme. Kein Programm, das nicht mindestens drei Mahlzeiten pro Tag vorsieht – ob pauschal oder zumindest als Möglichkeit. Kreuzfahrten zu Schiff sind wohl auch deshalb bei Senioren so beliebt, weil die Gefahr, zu verhungern, hier gegen null geht. Psychologen wollen herausgefunden haben, dass die Angst der 70- bis 90-Jährigen vor dem Verhungern auf traumatische Kindheitserlebnisse in der Kriegs- und Nachkriegszeit zurückgeht.

Außerdem haben Senioren auf Kreuzfahrten Angst vor zu viel körperlicher Nähe im Kabinenbett. Wenn sie schon 24 Stunden mit ihrer Partnerin/ihrem Partner auf einem Schiff zusammen sein müssen, dann wenigstens in getrennten Betten.

WEIL SIE ALS E-BIKER GLAUBEN, DASS IHNEN ALLEIN DER RADWEG GEHÖRT

Dass Auto fahrende Senioren eine Geißel der Menschheit sind, ist nun hinreichend bewiesen. Seit der Erfindung des E-Bikes sind Senioren aber auch eine echte Landplage auf Radwegen und – schlimmer noch – auf kombinierten Fuß- und Radwegen geworden. Hatte man gehofft, dass die verbreitete Technikfeindschaft älterer Menschen sie davon abhalten würde, sich des elektrisch angetriebenen Fahrrads zu bedienen, wurden diese Erwartungen von der Realität konterkariert. Sieben Prozent der deutschen Seniorenhaushalte besaßen 2015 ein E-Bike – vier Prozent mehr als in der Generation der 18- bis 64-Jährigen.[1] Das kontinuierliche Wachstum des E-Bike-Marktes korrespondiert mit der wachsenden Zahl der Senioren und ihrem Bedürfnis, sich ohne körperliche Anstrengung von A nach B bewegen zu können. Waren es in der Vergangenheit eher die sportlich ambitionierten jungen Radfahrer, die das Promenieren und Fahrradfahren von Familien mit kleinen Kindern auf sonntäglichen Wegen erschwerten, so sind es nun vorwiegend ältere Herrschaften, die unverschämt grinsend und Platz heischend in ihren sündteuren Sportklamotten und auf ihren noch sündteureren Rädern die Parkwege entlangbrettern und stolz wie Oskar am liebsten auf Steigungsstrecken ihre Überholmanöver durchführen. Im langsam voranzuckelnden SUV fühlt sich Senior als Herr der Straße, mit dem E-Bike kann er sich als König des Spazierwegs fühlen und sich zudem noch ein sportliches Image geben, das seine Bewegungsfaulheit überdeckt. Und im E-Bike-Rudel anderen Menschen raumgreifend den Weg zu versperren, das ist das höchste der E-Bike-Gefühle.

WEIL SIE EIN GERADEZU PATHOLOGISCHES BEDÜRFNIS NACH BUSREISEN HABEN

Sie fahren ins Erzgebirge und in den Schwarzwald, in die Lüneburger Heide und ins Luisenthal, nach Bad Bocklet und Bad Boll, ins Altmühltal und in den Spreewald, nach Weimar und Bad Wildungen, in die Oberlausitz und nach Südtirol, zum Zwischenahner Meer und nach Bad Zwesten, nach Koblenz und Korbach, an den Timmendorfer Strand und in den Thüringer Wald. Die Reisen dauern einen Tag oder mehrere. Höchstdauer elf bis 14 Tage.

Tausende Busse mit Senioren fahren täglich durch unser Land und verstopfen Autobahnen und Landstraßen. Ein moderner Reisebus kostet eine halbe Million Euro. Er muss rollen, was das Zeug hält. Mit Senioren rollt er am profitabelsten. Senioren lassen sich von gnadenlosen Busunternehmern und umsatzgeilen Touristikern perfekt instrumentalisieren. Sie reisen am liebsten zu Zielen, die ohne Zwischenübernachtung erreichbar sind – vorzugsweise zu Zielen in Deutschland oder im benachbarten Ausland. In jüngster Zeit wird der europäische Radius enger, berichten Touristiker. Angst macht sich breit. Übers Wochenende nach Paris – das war einmal. Danzig und Krakau – das geht noch. Budapest verzeichnet Zuwächse, Orbánland ist sicheres Land, keine Menschenaufläufe, alles in Ordnung, meinen die Senioren. Dresden allerdings hat als Reiseziel im Jahr 2015 30 Prozent verloren. Rüstige Ruheständler möchten nicht in Pegida-Krawalle verwickelt werden. Ein' feste Burg ist unser Bus. Und ohne Hausabholung geht gar nichts.

WEIL SIE IM BUS IMMER DIE BESTEN PLÄTZE HABEN WOLLEN

Dem Sicherheitsbedürfnis und der Bequemlichkeit zugleich dienen Hausabholung und Kofferservice. Sie garantieren, dass sich Senioren ohne größere Bedenken vorübergehend von ihrer angestammten Wohnung trennen und in die mobile Welt 40 gleich gesinnter Abenteurer einsteigen können.

Listige Senioren achten darauf, als Erste in den Bus einzusteigen. Das garantiert einen der vorderen, der besten Plätze. Senior weiß, dass ein Platz auf der Hinterachse ruckelt und den Rücken strapaziert. Dagegen hilft, Autokrankheit vorzuschützen. »Hinten wird mir immer schlecht.«

Besonders listige Seniorenpaare setzen sich nicht nebeneinander, sondern auf zwei Fensterplätze hintereinander in der Hoffnung, dass nicht alle Plätze im Bus benötigt werden. Vorne im Bus ist die Luft auch am besten. Senior schraubt gerne an dem Belüftungsschlitz der Klimaanlage über seinem Sitz herum und öffnet bei schönem Wetter auch gerne das Seitenfenster, der frischen Luft wegen, aber auch um besser fotografieren zu können. Wenn die hinter ihm sitzenden Senioren die Zugluft reklamieren, ist Streit angesagt.

Eine besondere Abart der Busreisen sind die sogenannten Clubreisen. Fairerweise muss man sagen, dass nicht nur Senioren zur Kundschaft gehören. »Weinselig in Heidelberg und Weinheim«, »Erdschweinessen mit Musik und Tanz«, »Lustiger Steigerwald«, »Thüringer Bierparty«. Bei diesen Reisen wird nicht nur der altersschwache Kreislauf, sondern auch die langjährig strapazierte Fettleber auf – wie es den Senioren scheint – angenehme Weise trainiert. Für solcherlei Ausschweifungen sollte es zwecks Verringerung von Notarzteinsätzen nicht nur ein Mindest-, sondern auch ein Höchstalter geben.

WEIL SIE BEI BUSREISEN STÄNDIG PIPI MACHEN MÜSSEN

»Wie lange dauert es bis zum nächsten WC?« Dies ist wohl die meistgestellte Frage, die Reiseleiter oder Busfahrer zu hören bekommen. Okay, keiner kann was für eine schwache Blase, wenn sie krankheitsbedingt ist. Schwache Blasen sind bei Senioren sehr verbreitet. Eine schwache Blase ist normalerweise Privatsache. Doch wenn 40 Leute mit dem Bus unterwegs und ein paar Senioren mit schwacher Blase dabei sind, dann ist das keine Privatsache mehr.

Ein erfahrener Reiseleiter versucht, dieses Problem mit »Hygienepausen« im Abstand von ca. einer bis anderthalb Stunden zu lösen. Das verlängert die Fahrtzeit ganz nett, aber schafft den gestressten Blasen Erleichterung.

Es gibt noch eine andere Möglichkeit, dieses Problem zu lösen: einfach vor der Busfahrt weniger trinken. Aber den Senioren wird von Gesundheitsaposteln eingetrichtert, reichlich Flüssigkeit zu sich zu nehmen. Die Gefahr der Dehydrierung sei für Senioren die allergrößte Gefahr, sagt man ihnen. Leider erleichtert der Toilettengang nach der Kaffeepause die Blase ja nicht vom Kaffee, den man soeben getrunken hat, wie vielleicht Senioren meinen, sondern von dem Getränk, das zwei Stunden vorher eingenommen wurde.

WEIL SIE DURCH HERUMKRAMEN DEN START VON FLUGZEUGEN GEFÄHRDEN

Es passiert täglich. Das Boarding für den Flug hat begonnen, das Gate ist geöffnet, aber dann bildet sich im Flugzeug eine lange Schlange. Ein Seniorenpärchen blockiert den Mittelgang der Boeing 737 oder des Airbus 319. Da wird diskutiert, ob die Strickjacke in die obere Ablage soll oder eher nicht. Es könnte ja kühl werden während des Fluges. Und wenn ja, muss sie erst ordentlich zusammengelegt werden. Die Stewardess wirft einen kritischen Blick auf das Paar, das den ganzen Betrieb aufhält. Vergeblich. Die reiselustigen Senioren sind mit der Sortierung ihres Handgepäcks, ihrer Taschen, Jacken und Mäntel beschäftigt und lassen sich nicht aus der Ruhe bringen. Es müsste sich nur einer von den beiden hinsetzen und der andere kurzfristig aus dem Mittelgang heraustreten, dann wäre das Problem des Staus schon gelöst. Doch die Lösung des Strickjackenproblems genießt Vorrang. Auch die Durchsage »Boarding completed« hilft nicht weiter. Die verdammte Strickjacke ist noch immer nicht zusammengelegt. Der Chefsteward versucht es noch einmal per Durchsage. »Bitte nehmen Sie umgehend Platz, damit wir starten können.« Das Herumkramen geht weiter. Der Mittelgang ist noch immer für die letzten Passagiere versperrt. Da mischt sich der Kapitän ein. »Wenn wir jetzt nicht starten können, verlieren wir unseren Slot.« Das enge Zeitfenster für den Start ist den Senioren so was von egal. Sie haben für den Flug bezahlt und ein Anrecht darauf, dass sie und ihre Strickjacke gut behandelt werden. Da greift beherzt die erfahrene Stewardess ein. Sie nimmt die Strickjacke, befördert sie in die obere Ablage und verschließt diese. Dann wird aus der »Saftschubse« von einst die freundliche, aber energische »Passagierschubse«. Sie drückt das Paar auf die

Sitze. Der Gang wird frei, und die restlichen Passagiere gelangen schnell zu ihren Plätzen, ohne dass ein Mord geschieht.

40. GRUND

WEIL SIE FAUL DIE FLÜSSE RAUF UND RUNTER CRUISEN, OHNE WIRKLICH MITZUBEKOMMEN, WAS RECHTS UND LINKS LOS IST

Senioren lieben eine spezielle Art von Wassersport ganz besonders. Nicht Paddeln, nicht Rudern, nicht Schwimmen, nicht Surfen – Cruisen ist angesagt.

Kein Flussschiff, kein Vergnügungsdampfer ist vor Senioren sicher. Flussfahrten haben es den Senioren besonders angetan. Ähnlich wie bei Busreisen gibt es Hausabholung und Kofferservice. Beliebteste Reise ist wohl die Donauflussfahrt von Passau nach Budapest und zurück im Schnelldurchgang von sieben Tagen. Vier Länder in einer Woche! Wahnsinn! Das hört sich nach Abenteuer an. Acht Schiffe tuckern allein für den Bonner Reiseveranstalter Phönix die Donau rauf und runter. 197 Reisetermine werden zwischen dem 31.3. und dem 23.12.2017 von diesen acht Schiffen bestritten.

Das Aufregendste bei der Flusskreuzfahrt ist wohl die Anreise im Stau auf überfüllten Autobahnen oder das Warten auf notorisch verspätete Züge der Bahn. Auf dem Schiff angekommen, ist alles easy. Bisher gab es das Problem, dass es auf den meist 2-etagigen, nicht wirklich seniorengerechten Flusskreuzfahrtschiffen keine Aufzüge gab. Da musste man schon mal die Hilfe des Bordpersonals in Anspruch nehmen. Doch, gottlob, jetzt gibt es auch ein Schiff mit »Personenaufzug vom Hauptdeck zum Oberdeck« und »Treppenlift zum Sonnendeck«, wirbt Reiseveranstalter Plantours für sein Schiff *MS Elegant Lady*.[2]

Wegen der Enge der Schleusen gibt es auf den schmalen Flusskreuzern im Gegensatz zu breiten Ozeandampfern nur Außenkabinen, die man eigentlich nur zu den Mahlzeiten verlassen muss. Und die werden glücklicherweise am Tisch serviert, sodass lästiges Schlangestehen entfällt. Die einzige Strapaze ist der Blick auf die vorbeiziehende Landschaft, aber auch diese Anstrengung kann man sich ersparen, wenn man sich zu einem Schläfchen zurückzieht.

Flussschiffe pflegen meistens in citynahen Häfen anzulegen. Und so hat man Wien, Bratislava, Esztergom und Budapest direkt vor Augen. Auch jetzt muss man nicht unbedingt das Schiff verlassen. Am Ufer erwarten einen ja Menschen, die zum Teil gar nicht deutsch sprechen. So viel Abenteuer muss nun wirklich nicht sein. Glücklicherweise kann man auch in den Bus steigen und eine Stadtrundfahrt mitmachen, die pünktlich zur nächsten Mahlzeit beendet sein wird.

Dass eine Flusskreuzfahrt auch abenteuerlich sein kann, erlebten im Juni 2016 die Passagiere zweier Flusskreuzer in Niederbayern. Am 18. Juni um zwei Uhr in der Nacht wurden 170 Passagiere eines Schweizer Schiffes von ohrenbetäubendem Krach geweckt. Der 37-jährige Schiffsführer hatte den Dampfer bei dichtem Nebel gegen ein Baugerüst gesteuert, das wegen Straßenbauarbeiten bei Riedenburg den Main-Donau-Kanal überspannte. Das Gerüst krachte in sich zusammen. Die Passagiere kamen mit dem Schrecken davon und setzten die Reise nach Nürnberg mit Bussen fort.

Kaum 25 Kilometer entfernt flussabwärts war eine Nacht später für 186 Passagiere die Kreuzfahrt ebenfalls beendet. Bei Bad Abbach rammte das Schiff um kurz vor vier Uhr in der Frühe einen Brückenpfeiler, stellte sich in der Strömung quer, und die Passagiere mussten evakuiert werden. Sie erlebten das Ende der Nacht im schmucken Feuerwehrhaus von Kelheim, wo sie sich von dem Schrecken erholten. »Aber die meisten finden die Sache inzwischen eher spannend«, sagte der Chef des örtlichen Krisen-interventionsteams.[3]

An der gleichen Stelle hatte bereits am 9. Mai 2014 ein Kreuz-fahrtschiff die Spundwand und eine Betonmauer geknutscht. Auch da war den 122 Passagieren außer Schrecken nichts passiert.[4]

Tödlich endete, wenige Stunden, nachdem sie auf dem Main-Donau-Kanal in Erlangen Richtung Budapest begonnen hatte, die Kreuzfahrt der *Viking Freya* in der Nacht vom 10. auf den 11. September 2016. Weil der Steuerstand nicht eingefahren war, rammte das Schiff bei Frauenaurach eine Eisenbahnbrücke. Der 49 Jahre alte Schiffsführer und ein 35 Jahre alter Matrose kamen ums Leben. Der Rest der 49-köpfigen Crew und die 181 Passagiere – überwiegend Senioren aus den USA und Kanada – blieben unverletzt.[5]

Wer also auf Abenteuer bei einer Flusskreuzfahrt spekuliert, sollte den Abschnitt von Erlangen bis Passau buchen – und möglichst bei der Viking-Reederei. Da gibt es eine gewisse Wahr-scheinlichkeit einer Havarie.

41. GRUND

WEIL SENIORENDAMPFER AUF DEM RHEIN ZUR LANDPLAGE GEWORDEN SIND

Senioren cruisen nicht nur auf der schönen blauen Donau. Ähnlich beliebt sind Flussreisen auf Rhein, Mosel, Saar, Main, Neckar, in Holland und Belgien. »Ich hab den Vater Rhein in seinem Bett geseh'n; ja, der hat's wunderschön, der braucht nicht aufzusteh'n!«, tönte es im Jahr 2016 auf acht Schiffen mit 164 Terminen in der Region allein beim Reiseveranstalter Phö-nix Reisen. Im Jahr 2017 bietet Phönix sogar 263 Termine auf

Rhein, Mosel, Main und Neckar an.[6] Man kann kaum einen Spaziergang am Rheinufer machen, ohne dass mindestens ein Seniorendampfer vorbeischippert. Ist das wirklich am Rhein so schön?

Schiffsreisen auf dem Rhein haben eine lange Tradition, die bis zur Romantik zurückreicht. Im frühen 19. Jahrhundert waren es vorwiegend junge nichtsnutzige britische Abenteurer wie Lord Byron, die die nicht ungefährliche Reise durch die berüchtigten Stromschnellen des Mittelrheins unternahmen. Mit dem Gedicht *The castled crag of Drachenfels* aus dem Gedichtzyklus *Ritter Harolds Pilgerfahrt* begründete Lord Byron das internationale Standing der Rheinreisen, das bis heute anhält.

In der Nachfolge ihres Landsmanns Lord Byron unternahm auch die britische Königin Victoria eine Rheinreise. Als 26-Jährige befuhr sie 1845 mit großem Gefolge den Rhein von Bonn bis Koblenz und übernachtete auf Burg Stolzenfels. Dort veranstaltete man zu Ehren der jungen Monarchin ein gewaltiges Feuerwerk, das als Vorläufer der heute auch besonders bei Senioren beliebten Veranstaltung »Rhein in Flammen« gelten kann.

Rheinreisen werden heute keineswegs von jungen Abenteurern, sondern vorzugsweise von älteren Herrschaften gebucht, die weniger die Gefahr des Kenterns als vielmehr eine nicht ganz perfekte Mahlzeit im Rahmen der Vollpension mit festen Tischzeiten fürchten.

42. GRUND

WEIL SIE JEDEN SOUVENIRSCHROTT KAUFEN

Senioren reisen lieber mit Schiff als mit Flugzeug. Das liegt an der Flugangst, aber auch an der größeren Bequemlichkeit, die eine Schiffskabine gegenüber einem Sitzplatz in der Touristenklasse bietet. Einen Flugzeugabsturz zu überleben, gelingt nur in den seltensten Fällen; Schiffshavarien haben schon Tausende Menschen überlebt. Das wachsende Sicherheitsbedürfnis deutscher Senioren in unruhigen Zeiten wird auch durch die stetig steigende Zahl von Abfahrten ab deutschen Häfen gefördert.

Rentner bilden eine wachsende Zahl von Seekreuzfahrtpassagieren, auch wenn eine Kreuzfahrt ein Mehrfaches einer Monatsrente auffrisst. Offenbar haben doch nicht der Euro-Teuro, die Griechenlandkrise und die »Flüchtlingsschwemme« das Ersparte aufgezehrt. Senioren verhalten sich auf Seekreuzfahrten ähnlich wie auf Flussfahrten. Sie genießen den Blick aus dem Fenster der eigenen Kabine, feste Essenstermine und feste Restaurantplätze am Mittag und Abend und die nachmittägliche Ruhepause mit Kaffee und Kuchen. Die angebotenen Landausflüge werden am liebsten angenommen, wenn sie per betreutem Bus stattfinden und man mit diebischen oder infektiösen Einheimischen nicht zu eng auf Tuchfühlung geht. Eine gigantische Souvenirindustrie indischer oder chinesischer Herkunft versorgt die Kreuzfahrtpassagiere weltweit mit jedem erdenklichen überflüssigen Scheißdreck. »Markt« heißt das Zauberwort, das die Senioren auf den Kreuzfahrtschiffen elektrisiert. Das Wort »Markt« kennt auch der im Übrigen sprachlose Fahrradrikschafahrer auf Madagaskar und kutschiert seinen Gast gehorsam nicht auf dem kürzesten, aber doch auf einem annehmbaren Weg zum Basar, wo es eigentlich nur Lebensmittel, einfache Kleidung und Hausrat zu kaufen gibt. Das größte Abenteuer z.B. beim Landausflug in Muskat/Oman besteht darin, im Touristenbasar einen supergünstigen landestypischen Kaschmirshawl zu erwerben, der allerdings weder landestypisch (Omanis tragen keine Kaschmirshawls) noch aus Kaschmirwolle ist. Die daheim gebliebene Familie erwartet von den weit gereisten Omas und Opas einen Haufen Mitbringsel, wenn die *AIDA-*, *Costa-*, *MSC-* und *Mein-Schiff-12345-*Reisenden von ihrer Kreuzfahrt zurückkommen.

Alle diese Mitbringsel bilden früher oder später den Grundstock eines nicht enden wollenden Schrottwichteln-Zirkus.

WEIL SIE MIT IHREN VERMEINTLICHEN SEEABENTEUERN STRUNZEN UND AM LIEBSTEN AM KAPITÄNSTISCH SITZEN

Senioren lieben ganz besonders die kleineren Kreuzfahrtschiffe. Die sind so schön übersichtlich, und man kann sich auf ihnen nicht verirren. Da kann man sich vor der Reise informieren, welches Bier vom Fass ausgeschenkt wird. Das ist für den Erfolg der Reise in exotische Gebiete schon mal sehr wichtig. Da werden die Mahlzeiten am Tisch serviert, da bringt der Chefsteward die Geburtstagstorte mit den Kerzen an den Tisch, und das Kapitänsdinner findet am vorletzten Reiseabend statt. All das gibt es auf großen Schiffen wie denen der *AIDA*-Gruppe nicht. Dort ist Rambazamba angesagt, und folglich gibt es auch mehr junge Leute. Senioren fühlen sich oft auch durch zu viel junges Publikum gestört. Beim ersten Abendessen der Kreuzfahrt beriecht man sich. Loriot selig hätte seine Freude an diesen Dialogen. »Sind wir uns nicht schon mal begegnet?« – »Glaube ich auch. War's auf der *Amadea*? Oder auf der *Artania*? Oder auf der *Albatros*?« – »Nein, mit der *Albatros* sind wir noch nie gefahren. Ich glaube, es war auf der *Amadea*. Oder doch auf der *Delphin*?« Nun werden Erfahrungen ausgetauscht. Arktis, Antarktis oder Amazonas müssen es schon sein. Ein Bericht über eine gelungene Mittelmeerkreuzfahrt ist nichts wert. »Da war ein unglaublicher Sturm in der Drake-Passage. Die Wellen schlugen 15 Meter hoch. Ich dachte, wir kentern. Aber der Kapitän der *Bremen* hat das gut gemeistert. Ein großartiger Mann!« – »Wir waren mit der *Nord Norge* auf Fahrt in die Antarktis und hatten auch Sturm in der Drake-Passage. Wir hatten einen sehr guten Kapitän.« – »Die *Vistamar* war auch ein schönes Schiff. Wir sind mit der *Vistamar* auf dem Amazonas von Belem nach Manaus gefahren.« – »Wir sind mit der *Hanseatic* den ganzen Amazonas rauf bis nach Iquitos. War einmalig.« So wird gestrunzt ohne Ende, und dann werden die Stammbäume aller gängigen Kreuzfahrtschiffe durchgehechelt, und es bleibt nur die Frage, wie man eine Einladung an den Kapitänstisch erhält. Kann man sie sich verdienen z.B. durch eine bestimmte Anzahl von Kreuzfahrten auf diesem Schiff, oder wird einem das Glück durch Los zuteil? Denn einmal am Kapitänstisch zu sitzen und mit Käptn Blaubeer zum Nachtisch Blaubeerkompott zu löffeln – das ist der Gipfel einer Kreuzfahrt.

44. GRUND

WEIL SIE AUF LANDAUSFLÜGEN EINHEIMISCHE VERHÖHNEN

Die Preise für Landausflüge bei Kreuzfahrten sind gesalzen. An diesen Ausflügen wollen viele verdienen: die Mannschaft des sogenannten Kreuzfahrtdirektors, die auch für das Ausflugsprogramm verantwortlich ist, die Agenturvermittler in Deutschland, die den Kontakt mit den örtlichen Reiseagenturen pflegen, die örtliche Reiseagentur, die Busse und Reiseführer bereitstellt – und wer weiß noch welche Hafen-, Zoll- und sonstigen Behörden, die in der Dritten Welt die Hand aufhalten. Ein Halbtagsauflug kostet ungefähr 50 Euro. In den meisten Häfen bezahlt man für selbst organisierte Touren zu denselben Zielen einen Bruchteil des Preises. Ein Kreuzfahrer, dem 50 Euro für einen Ausflug auf Madagaskar zu viel waren, machte folgende Rechnung auf: »Die Rikschafahrer verlangen fünf Euro für eine einzige Fahrt. Das ist ein glattes Zehntel ihres Monatseinkommens. Das kriegen sie steuerfrei für zwei Stunden Arbeit und zahlen keinerlei Abgaben. Das muss man sich mal vorstellen. Wir dagegen müssen für alles zahlen. Mehrwertsteuer, Einkommensteuer usw.« Es genügt nicht, dass die jungen Madagassen arbeitslos sind; man muss sie auch noch verhöhnen.

5. KAPITEL

SENEX AMANS: GEILE ALTE SÄCKE UND SO

Der römische Komödienautor Titus Maccius Plautus (254 v. Chr. – um 184 v. Chr.) schuf mit der literarischen Figur des *senex amans* einen Typ, den es 2.300 Jahre später noch immer in der Literatur, aber auch im realen Leben gibt: Freundlich gesprochen handelt es sich um den verliebten Alten, etwas weniger freundlich ausgedrückt ist es der alte geile Sack oder der notgeile Greis, der seinen auch im hohen Alter noch vorhandenen Testosterondruck vorzugsweise an jungen Frauen ablässt. »Ein verliebter Greis ist eine große Missbildung der Natur«, urteilte der französische Philosoph La Bruyère (1645–1696), der erstmalig in der europäischen Literatur und mit erstaunlicher Hellsicht die Banalität als einen Wesenszug des Menschen analysierte.[1] Heinrich von Kleist hat in der Figur des Dorfrichters Adam und Heinrich Mann in der Figur des Professors Unrat den *senex amans* auf die Theaterbühne und sogar ins Kino gebracht.

In der »gehobenen Torschlusspanikliteratur« bedeutender Spitzenautoren[2] werden ältliche Intellektuelle von immer jüngeren Verehrerinnen beglückt. Im literarischen Werk der Autoren Philip Roth, John Updike und Louis Begley kann man mühelos die Gleichung aufstellen: Je höher das Lebensalter der Autoren, umso intensiver werden die Probleme des *senex amans* beschrieben: seine Wünsche, sein Verlangen, sein Erfolg und seine Versagensängste. In der deutschen Gegenwartsliteratur ist der 1927 geborene Martin Walser der prominenteste Vertreter dieses Genres. *Ein sterbender Mann* heißt in bewusster Anspielung auf Philip Roths Roman *Das sterbende Tier* sein im Jahr 2015 erschienener Roman. »Walser lässt nichts aus. Er zelebriert krudeste Männerphantasien und spielt mit ihnen«, bemerkt Rezensent Helmut Böttiger.[3]

Das jüngste Beispiel dieses Genres ist der Briefroman *Das Schelling-Projekt* des 69-jährigen umtriebigen Medienlieblings Peter Sloterdijk. Mit der Ausschmückung von Pornografien biete Sloterdijk mehr als mancher Autor des 16. Jahrhunderts, schreibt Hannelore Schaffer in ihrer Besprechung in der *Süddeutschen* am 12. September 2016.

Kunst und Literatur sind bekanntlich in gewisser Weise Abbild des wirklichen Lebens. Alte Zausel mit jungen Mädels, der Topmanager im Ruhestand mit dem Topmodel an der Seite – das ruft den Hass vieler Menschen hervor. Zuerst den der verlassenen Ehefrau und ihrer Unterstützerinnen in der feministischen Publizistik, dann den unglücklicher Ehemänner, die meinen, eine bessere will sagen attraktivere bessere Hälfte verdient zu haben, schließlich Hass und Neid gleichaltriger Senioren, die sich mangels Geld und Initiative keine junge Schöne leisten können außer einer Thai-Frau, die aber mit dem Risiko behaftet ist, dass der Verehrer letztlich die hundertköpfige Familie seiner Holden aus dem Großraum Chiang Mai ernähren muss.

Wie sagte schon der britische Staatsmann Benjamin Disraeli: »Alte Knaben haben genauso ihr Spielzeug wie die jungen, der Unterschied liegt lediglich im Preis.«[4]

»Sexy, was hast du bloß aus diesem Mann gemacht?« In dem immer wieder gern gehörten Song von 1989 besang der junge Marius Müller-Westernhagen einen alten, wohlhabenden Mann, der einer jungen Frau verfällt. Mit 65 Jahren gab der Sänger 2014 bekannt, dass er sich nach 25 Ehejahren für eine 31 Jahre jüngere Backgroundsängerin getrennt habe. Ob sich der Senior wohl noch an die Liedzeile erinnert: »Sexy, er hat sein altes Weib für dich vom Hof gejagt.«[5]

31 Jahre Altersunterschied genügten Peter Maffay nicht. 38 Jahre sind es zwischen ihm und seiner neuen Liebe Hendrikje Balsmayer. Auch eine fünfte Ehe und gemeinsame Kinder könne er nicht ausschließen, sagte der Sänger der *Bunten*.[6] Und drei Monate später teilt uns der Boulevard mit, Hendrikje sei bei Peter eingezogen und arbeite bereits in der Tabaluga-Stiftung mit.[7]

Befördert ein großer Altersunterschied die Eifersucht? Eifersüchtige Ehemänner sind jedenfalls die Zielgruppe eines spanischen Matratzenfabrikanten. Der hat eine »smarte« Matratze mit Sensoren für Erschütterungen im Angebot. Wenn es früher mal an der Haustür geklingelt habe, dann sei es höchstens der Briefträger, der Klempner oder der Gärtner gewesen. Im Internet-Zeitalter unterhöhlten Flirt- und Seitensprungportale die Hausordnung. »Der Gefahr aus dem Netz kann der vorsichtige Ehemann nun mit digitaler Abwehrtechnik begegnen. Denn zu den Sensoren gibt es die praktische App für das Handy mit dem Warnsignal: Matratze in Gebrauch! Wer sich selbst besonders quälen und alles genau wissen will, kann auch alle Daten mit mathematischer Präzision bekommen: Länge und Intensität der Erschütterungen, mutmaßliches Körpergewicht der Akteure, in farbigen Kurvendiagrammen. Die App lässt auch Vergleiche zu, beispielsweise zwischen den Kurven des Liebhabers und des Hausherrn, falls der sich bei Gelegenheit selbst heimlich vermessen lässt.«[8]

Das Gegenstück zum *senex amans* ist Mrs. Robinson. Dieser Begriff bezeichnet eine Frau, die wesentlich älter ist als ihr Partner. Er stammt aus dem Film *Die Reifeprüfung*, in dem Mrs. Robinson, dargestellt von Anne Bancroft, den Bräutigam ihrer Tochter, dargestellt von

Dustin Hoffman, verführt. »Ist in einer Beziehung der Mann der deutlich Ältere, so wie bei Franz Müntefering und seiner 40 Jahre jüngeren Ehefrau, dann wird das nicht nur schmunzelnd akzeptiert, sondern sogar bewundert«, schrieb Dana Horakova im *Tagesspiegel.* »Der Mann belohnt sich mit einer Jüngeren so selbstverständlich wie ein Manager mit Dividenden, sie ist das Zeichen seines Erfolgs und seiner Potenz.« Attraktive und selbstständige Frauen dagegen gerieten in Verdacht, sich an die Freunde ihrer Kinder heranzumachen. »Robbing the cradle« (die Wiege ausrauben) nennen es die Amerikaner. Als Gigolos oder Toy Boys würden die jüngeren Liebhaber der Damen geschmäht. »Männer wie Napoleon, Johannes Brahms, Raymond Chandler, Dalí, Balzac, Clark Gable, Franz Werfel, Gottfried Benn, Eduard Manet oder Johann Wolfgang Goethe sollen ›Toy Boys‹ und Gigolos gewesen sein?«, fragt Frau Horakova.[9]

Leider sind die »cougars« (Frauen in den Vierzigern) und die »panthers« (Frauen in den Dreißigern) nicht Gegenstand dieses Buches. »Frauen zwischen 35 und 45 sind in ihrer sexuellen Hochblüte und bringen viel Erfahrung mit«, sagt die Paartherapeutin Claudia Sies. »Kein umständliches Fummeln mehr, keine Unsicherheiten oder Schamgefühle. Junge Männer wissen das zu schätzen.«[10]

Beispiele der Mrs. Robinsons im Seniorenalter gibt es aber auch: Die 73-jährige Elke Heidenreich lebt mit einem fast 30 Jahre jüngeren Mann zusammen und betont, sie sei »viel quirliger als er«.[11] Im Zusammenhang mit Vivienne Westwoods 75. Geburtstag am 8. April 2016 war zu erfahren, dass die Seniorin mit dem 25 Jahre jüngeren Andreas Kornthaler zusammenlebt. Und anlässlich des

70. Geburtstags des US-Popstars Cher konnte man lesen, dass die Diva, wenn sie bei ihren Konzerten einen attraktiven Jüngling erspähte, ihrer Entourage nur den kurzen Befehl mitgab: »Lasst ihn waschen und bringt ihn in mein Zelt!«[12] Besonders Hassenswertes können wir in diesen drei Fällen nicht ausmachen.

Nur bei 0,7 Prozent der Ehepaare/heterosexuellen Lebensgemeinschaften in Deutschland beträgt der Altersunterschied zwischen den Paaren mindestens 20 Jahre. Macht 144.000 intergenerationale Partnerschafen. In neun von zehn dieser Fälle ist der Mann der Ältere.[13]

Ein wohl ziemlich singulärer *senex amans* ist der 90-jährige Amerikaner Harris Wofford. Der war 48 Jahre mit seiner Frau Claire verheiratet. Sie starb vor 20 Jahren. Nun will der Hochbetagte, der von 1991 bis 1995 den Bundesstaat Pennsylvania im Senat vertrat, erneut vor den Traualtar treten, diesmal mit einem genau 50 Jahre jüngeren Partner. »Für einige ist unsere Verbindung ganz natürlich, für andere kommt sie als seltsame Überraschung, aber die meisten sehen die Stärke unserer Gefühle und unserer Zuneigung füreinander«, schrieb Wofford in einem Gastbeitrag für die *New York Times* über seine Beziehung zu Matthew Carlton. »Wir sind seit 15 Jahren zusammen.«[14]

WEIL SIE SPITZ WIE NACHBARS LUMPI UND DAZU NOCH KORRUPT BIS INS MARK SIND (DAS BERLUSCONI-SYNDROM)

Am 29. September 2016 wurde Silvio Berlusconi 80 Jahre alt. Bis zu seinem runden Geburtstag war die Kette der Gerichtsverfahren, in die er verwickelt ist, nicht abgeschlossen. Eigentlich macht es keinen Spaß, über diesen wirklich hassenswerten Menschen zu schreiben. Er steht für mafiotischen Sumpf in Politik und Wirtschaft Italiens, für Medienmissbrauch, Frauenverachtung und Prostitution.

Über Jahre hatte sich Berlusconi wie eine Krake in allen Bereichen der italienischen Wirtschaft festgesetzt. Zeitungen, Fernsehen, Verlage, Kinos, Versicherungen, Sportvereine und vieles mehr. Wegen Steuerbetrugs wurde Berlusconi am 1. August 2013 rechtskräftig verurteilt. Am 9. Mai 2014 trat der Senior in einem Seniorenheim zum Sozialdienst an, den er statt einer Haftstrafe ableisten durfte. Dass er nicht in den Knast kam, verdankte er einem Deal mit dem Gericht. Er unterwarf sich der Auflage, »die Regeln und Institutionen zu achten«.[15] Über das Urteil der Justiz spottete der frisch gebackene Hilfs-Sozialarbeiter: Es »sei lächerlich zu meinen, man könne ihn jetzt umerziehen. Sozialer Dienst für jemanden, der Italien als Regierungschef geführt und G8-Gipfel geleitet habe, ›das ist eine lachhafte Sache, nicht für mich, sondern für das Land.‹«[16]

Der Aufstieg des cleveren Mailänders begann 1978 in der berüchtigten Loge *P2*, einer Geheimgesellschaft, »die in den 1970er Jahren zur Tarnung einer politischen Verschwörung genutzt wurde und deren Mitglieder für den Anschlag auf den Hauptbahnhof von Bologna 1980 (85 Tote) mitverantwortlich gemacht wurden.«[17]

In den frühen 1990er-Jahren wuchs die Macht von Berlusconis Medienkonzern *Mediaset* so stark an, dass die Öffentlichkeit in ihr eine Bedrohung der Pressefreiheit sah und eine Beschneidung forderte. In dieser Situation sah der Medienmogul, dass es wichtig war, in die Politik einzusteigen, um sein Imperium zu schützen. Welche Skandale seinen Weg von 1994 bis zu seinem hoffentlich endgültigen Ausscheiden aus der Politik im Jahr 2015 begleiteten, kann hier aus Platzmangel nicht dargestellt werden. Es genügt, seine besten politischen Freunde zu nennen: George W. Bush, Tony Blair, Wladimir Putin und Muammar al-Gaddafi.

Ebenso unappetitlich wie seine Polit-Affären sind seine Sex-Skandale. Der selbst ernannte Frauenfreund profilierte sich gerne in der Öffentlichkeit durch sexistische Äußerungen. Seine Partei verfüge im Vergleich mit linken Parteien über die hübscheren weiblichen Abgeordneten. Berlusconis Ehefrau Veronica Lario beklagte, ihr Mann frequentiere Minderjährige und sei krank. Im Juli 2009 gab ein Unternehmer »bei der Staatsanwaltschaft zu Protokoll, er habe Berlusconi bei 18 Festen 30 junge Frauen zugeführt und in wenigstens 10 Fällen auch für sexuelle Dienstleistungen bezahlt, wovon der Ministerpräsident allerdings nicht unterrichtet gewesen sei.«[18]

Paparazzi hatten ihren Spaß mit dem Fotografieren von Berlusconis Villa auf Sardinien, wo ihnen hübsche Farbfotos und politisch interessante Schnappschüsse von schönen jungen nackten Frauen und dem ebenfalls nackten damaligen tschechischen Premierminister Mirek Toplánek gelangen.

Die sogenannte Bunga-Bunga-Affäre ist der bisherige und – altersbedingt – wohl auch letzte Höhepunkt der Sex-Karriere des Latin Lovers im Greisenalter, der sich schon vor Jahren die Säcke, die Tränen-Säcke, straffen ließ. Die damals 17-jährige marokkanische Bauchtänzerin Karima el-Mahroug mit Künstlernamen Ruby Rubacuori erzählte den Untersuchungsrichtern im Zuge einer Ermittlung gegen zwei Freunde Berlusconis von »Bunga-Bunga«, erotischen Spielen bei Festen in Berlusconis Villa in Arcore bei Mailand, zu denen sie eingeladen war. Von 30.000 Euro Honorar für Liebesdienste war die Rede. Berlusconis Bunga-Bunga-Spiele führten zu drei Prozessen. In der ersten Instanz wurde er zu sieben Jahren Haft verurteilt. Er »wurde für schuldig befunden, mit der damals minderjährigen Marokkanerin Karima El Mahroug, genannt Ruby, Sex gegen Geld gehabt und anschließend seinen Einfluss als Regierungschef eingesetzt zu haben, um die Affäre zu vertuschen. Berlusconi soll bei der Polizei angerufen haben, um Rubys Freilassung nach einer Festnahme wegen Diebstahls zu erwirken.«[19]

In der zweiten Instanz wurde Berlusconi überraschenderweise freigesprochen. Begründung: Die Minderjährigkeit seiner Gespielin sei Berlusconi nicht bekannt gewesen. Nun ging der Staatsanwalt in die Berufung. Die dritte Instanz, das Oberste Gericht Italiens, bestätigte den Freispruch der zweiten Instanz. Berlusconis Anwalt triumphierte. Es gebe überhaupt keinen Beweis dafür, dass Berlusconi von Rubys Minderjährigkeit gewusst habe. Der Anwalt bestritt aber nicht, dass es Prostitution in Berlusconis Villa Arcore gegeben habe.

Ruby soll inzwischen eine mehr oder weniger angesehene erfolgreiche Geschäftsfrau geworden sein. So trat sie u. a. beim Wiener Opernball als Gast des hochbetagten Bauunternehmers Richard »Mörtel« Lugner auf.

Berlusconi, der bis 2019 keine politischen Ämter übernehmen darf, machte im Herbst 2015 noch einmal Schlagzeilen, als er ins Visier eines ukrainischen Staatsanwalts geriet. Der russische Präsident Putin hatte seinen Freund Berlusconi zu einem Besuch auf die annektierte Krim eingeladen und ihm am 11. September in Massandra, dem berühmtesten Weingut der Krim, einen 240 Jahre alten und geschätzt 80.000 Euro teuren Wein kredenzen lassen, ein nach Auffassung des Staatsanwaltes gemäß

Artikel 191 des ukrainischen Strafgesetzbuches (»Widerrechtliche Aneignung von Eigentum Dritter in besonders schweren Fällen«) schweres Verbrechen. Berlusconi muss im Gegensatz zur Direktorin des Weinguts keine Strafverfolgung befürchten, sagt der Staatsanwalt, »weil er nicht in böser Absicht handelte und anders als die Direktorin nicht wusste, dass die Flasche ein Kulturgut des ukrainischen Volkes ist«.[20]

WEIL DIE ALLIANZ VON GELD, MACHT UND GLAMOUR IM ALLGEMEINEN ZUM KOTZEN IST UND BEI ALTEN ZAUSELN GANZ BESONDERS (DAS RUPERT-MURDOCH-SYNDROM)

»Ich habe zwei bleibende Laster. Das eine ist meine Modelleisenbahn, das andere – Frauen. Aber jetzt im Alter von 89 finde ich, ich werde langsam ein bisschen zu alt für Modelleisenbahnen.« Diese kesse Aussage machte der französische Dirigent Pierre Monteux (1875–1964).[21] Der australische Verleger Rupert Murdoch hätte als 85-Jähriger demnach noch etwas Zeit, sich von seiner Modelleisenbahn zu trennen.

Am 12. Januar 2016 erschien in der Londoner *Times* in der Rubrik »Bevorstehende Hochzeiten« die folgende Anzeige: »Herr Rupert Murdoch und Miss Jerry Hall freuen sich, ihre Verlobung bekannt zu geben.«[22] Respekt, sich mit 85 zu verloben und das auf so konservative Weise der Welt zu verkünden. Aber es ist ja nicht Murdochs erste Hochzeit, sondern seine vierte. Die 25 Jahre jüngere Jarry Hall allerdings war noch nie verheiratet, wenn man davon absieht, dass sie mit Mick Jagger auf Bali ein hinduistisches Hochzeitsritual absolvierte, das allerdings nicht als Ehe anerkannt wurde. Immerhin gingen aus der 22-jährigen Beziehung mit dem Rocker vier Kinder hervor. Murdoch bringt nicht nur ganz viele Zeitungen, sondern auch sechs Kinder mit in die Ehe. Die zehn lieben Kinderlein hatten sich schon vor der Verlobung auf einer Jachttour in der Karibik miteinander bekannt gemacht. Die Verlobungszeit dauerte nicht lange eingedenk der Altersweisheit »Der Tod steht noch nicht vor der Tür, aber er sucht sich einen Parkplatz«.[23] Am 4. März 2016 wurde das Paar in einem Londoner Herrenhaus getraut, am darauf folgenden Tag gab es eine kirchliche Feier mit reichlich Prominenz, u. a. Bob Geldof und Andrew Lloyd Webber.

Das Ehepaar verkörpert als *power couple* die Allianz von Geld, Macht und Glamour. Für Glamour ist die Frau zuständig, die als Model, Schauspielerin und Freundin berühmter Musiker unterwegs war. Für Geld und Macht(-missbrauch) ist der 85-jährige Ehemann zuständig. Mit einem geschätzten Vermögen von ca. elf Milliarden Dollar gehört er laut *Forbes* zu den 100 reichsten Menschen der Welt, obwohl die Scheidung von seiner zweiten Ehefrau Anna die teuerste aller Zeiten war. Seine Medien sind stramm konservativ bis rechts ausgerichtet, und die ihm gehörende Zeitung *News of the World* machte 2007 negative Schlagzeilen, nachdem bekannt wurde, dass die Journalisten dieses Murdoch-Blattes private Telefonanschlüsse von Prominenten und politischen Gegnern abgehört hatten. Murdochs Medienkonzern ist heute – ein paar Jahre sind seit dem Skandal vergangen – ein williges Sprachrohr für die Politquacksalbereien des Donald Trump.

WEIL SIE PRIVATLEBEN UND SEXMAGAZIN NICHT VONEINANDER TRENNEN (DAS HUGH-HEFNER-SYNDROM)

Hugh Hefner, der am 9. April 2016 seinen 90. Geburtstag feierte, hat als Gründer und Chefredakteur des *Playboy* verstanden, was junge und alte Männer sich gerne anschauen: nackte Mädels. Bevor er als *Playboy*-Verleger Weltruhm erlangte, war er als Kompanieschreiber in der US-Army, Werbetexter und Vertriebsleiter einer Kinderzeitschrift tätig. Das Psychologiestudium schloss er 1949 mit dem *Bachelor of Arts* ab. Ausführlich schildert Wikipedia Hefners Karriere: »Im Frühjahr 1953 beschloss er, seine Idee von einem Männermagazin in die Tat umzusetzen, und entwarf im Herbst 1953 die ersten Artikel und Illustrationen. (…) Auf die Titelseite kam ein freizügiges Foto der damals gerade bekannt gewordenen Marilyn Monroe, das Hefner von einem kleinen Verlag für erotische Kalender für 500 Dollar gekauft hatte. 50.000 Exemplare wurden gedruckt. Auf dem Titel stand kein Datum, nicht einmal das Jahr, weil Hugh Hefner nicht wusste, ob es jemals eine zweite Ausgabe geben würde. (…) Eine weitere Idee von Hefner war das *Centerfold*, das Aufklappbild in der Heftmitte, als Pin-up-Foto für den Spind. Das *Centerfold* führte direkt zum *Playmate* des Monats, das im ersten Heft noch *Sweetheart of the Month* hieß und ein weiteres Foto von Marilyn Monroe war, die zum bekanntesten Pin-up der Welt wurde.« [24]

Mit dem Erfolg seines Magazins geriet der Verleger unter den Beschuss von zwei Seiten: Feministinnen kritisierten, im *Playboy* würden Frauen als Sexobjekt zur Ware, zu Häschen (*bunny*) degradiert. US-amerikanische Konservative empörten sich über die Darstellung unbekleideter Frauen, besonders der Brüste und (Jahre später) der weiblichen Scham. Die total verlogene Prüderie ist bis heute Grundbestandteil des Mainstreams der

US-Gesellschaft. Brutalste Gewaltszenen im Film gehören zur Normalität, eine nackte weibliche Brust oder gar deren Liebkosung im Film zu zeigen gilt dagegen als unanständig.

In den 70er-Jahren bekam der *Playboy* Konkurrenz. *Penthouse* und *Hustler* ließen den Umsatz um fast die Hälfte einbrechen. Die Regierung des Cowboy-Präsidenten Ronald Reagan versuchte in den 80er-Jahren, eine moralische Wende einzuleiten und das zu bekämpfen, was man für Pornografie hielt. Hefner überstand alle politisch-administrativen Angriffe auf das Magazin. Sie kosteten ihn allerdings 1985 einen Herzinfarkt. 1988 übergab er die Geschäftsführung seiner Tochter.

Zum Mythos des Magazins trug das Sexleben des Verlegers nicht unwesentlich bei. Mit 23 Jahren heiratete Hefner zum ersten Mal. Die Ehe wurde zehn Jahre später geschieden, und Hugh Hefner war 30 Jahre lang ein Single, der sich als von Frauen umschwärmter Mann inszenierte. 1989 heirate Hefner Kimberly Conrad, das *Playmate* des Monats, 1998 erfolgte die Trennung. »Hefner lebte bis zum März 2005 mit sieben Frauen im Alter von 18 bis 28 Jahren zusammen. Dann verkündete er, nur noch mit drei Frauen zusammenzuleben. (…) Die Scheidung von seiner Noch-Gattin Kimberly Conrad reichte Hugh Hefner erst nach elf Jahren Trennung und 20 Ehejahren im September 2009 ein. Am 2. Weihnachtstag 2010 verkündete er via Twitter seine Verlobung mit dem 60 Jahre jüngeren Model Crystal Harris, welche jedoch am 15. Juni 2011 – vier Tage vor der eigentlichen Hochzeit – wieder aufgelöst wurde. Hefner und Harris wurden 2012 aber wieder ein Paar und heirateten am 31. Dezember 2012 schlussendlich doch.«[25]

Im Herbst 2015 geriet Hefner nach längerer Pause wieder in die Schlagzeilen. Der *Playboy*, hieß es, werde künftig ohne Nacktbilder erscheinen. Im Internet-Zeitalter haben nackte Prints ihre Exklusivität verloren. »Was wir auf Papier verkaufen wollen, gibt es inzwischen im Netz überall umsonst. Aber natürlich viel schlechter«, bemerkte Elke Schmitter dazu.[26] Die monatliche Auflage des *Playboy* sank von ehedem 7 Millionen auf heute nur noch 800.000 Exemplare[27], und die Kerninteressen mancher *Playboy*-Leser bedient das Internet schneller.

Noch beunruhigender war die Nachricht, Hugh Hefners berühmt-berüchtigte Playboy-Villa in Los Angeles stehe zum Verkauf. »Man trifft hier die absolut schönsten – und gewöhnlich auch willigsten – Frauen von Los Angeles«, lobte der Schauspieler Rob Lowe einst die Atmosphäre des spektakulären Bumslokals mit 29 Zimmern, Wasserfall und Zoo.[28] Das britische Model Carla Howe zeichnete in der *Sun* ein völlig anderes Bild von Playboy Mansion. »Mehr Seniorenheim als Lust-Höhle«. In dem stark renovierungsbedürftigen Haus rieche es muffig, ein Großteil der Gäste sei über 75 Jahre alt und der Hausherr so gebrechlich, dass ihn eine Gruppe von Krankenschwestern überallhin begleiten müsse.[29]

Für 200 Millionen US-Dollar wurde das Domizil des Greises von den Maklern im Frühjahr 2016 zum Kauf angeboten. Der Käufer bekommt noch etwas Besonderes dazu: Hugh Hefner mit lebenslangem Wohnrecht. Am 8. Juni 2016 wurde gemeldet, dass der 32-jährige Investmentmilliardär Daren Metropoulos Playboy Mansion erworben habe. Er sagte dem *Wall Street Journal*, er betrachte es als »echtes Privileg«, die Tradition der Immobilie wahren zu dürfen.[30] Im August 2016 war das Geschäft perfekt und Metropoulos war nicht 200 Millionen Dollar, sondern nur 100 Millionen ärmer.[31]

Über seine Ruhestätte muss sich Hefner glücklicherweise keine Gedanken machen. In einer nostalgischen Anwandlung hat der *Playboy*-Verleger vor einiger Zeit für 75.000 Dollar das freie Grab neben dem von Marilyn Monroe gekauft.

WEIL SIE 70 JAHRE ALT WERDEN MÜSSEN, UM VON IHRER 40 JAHRE JÜNGEREN PARTNERIN MIT DER GESELLSCHAFTLICHEN WIRKLICHKEIT KONFRONTIERT ZU WERDEN (DAS FRANZ-MÜNTEFERING-SYNDROM)

Franz Müntefering (* 16.01.1940) hat es weit gebracht in seinem Leben. Das langjährige SPD-Mitglied war Stadtrat im Sauerland, Landtags- und Bundestagsabgeordneter, Minister in Nordrhein-Westfalen und in der Bundesregierung und Vizekanzler. Er gilt zusammen mit Gerhard Schröder als einer der Väter der Agenda 2010 und ist daher in den Augen vieler Linker schon allein deswegen hassenswert.

Am 12.12.2009, anderthalb Jahre nach dem Krebstod seiner Frau, heiratete Müntefering die 40 Jahre jüngere gelernte Kinderpflegerin und Parteigenossin Michelle Schumann. In einer großen Homestory in der *Zeit*[32] schilderte der damals 70-Jährige, was er von seiner vier Jahrzehnte jüngeren Frau lernen kann. Seine junge Frau mache ihn mit dem Internet vertraut, mit E-Mail und dem täglichen Twittern und Googeln. Alles das sei neu für den Senior. »Ich mach das ja nicht und ich mag das ja nicht.« Und weiter: »Ich weiß zwar jetzt, wer Michael Jackson ist, hör ihn mir aber trotzdem nicht an.« Er sei in seiner Partnerschaft »konfrontiert mit Lebenswirklichkeiten, die mir fern waren. Es ist ein Leben jenseits des Mythos.« Zu den Errungenschaften gehöre es, dass er jetzt einen Bekanntenkreis habe, ein soziales Netzwerk jenseits der Partei. Schön für den *senex amans*, dass er nach mehr als 40 Jahren als hauptberuflicher Politiker, als der »große Einsame« der SPD, mit der gesellschaftlichen Wirklichkeit konfrontiert wird. Schreibmaschine schreiben – das kann er jedenfalls. So tippte der nunmehr 76-Jährige auf seiner »Gabriele« das vollständige Gespräch, das er im September 2016 mit zwei Redakteuren der *Süddeutschen* in Herne führte, zur Sicherheit eigenhändig brav ab. Ob Michelle ihren Gatten auch künftig mit der traurigen Realität von Agenda-Opfern im Armenhaus Ruhrgebiet vertraut machen kann, darf bezweifelt werden. Seit dem Jahr 2013 ist sie eine viel beschäftigte Bundestagsabgeordnete. Franz seinerseits hat ein Betätigungsfeld gefunden, das für den klassischen *senex amans* eher untypisch ist: Er ließ sich am 25.11.2015 zum Vorsitzenden der Bundesarbeitsgemeinschaft der Seniorenorganisationen (BAGSO) wählen, die 113 Mitgliedsverbände vertritt. Kanzlerin Angela Merkel gratulierte Franz süffisant zu seiner neuen Karriere als quasi Bundesopa: »Ich freue mich auf die Begegnung mit Ihnen in diesem neuen Amt.«[33]

49. GRUND

WEIL OMAS HOCHWÜRDEN NICHT MIT PRÄSERN PROVOZIEREN SOLLEN

Als sie den katholischen Pfarrer Michael Hammerschmidt 2001 zum ersten Mal in einem Blumengeschäft sah, fühlte sich Christel G. »wie vom Blitz getroffen« und verliebte sich unsterblich in den Gottesmann. Für den Sauerländer Pfarrer begann eine Schreckenszeit. Die ältere Dame – kein Schützling seiner eigenen Gemeinde – stellte ihm Tag und Nacht nach. Mehrfache Telefonanrufe an fast jedem Tag, obszöne Mails, nach Parfüm stinkende Liebesbriefe. Zum Beweis ihrer großen Liebe vollführte die Stalkerin Sextänze im Pfarrgarten, den sie mit Luftballons und Herzen, aber auch mit Maiskolben dekorierte. Um keine Missverständnisse aufkommen zu lassen, stülpte sie den Maiskolben Präservative über. Manchmal tauchte die liebestolle Stalkerin auch nackt im Pfarrhaus auf.

Irgendwann sahen sich die Behörden im erzkatholischen Sauerland zum Einschreiten genötigt. Gegen die Stalking-Oma wurden mehrere Ordnungsgelder verhängt. In einem Beschluss des Amtsgerichts Meschede vom September 2011 wurde ihr untersagt, sich dem Pfarrer auf weniger als 50 Meter zu nähern. Doch die Seniorin erwies sich als ausgesprochen resistent gegen die behördlichen Sanktionen. 90 Verstöße gegen das Annäherungsverbot registrierte die Staatsanwaltschaft in der Folgezeit und erwirkte einen Haftbefehl. Den beantwortete Christel G. damit, dass sie untertauchte. Aber sie hatte nicht mit der Aufmerksamkeit ihres Angebeteten gerechnet. An einem frühen Frühlingsmorgen des Jahres 2013 hört Michael Hammerschmidt, wie ein Auto vor dem Pfarrhaus in Freienohl vorfährt. Er kennt dieses Geräusch nur allzu gut. Von einem Versteck aus beobachtet er die Stalkerin, die mal wieder seinen Garten mit Luftballons und Schweinekram schmücken will. Beherzt ergreift er seine damals 70-jährige Peinigerin und wählt den Notruf. Um 5:10 Uhr trifft die Polizei ein. Die Handschellen klicken, und der Gottesmann hat erst mal seine Ruhe. Die Stalkerin wird in ein Justizvollzugskrankenhaus eingeliefert und klagt lauthals und nur allzu verständlich über – Herzschmerzen. Wegen mangelnder Fluchtgefahr wird sie entlassen. Der Liebesterror geht danach weiter.

In der mündlichen Verhandlung vor dem Amtsgericht Meschede am 27. März 2014 gestand die inzwischen 71-Jährige ihre Schandtaten. An manchen Tagen habe er sich wie Jesus am Kreuz gefühlt, sagte der Pfarrer. Zwar befriedige sich die Stalkerin nicht mehr nackt im Pfarrgarten vor seinen Augen, aber sie habe ja auch ein künstliches Knie bekommen und sei nicht mehr so beweglich. »Es ist ein Albtraum«, beschreibt Hammerschmidt seine Erfahrungen. Er könne nicht wie gewohnt joggen gehen, aus Angst, die Rentnerin zu treffen. Dem Gottesmann geht es wie vielen Prominenten. »Fans im Garten machen mir immer noch Angst« sagt Daniela Katzenberger. Ein Stalker habe sie Tag und Nacht verfolgt. »Ich hatte Angst, nach Hause zu gehen.«

Wegen Exhibitionismus konnte die liebestolle Sauerländerin nicht belangt werden, da nach § 183 Abs. 1 StGB Exhibitionismus nur bei männlichen Tätern strafbar ist. Das Schöffengericht verurteilte die Rentnerin wegen Stalkings in Tateinheit mit Hausfriedensbruch und des Verstoßes gegen das Gewaltschutzgesetz zu 14 Monaten Freiheitsentzug ohne Bewährung.

Gegen das Urteil vom 27.3.2015 legte nicht nur die Staatsanwaltschaft, sondern auch der Anwalt der Stalkerin Berufung ein. Bis zur Berufungsverhandlung im Dezember 2015 vertrieb sie sich die Zeit mit ihren üblichen Spielchen. Telefonanrufe zwischen 8 und 21:30 Uhr sind die Regel, sagte der Pfarrer im Zeugenstand. Außerdem beehre sie ihn mit fünf Besuchen pro Woche.

»Warum machen Sie weiter?«, fragte Richter Hans-Joachim Grunwald die Stalking-Oma. »Ich liebe ihn von ganzem Herzen, will ihm eine Freude bereiten.« – »Ist es ein beglückendes Erlebnis für Sie?«, fragte der Richter weiter. »Ja«, sagte sie. »Ich glaube nicht, dass er leidet.« Pfarrer Michael Hammerschmidt ist verzweifelt. »Es muss doch in diesem Staat möglich sein, mich vor dieser Frau zu schützen. Ich habe auch Rechte.«

Am 10. Dezember 2015 kam die überraschende Wende in dem Prozess, der im Gedächtnis der Region als die Geschichte vom Liebeswahn von Freienohl verankert ist. Der bekannte Essener Forensiker Norbert Leygraf kam als Gutachter zu dem Schluss, die Stalkerin sei schuldunfähig, da hochgradig liebeskrank.

Freispruch wegen Liebeswahns – so lautete das Urteil des Landgerichts am 16. Dezember 2015. Und Pastor Hammerschmidt wird die Attacken der Frau weiter erdulden müssen, die ihm seit 14 Jahren die Hölle auf Erden bereitet. »Denn eines ist so sicher wie das Amen in der Kirche – um im Bild zu bleiben«, sagte Gutachter Leygraf. »Sie wird weitermachen.«

Und Leygraf sollte recht behalten. Weil sie sich nicht an das Kontaktverbot hielt und dem Pastor weiter nachstellte, verurteilte das Familiengericht in Meschede im Juni 2016 die mittlerweile 73-Jährige in einem sogenannten Gewaltschutzverfahren zu einer Ordnungshaft von vier Monaten. Gottesmann Hammerschmidt erhofft sich nun ein paar Monate Ruhe. Der Liebesterror rund ums Pfarrhaus geht ihm gehörig an die Substanz. »Aber andere haben Krebs oder andere Krankheiten und müssen auch damit klarkommen.«[34]

50. GRUND

WEIL SIE ALS MÄNNLICHES OPERNLOGENLUDER FRAUEN NUR ALS DEKORATIVES BEIWERK BENUTZEN (DAS LUGNER/»MÖRTEL«-SYNDROM)

Mörtel (auch Speis genannt) »dient in erster Linie zur Verbindung von Mauersteinen und zum Verputzen von Decken und Wänden« (Wikipedia). Mörtel ist aber auch der Spitzname des in fünfter Ehe mit der 57 Jahre jüngeren Katherine Schmitz verheirateten österreichischen Bauunternehmers und Investors Richard Lugner. »Meine Leidenschaft brennt heißer noch wie Gulaschsaft«, zitierte der 81-jährige Multimillionär bei der Trauung ein Versprechen aus der Operette *Gräfin Mariza*. Und die gerade 24 Jahre alt gewordene Braut, gelernte Krankenschwester aus Wittlich in der Eifel, konnte nur stammeln: »Ein Mädchentraum wird wahr.«[35] Lugner pflegte vor und nach seiner Hochzeit das Hobby, prominente Schauspielerinnen als seine persönlichen Gäste zum Wiener Opernball einzuladen. »Der Mann ist Österreichs erstes und prominentestes Opernlogenluder«, schrieb die *Süddeutsche*.[36] Zu seinen Stargästen gehörten die halbseidene Bunga-Bunga-Mitwirkende Ruby Rubacuori

(2011), Popo-Star (*Süddeutsche*) Kim Kardashian (2014) und Elisabetta Canalis (2015). Auf seiner jährlichen Pressekonferenz vor dem Opernball, dem wichtigsten Medienereignis im Land der Ösis, kündigte Lugner im Januar 2016 als seine diesjährige Opernballbegleitung die 50-jährige Brooke Shields an. Wichtig sei ihm, so Lugner, dass »die Frau aus Hollywood im richtigen Alter sei – ›nicht zu jung, denn dann sind sie zickig‹, und nicht zu alt und berühmt, dann haben sie ›schnell Sonderwünsche‹.«[37]

Lugners mittlerweile geschiedene Ex-Ehefrau passt übrigens ausgezeichnet zum Stil der Selbstdarstellung ihres Ehemannes. »Die gelernte Krankenschwester, Ex-Bunny, Ex-Playmate, ist Profi und Laiendarstellerin zugleich, komplett authentisch,« hämt die *Süddeutsche*, »eine öffentliche Tussi mit Spitznamen Spatzi … dominanter Silikonbusen, schwellende Hyaluron-Lippen, Plastik-Wimpern, Barbie-Haar«.[38]

Nach Ärger mit Stargast Brooke Shields und der eigenen Ehefrau, die ihm öffentlich vorwarf, er würde mit Nutten telefonieren, forcierte Lugner seine Kandidatur zum Amt des österreichischen Bundespräsidenten. »Vielleicht war das mein letzter Wiener Opernball«, ließ er verlauten.[39] Seine Kandidatur ist ein Beispiel für die Verwandlung der Politik in den Zirkus. Lugner hatte schon einmal kandidiert. 1998 hatte er 9,9 Prozent der Stimmen bekommen. Bei der Wahl am 29.04.2016 langte es nur zu 2,26 Prozent der Stimmen. Hat es sich nun ausgemörtelt?

51. GRUND

WEIL SIE NICHT RAFFEN, WIE SÜSSE THAI-MÄDCHEN FUNKTIONIEREN

Süße Thai-Mädchen sind eine heiß begehrte internationale Handelsware. Sie gelten als zutraulich, willig, anspruchslos und pflegeleicht. Im Netz gibt es viele Seiten, die die hübschen Exotinnen deutschen Kunden anpreisen. Das Angebot ist reichlich. Aber woher rührt die Nachfrage? Der Soziologe David Glowsky hat in seinem 2011 erschienenen Buch *Globale Partnerwahl* die Frage untersucht, welche deutschen Männer Frauen aus armen Ländern heiraten. Sind es die, die einem Vorurteil zufolge in Deutschland keine Frau abbekommen haben? Glowsky fand heraus, dass Männer, die nicht besonders attraktiv sind, gerne in Polen, Russland und Thailand eine Partnerin suchen. Eine schlanke, hübsche junge Frau findet sich eher auf dem Heiratsmarkt eines ökonomisch schwächeren Landes. Bei einer solchen Verbindung können deutsche Senioren Einkommen und Staatsbürgerschaft in die Waagschale werfen. Anders sieht es bei brasilianischen Frauen aus. Diese ergattern sich Glowsky zufolge deutsche Männer mit hoher Bildung und hohem Einkommen. Die Männer mit Thai-Frauen dagegen »haben am längsten nach einer Frau gesucht, sind schlechter gebildet, haben weniger Geld, gelten als sozial weniger verträglich, sind überdurchschnittlich häufig fettleibig und zum Zeitpunkt der Hochzeit deutlich älter.«[40]

Was veranlasst junge und hübsche Thai-Frauen, sich von alten Zauseln abschleppen zu lassen? Die Möglichkeiten eines sozialen Aufstiegs sind für Frauen in Thailand extrem beschränkt. Die Heirat mit einem wohlhabenden *Farang* (Weißen) ist oft die einzige Möglichkeit, die Familie auf dem Dorf zu versorgen. Familie ist den Thais sehr wichtig, und wenn ein Deutscher eine Thai-Frau heiratet, holt er sich, ohne dass er das anfangs mitkriegt, die ganze bucklige Verwandtschaft seiner Holden ins Nest. Wenn seine finanziellen Mittel aufgebraucht sind, hat der *Farang* seine Funktion in der thailändischen Gesellschaft verloren. Dann wird ihm schmerzhaft bewusst, dass er abgemeldet ist.

Im thailändischen Ferienort Pattaya leben mittlerweile mehr als 8.000 deutsche Rentner. Die Gründe, hier den Lebensabend zu verbringen, sind vielfältig: Die ganzjährige Wärme, der Strand, das leckere Essen, die niedrigen Lebenshaltungskosten und die Verfügbarkeit von Frauen. Es gibt selbstverständlich auch deutsche Rentnerpaare, die ihren Ruhestand in Pattaya verbringen, aber Thailand ist für ledige, geschiedene oder verwitwete männliche Senioren offenbar besonders attraktiv, weil sie hier schnell eine sogenannte Dauerfreundin finden. Natürlich will auch deren Familie mit versorgt sein. In der Netzseite »Auswandern Thailand« wurde 2013 von der Angst vor Altersarmut berichtet. Die Preise in Pattaya hätten angezogen, der Wechselkurs des Euro sei gefallen, und die deutschen Rentner könnten sich vieles nicht mehr leisten. Viele Thai-Frauen hätten daher ihre hellhäutigen Förderer verlassen. Eine Frau namens Monika, vermutlich Deutsche, kommentierte den Bericht über das Rentnerelend im thailändischen Liebesnest folgendermaßen: »Tja, dann können sich eben die alten Männer keine junge Frau (Nutte) mehr leisten … haha. Gut so, denn die geldgeilen Weiber sind eh nur für eines mit ihnen zusammen … haha, und das ist nur Geld!!!!!«

Mit sinkendem Rentenniveau in Deutschland und gleichzeitig wachsenden beruflichen Möglichkeiten der Frauen in Thailand dürfte wohl das Pärchen alter deutscher Zausel und hübsche junge Thai-Frau ein Auslaufmodell sein. Doch noch ist es nicht so weit. Kulturell bedingt, genießen alte Männer in Thailand großen Respekt. Der löst sich aber in Luft auf, sobald kein Cash mehr da ist.[41]

6. KAPITEL

DIE SENIOREN UND DAS LIEBE GELD

Senioren und das liebe Geld – das ist ein weites Feld. Die wachsende soziale Spaltung der Gesellschaft trifft auch die Senioren. Sie sind neben alleinerziehenden Müttern und Langzeitarbeitslosen in großem Maße von Armut betroffen. Fast eine Million Rentner bezieht die staatliche Grundsicherung; 15,6 Prozent der deutschen Rentner fallen unter die Armutsquote. »Was wir heute in der Statistik sehen, sind die Vorboten einer Lawine der Altersarmut«, sagte der Geschäftsführer des Paritätischen Wohlfahrtsverbandes bei der Vorstellung des Armutsberichts.[1] Altersarmut ist kein Thema für Späße, sondern eine bittere Tatsache, der sich Politik und Gesellschaft stellen müssen.

Neben sehr armen gibt es aber auch sehr reiche Senioren. Diese Schäfchen sind unseres Neides, aber auch teilweise unseres Hasses wert. Und es gibt Senioren, die mit legalen oder illegalen Mitteln ihre Altersversorgung zu verbessern versuchen. Ihnen gilt unsere besondere Aufmerksamkeit. Wie sagte der russische Schriftsteller Michail Sostschenko: »Der alte Mensch verdient und rafft gern, und überhaupt, wenn er Geld sieht, zittern ihm die Hände, und die Knie knicken ihm ein.«[2]

WEIL VIELE IN GELDDINGEN UNBEDARFT SIND UND SICH ZU TODE SPAREN

»Ich habe Tagesgeld zu 0,25 Prozent angelegt. Wie kann ich es gewinnbringender investieren?«, fragt Edeltraut B., Rentnerin aus Stuttgart, den Experten der *Süddeutschen*.[3] 75.000 Euro lägen auf dem Konto und brächten viel zu wenig ein. Edeltraud B. steht für viele Senioren, die in Gelddingen ein bisschen unbedarft sind. Sie leben sparsam, sparen, haben einen Kapitalstock angesammelt, aber legen zu wenig Wert auf Rendite. In keinem europäischen Land – ausgenommen die Niederlande – ist die Sparquote so hoch wie in Deutschland.[4] Rendite hört sich so böse an, und Senioren wollen nicht böse sein. Früher war das Sparbuch die vorherrschende Geldanlage, das Tagesgeld kam inzwischen als Ergänzung dazu. In der Antwort auf die Frage der schwäbischen Seniorin stellt der *SZ*-Experte als Erstes fest, dass es im Internet sehr viel bessere Konditionen für Tagesgeld gibt. Aber hilft das der Rentnerin, die vielleicht gar keinen Computer besitzt? Die Stiftung Warentest hat nachgewiesen, dass für eine nachhaltige Kapitalanlage Aktienfonds unverzichtbar sind. Aber das hat sich noch nicht einmal bei jungen Leuten herumgesprochen. Nach dem Desaster mit der Telekomaktie vor Jahren und nach dem Börsencrash 2008/2009 ist die Zahl deutscher Aktieninhaber weiter zurückgegangen. Die Aktienmehrheit an den 30 Unternehmen im DAX gehört mittlerweile nicht deutschen Sparern (von den Malochern, die in diesen Unternehmen arbeiten, ganz zu schweigen), sondern ausländischen Investoren.

Doch die schnelle Verfügbarkeit von Geld auf dem Giro- oder Sparkonto nutzt vor allem denjenigen, die den Enkeltrick beherrschen. Um ihrem Enkel in einer akuten Notlage zu helfen, muss die Oma ganz schnell an ganz viel Bargeld kommen, das die Gauner kassieren können. Dass es so viele erfolgreiche Enkeltrick-Verbrechen gibt, beweist, dass viele Omas und Opas über gut bestückte schnell zugängliche Konten und reichlich Geld unterm Kopfkissen verfügen. Da ist Edeltraud B. mit ihrer 0,25-Prozent-Verzinsung sogar schon ein Stück weiter.

53. GRUND

WEIL SIE DIE LIEBE ZUR EIGENEN IMMOBILIE ÖKONOMISCH BLIND MACHT

Eigener Herd ist Goldes wert, sagt der Volksmund. Oder auch: Eigenheim ist Glück allein. Ein schönes Einfamilienhaus zu besitzen, ist Ziel vieler Menschen. In diesem Buch geht es nicht um das Problem, dass der Drang eines Paars zum Eigenheim im Scheidungsfall fast so viele Probleme aufwirft wie das Sorgerecht für die gemeinsamen Kinder. Wir beschäftigen uns hier damit, dass die Liebe zur eigenen, eventuell vor etlichen Jahren erworbenen und mehrfach umgebauten Immobilie viele Senioren blind für die Realitäten macht.

Jeder vierte Eigentümer über 69 Jahre hat sein Haus oder seine Eigentumswohnung noch nicht vollständig abbezahlt und sitzt auf Schulden, die er gerne loswürde. Mit ihrer allseits bekannten Hilfsbereitschaft helfen Banken und Versicherungen – selbstverständlich völlig uneigennützig – den Senioren in diesen Fällen und bieten verschiedene Problemlösungen an.

Lösung Nr. 1: Die Senioren verkaufen ihr Wohneigentum, sei es Haus oder große Eigentumswohnung, und erhalten im Gegenzug Monat für Monat eine Rente. Zugleich wird ein lebenslanges Wohnrecht notariell abgesichert. Hört sich gut an, steckt aber voller Pferdefüße. Wie viel ist die Immobilie wert? Wie hoch ist die Lebenserwartung? Wie groß ist das Zinsrisiko?

Der Rentengeber, meist ist es eine Versicherung, lässt sich diese Risiken sehr teuer bezahlen, denn er möchte ja ordentlich an dem Deal mit dem Senior verdienen. Die Rechenkünstler der Versicherungen arbeiten mit ein paar einfachen Tricks: Der Rentengeber (die Versicherung) bestimmt den Gutachter, und der taxiert – natürlich völlig unabhängig!!! – den Wert der Immobilie. Und schwupp, ist diese auf einmal weit weniger wert als ihr marktüblicher Verkaufswert. Der zweite Trick besteht darin, dem Senior vorzugaukeln, dass seine Lebenserwartung mindestens 90, wenn nicht gar 100 Jahre beträgt. Was das die Versicherung kostet, diese jahrzehntelange monatliche Leibrente! Und der dritte Trick besteht im Verschweigen der Tatsache, dass der künftige Nicht-mehr-Eigentümer trotz seines Wohnrechts selbstverständlich die Nebenkosten bezahlen und für Instandhaltung und gegebenenfalls Sanierung der von ihm genutzten Immobilie aufkommen muss.

Lösung Nr. 2: Die Immobilie wird nicht verkauft, sondern beliehen. Auch in diesem Fall winkt verführerisch die monatliche Leibrente bis ans Lebensende. Auch in diesem Fall hängt die Höhe der monatlichen Rentenzahlung vom geschätzten Wert der Immobilie, vom Lebensalter und vom angenommenen Zinssatz ab. Scheinbarer Vorteil für den Senior: Er bleibt Eigentümer. Alles meins!, denkt er stolz. Aber er hat übersehen, dass seine Schuldenlast mit jedem Monat steigt. Denn Zins und Tilgung werden einstweilen gestundet. Diese sogenannte Umkehrhypothek wird vorzugsweise von Banken angeboten. Die Rückzahlung erfolgt erst nach dem Tod oder Umzug ins Pflegeheim. Dann wird die Immobilie verkauft und das Darlehen getilgt. Verbraucherschützer halten die Umkehrhypothek für noch intransparenter als die Leibrente nach Verkauf.

Die Liebe zur eigenen Immobilie, der Wunsch, in den eigenen Wänden bis zum Tod zu leben, macht die Senioren ökonomisch blind. Dabei könnte die Lösung so einfach sein. Die häufig nach dem Auszug der Kinder und ggf. Tod des Partners zu große Immobilie kann Senior sehr wohl mithilfe eines tüchtigen Maklers in Eigenregie verkaufen, sich »kleiner setzen« und mit dem Verkaufserlös die Rente aufbessern und schöne Reisen machen. Und wenn Senior sein gewonnenes Geld partout nicht ausgeben will, soll er in der Zeitschrift *Finanztest* – für 5,30 Euro am Kiosk käuflich zu erwerben – einfach mal nachschauen, wie man sein Geld sicher und profitabel anlegt.[5]

54. GRUND

WEIL SIE MITVERANTWORTLICH FÜR FILIALSCHLIESSUNGEN VON BANKEN UND SPARKASSEN SIND

Senioren könnten für Banken und Sparkassen eigentlich angenehme Kunden sein. Schaut man näher hin, sieht man aber, dass Banken und Senioren gegenseitig nichts mit sich anfangen können. Einerseits haben sich deutsche Banken und Sparkassen seit 1997 von mehr als einem Fünftel ihrer Geschäftsstellen verabschiedet, andrerseits benutzen weniger als 25 Prozent der über 70-Jährigen das Internet für Bankgeschäfte.[6] Warum so wenig Senioren Online-Banking betreiben, ist einsichtig. Es ist die Angst vor der Technik überhaupt, ferner die Angst, etwas falsch zu machen, und drittens die Angst, unter die elektronischen Räuber zu fallen. Es ist kein Zufall, dass ältere Menschen stärker am Bargeld hängen als jüngere. Sie halten es für sicherer als bargeldloses Zahlen – bis sie das Opfer eines Handtaschenraubes oder eines Enkeltricks werden.

Aber was haben Filialschließungen der Sparkassen mit Senioren zu tun? Da sich Senioren in der Regel nicht für Aktien, Anleihen, Zertifikate und andere komplizierte Finanzprodukte interessieren, sondern nur für Sparbuch und Festgeld, verringerte sich mit der zunehmenden Alterung der deutschen Gesellschaft auch die Notwendigkeit der Beratung. Für Sparbuch und Festgeld muss man kein Personal vorhalten; für Auszahlung von Bargeld genügt ein Geldautomat.

Ein weiterer Grund der Filialschließungen – und das scheint mir der einleuchtendste zu sein – könnte aber auch darin liegen, dass die Sparkassenleute es irgendwann leid waren, seelische Mülleimer ihrer Kunden aus dem Stadtquartier zu sein. Der Gang in die Filialen beschränkte sich bei immer mehr Alten aufs Geldabheben oder Überweisungentätigen – dabei bot sich ein ausgiebiges Schwätzchen an. Ein Verkauf von Finanzprodukten fand jedoch nicht statt. Der regelmäßige Plausch mit den SparkassenmitarbeiterInnen ihres Vertrauens war für viele ältere Menschen eine gute Medizin gegen Vereinsamung. Das flächendeckende betreute Geldabheben bzw. Überweisen der Senioren wurde den Banken zu teuer. Mit ihren Filialschließungen versperrten sie ihren alten Kunden eine wichtige Kommunikationsmöglichkeit. Und den Senioren blieb schwätzchenhalber nur noch der Gang zum Arzt. »Herr Doktor, mir geht es heute so schlecht …«

WEIL SIE FÜR EINE BEUTE VON 5.000 EURO SIEBEN JAHRE KNAST RISKIEREN

Altersarmut ließ einen 80-Jährigen zum Räuber werden. Bei drei Überfällen mit einer Spielzeugpistole, die täuschend echt aussah, erbeutete der Senior innerhalb von zwei Wochen rund 5.000 Euro. Die Überfälle in den Supermärkten am Bodensee und im Schwarzwald Ende 2015 liefen jedes Mal gleich ab. Der Greis stellte sich brav in die Schlange an der Kasse. Als er dran war, zog er die gefährlich aussehende Knarre. Der vierte Überfall misslang. »Die Kassiererin sprach kaum deutsch, hielt das Ganze für einen Witz – und eine kräftige Kundin schmiss den Mann kurzerhand aus der Filiale. Damit endete sein Raubzug«, meldete dpa.[7] Die 5.000 Euro Beute sind wahrlich teuer erkauft. Der Senior wurde zu sechs Jahren und neun Monaten Knast verurteilt und musste sich noch vom Vorsitzenden Richter am Landgericht Konstanz anhören, das Urteil sei milde und nur mit dem hohen Alter des Angeklagten zu rechtfertigen.

»Das Geld hat nicht lang gehalten«, erklärte der Senior zum Prozessauftakt. Er habe teuer gelebt, in Hotels übernachtet, Kleidung gekauft, einen Wagen gemietet. Außerdem habe er neben dem Diebesgut aus den Überfällen keine weiteren Einkünfte gehabt. Sozialhilfe habe er nicht bekommen.[8] Jetzt droht dem Senior die Rückkehr in das »Seniorengefängnis in Singen«, aus dem er erst Monate vor seinem missglückten kriminellen Neustart entlassen worden war.[9]

56. GRUND

WEIL DIE ALTERSPENSION EINES GEWERKSCHAFTERS IM WERT VON 23 MILLIONEN EURO EIN GESCHMÄCKLE HAT

Als »Luxusrentner« bezeichnete der *Spiegel* Horst Neumann, den 1949 geborenen Personalvorstand des VW-Konzerns, der mit 66 Jahren Ende November 2015 aus dem Konzern ausschied.[10] Neumann dürfte mit dem Barwert seiner Altersversorgung von 23,7 Millionen Euro der bestbezahlte Angestellte mit dem Mitgliedsbuch einer Gewerkschaft in Deutschland sein. Der Nachfolger des berühmt-berüchtigten Peter Hartz muss nicht riestern und rechnen, um ein sorgloses Leben im Ruhestand führen zu können. Darum dürfen ihn Millionen Rentner beneiden.

Besonders pikant ist die Tatsache, dass dem ehemaligen Lebensgefährten der SPD-Arbeitsministerin Andrea Nahles »selbst von Arbeitnehmervertretern vorgehalten wird, einen schlechten Job gemacht zu haben«.[11] Und wie kommt man zu einer solchen Schlaraffenland-mäßigen Altersversorgung? Im VW-Konzern ist Kundenbeschiss (»Dieselgate«) Praxis, den lässt sich die Führungsclique mit Spitzengehältern entgelten. Neumanns Biografie hat im Übrigen mit dem Lebenslauf eines Malochers in der Industrie nicht die geringste Ähnlichkeit. Bei Wikipedia können wir die einzelnen Karrierestationen des Luxusrentners nachlesen: Von 1967 bis 1973 Studium der Wirtschafts- und Sozialwissenschaften, danach Referent bei zwei SPD-Wirtschaftssenatoren in Berlin, anschließend Sprung nach Frankfurt in die Wirtschaftsabteilung des Vorstands der IG Metall. Von der IG Metall wurde Neumann als Arbeitnehmervertreter in diverse Aufsichtsräte mitbestimmter Aktiengesellschaften entsandt: Motorenwerke Mannheim AG (1981–1986), Adam Opel AG (1985–1995) und Rasselstein AG (1986–1994). Nach seinem Wechsel in den Vorstand der Rasselstein AG lernte Neumann das Handwerk des Arbeitsdirektors. Weil ihn diese Tätigkeit nicht auslastete, konnte er nebenbei zum Dr. rer. pol. mit der Arbeit *Vergleich der Wettbewerbsstärke der deutschen und japanischen Automobilindustrie* promovieren. Nach einer Station als Arbeitsdirektor im Vorstand der Thyssen Krupp Elevator AG wurde Neumann im Juli 2002 Vorstandsmitglied der Audi AG. Von dort ging es geradewegs in den VW-Vorstand.

Zur Ehrenrettung des Luxusrentners muss gesagt werden, dass er einen Teil seiner Altersbezüge in eine Stiftung einbringen will. Sie trägt den schönen Namen *Institut für die Geschichte und Zukunft der Arbeit*. Neumann wird die Stiftung »aus eigenen Mitteln mit einem Kapitalstock von zwei Millionen Euro ausstatten«, schrieb die *FAZ*.[12]

WEIL DIE WELTMEISTER DER ALTERSVORSORGE SICH AUF KOSTEN DER BELEGSCHAFTEN BEREICHERN

Horst Neumann ist im Vergleich mit David C. Novak, 62, ein armer Kerl, ein Hungerleider. Neumanns 23 Millionen sind etwas mehr als zehn Prozent der Altersversorgung des US-Fast-Food-Managers, auf dessen Konto sich bei seinem Ausscheiden im Januar 2015 umgerechnet 200 Millionen Euro angehäuft haben. Novak darf sich laut *Süddeutscher* »Weltmeister der Altersvorsorge« nennen.[13] Millionen Kentucky-Fried-Chicken- und Pizza-Hut-Esser haben durch lebenslangen Fast-Food-Genuss ihrer Gesundheit geschadet, aber den Geschäftsführer der Muttergesellschaft Yum Brands reich gemacht.

David C. Novak konnte sich auf eine Regelung im US-Steuerrecht berufen, der zufolge Normalverdiener nur einen begrenzten Teil ihres Gehalts in steuerlich gefördertes Vorsorgevermögen umwandeln dürfen. Hochrangige Manager aber können sich ihre Boni in bar auszahlen oder als Aktien unbeschränkt steuerfrei zurückstellen lassen. David C. Novak verzichtete auf Bares – sein üppiges Gehalt reichte ihm – und hortete Aktienoptionen.

Die Aktien der Yum-Gruppe stiegen während Novaks Amtszeit um 900 Prozent. Selbst wenn die Aktien aufgrund von Spekulation, Börsenkrise oder Missmanagement um 50 Prozent fallen würden, schrumpfte Novaks Altersversorgung nur auf den kümmerlichen Betrag von 100 Millionen. Um die Altersversorgung der Beschäftigten des Yum-Konzerns steht es nicht so gut wie um die ihres ehemaligen Chefs. Novak hat die Betriebsrenten 2002 abgeschafft. Das tat dem Aktienkurs und der persönlichen Altersversorgung des Chefs gut.

Im Kampf um die Weltmeisterschaft in der Altersvorsorge hat Novak einige Konkurrenten. »Zusammengerechnet haben 100 hochrangige Manager genauso viel Geld für ihren Ruhestand zurücklegen lassen wie 31 Prozent aller Familien in den USA«, schreibt die *Süddeutsche* unter Berufung auf eine Studie des Center for Effective Government in Washington, die pikanterweise pünktlich zum Weltspartag veröffentlicht wurde.[14]

58. GRUND

WEIL SIE SELBST ALS MILLIARDÄRE MIT ZAHLEN NICHT UMGEHEN KÖNNEN

Der 78-jährige Gründer des Sportartikelkonzerns Nike, Phil Knight, will sich nach 52 Jahren aus der Konzernführung des Marktführers zurückziehen und in die Liga der reichsten Rentner der Welt wechseln. Glückwunsch! Knight mokierte sich in einem Interview mit der Zeitschrift *USA Today* darüber, immer mehr Menschen gingen gegen Freihandelsverträge wie TTIP auf die Straße. Selbst die beiden Präsidentschaftskandidaten Donald Trump und Hillary Clinton hätten sich nicht als Freunde des Freihandels hervorgetan. Dabei seien Freihandelsabkommen ein Segen. Er erwähnte *Nafta*, das Freihandelsabkommen zwischen den USA, Kanada und Mexiko, und erläuterte: »Neuerdings regt sich jeder über *Nafta* auf. Aber seit 1996, als wir den Vertrag unterzeichnet haben, hat sich das Bruttoinlandsprodukt der Vereinigten Staaten verdreifacht.« Dumm nur, dass der *Nafta*-Vertrag nicht 1996 unterzeichnet wurde, sondern 1992. Und in Kraft trat er Anfang 1994. Auch die Aussage über die vermeintliche Verdreifachung des Bruttosozialprodukts war falsch. Das BSP erhöhte sich nur um lediglich 69 Prozent und nicht um 200 Prozent, was einer Verdreifachung entspräche. Verdreifacht hat sich indes das geschätzte Privatvermögen des Nike-Bosses von acht auf 25 Milliarden US-Dollar.[15]

WEIL SIE GELDSCHEINE ZERSCHNEIDEN, UM IHRE ERBEN ZU ÄRGERN

Wohl um die Erben zu ärgern, zerschnitt eine 85-jährige Niederösterreicherin Geldscheine im Wert von 950.000 Euro. Die Greisin hatte erst vor fünf Tagen als erster Gast eine nagelneue komfortable Seniorenresidenz bezogen. Sie starb überraschend. Als die Betreuer das Zimmer der 85-Jährigen öffneten, fanden sie nicht nur eine Leiche, sondern einen Haufen von zerschnittenen 500- und 100-Euro-Scheinen auf dem Bett. Die Polizei stellte die Schnipsel sicher und begann mit dem Zählen. Bald war klar, dass es sich um eine knappe Million Euro handelte. »Wenn es der Plan der Frau war, dass niemand der Erben das Geld bekommen sollte, dann ist dieser Plan fehlgeschlagen«, schildert ein ermittelnder Beamter.[16]

Die österreichische Nationalbank hat einen Ermessensspielraum, ob beschädigte Banknoten ersetzt werden. Wurden sie vorsätzlich zerstört, gibt es in der Regel keinen Ersatz. In diesem Fall entschloss sich die Nationalbank zur Auszahlung, weil nicht auszuschließen war, dass die Greisin in einer psychischen Ausnahmesituation gehandelt oder nicht mehr zurechnungsfähig war. »Wenn wir dann das Geld nicht auszahlen, würden wir ja die falschen Leute bestrafen«, heißt es bei der Nationalbank.[17] Ein Notar muss nun die Erben ausfindig machen und die Verteilung des Vermögens organisieren.

Im August 2015 beschäftigten 20.000 zerschnittene Euros die Darmstädter Polizei. Sie wurden an 23 verschiedenen Stellen im Stadtgebiet gefunden. Ihr vormaliger Besitzer wollte das Geld offenbar nicht teilen oder spenden, sondern es einfach nur entsorgen. Dass es ein Senior war, ist nicht ausgeschlossen. Die Polizei tippt eher auf einen frustrierten Erben. Zahlreiche Darmstädter waren mit Geldschnipseln bei ihrer Bank erschienen, mussten aber unverrichteter Dinge wieder abziehen.[18] Banken ersetzen zerstörte Geldscheine überhaupt nicht. Das macht nur die Bundesbank, nachdem sie die Echtheit geprüft hat. Und es müssen mehr als 50 Prozent des Geldscheins vorhanden sein.

60. GRUND

WEIL SIE VERGESSEN, WO SIE DEN ZASTER VERSTECKT HABEN

Dass Senioren Geldscheine zerschnipseln, ist die Ausnahme. Die Regel ist, dass sie im Alltag nach dem Portemonnaie suchen, nach der Brieftasche, nach der Handtasche. Senioren verstecken gerne Geld in allen möglichen Ecken ihrer Wohnung. Die Angst vor Einbrechern führt zu immer raffinierteren Verstecken, die allerdings professionellen Einbrechern bekannt sein dürften.

Im Januar 2016 suchte ein älteres Wiener Ehepaar verzweifelt nach seinen Ersparnissen in Höhe von mehreren Tausend Euro, die nach ihrer Erinnerung ganz sicher in der Wohnung sein mussten und die sie zur Bank bringen und dort einzahlen wollten. Sie stellten die ganze Wohnung auf den Kopf, das Geld aber blieb verschwunden. Ganz offensichtlich war es bei einem unbemerkten Einbruch geklaut worden. Die Senioren erstatteten Anzeige bei der Polizei. Die rückte mit dem preisgekrönten Spürhund Eva de la Basse Autriche an, und Eva spürte innerhalb weniger Minuten das Geld auf. Es lag in einer Schachtel im Küchenschrank.[19]

WEIL SIE DIE NACHRICHT ÜBER 150.000 DOLLAR PREISGELD FÜR SPAM HALTEN

Die 73-jährige australische Schriftstellerin Helen Garner hätte sich beinahe um 150.000 Euro gebracht. Sie erhielt eine E-Mail von einem Absender an der Yale-Universität in den USA. Darin stand etwas von »Good News«, und der Absender erbat sich die Telefonnummer der Autorin. Diese E-Mail landete im Spam-Ordner. Als Garner diesen bei Gelegenheit durchsah, beschäftigte sie sich doch mit der merkwürdigen E-Mail. In ihr stand, sie habe den Windham-Campbell-Preis in der Kategorie Non-Fiction erhalten, einen der höchstdotierten Literaturpreise weltweit. Unsicher rief sie ihren Verleger an. Der konnte sie von der Echtheit der Ehrung und dem Preisgeld von 150.000 USD überzeugen. »Ich bin fast aus den Latschen gekippt«, sagte die Autorin. Ähnlich erging es im übrigen mehreren der neun Preisträger, die von ihrer Nominierung nichts wussten, da sie geheim erfolgte. Der irische Dramatiker Abbie Spallen sagte der *Irish Times*: Ich dachte, es wäre ein Betrug. Die kanadische Dramatikerin Hannah Moscovitch misstraute anfänglich der Botschaft ihres Anrufbeantworters. Ich dachte, es ist »Glückwunsch, Sie haben eine Kreuzfahrt nach Florida gewonnen, wenn Sie 200 Dollar zahlen«. Der Windham-Campbell-Preis wurde von dem US-Autor Donald Windham in Erinnerung an seine Partnerin Sandy Campbell gestiftet und wird seit 2013 jährlich neun englischsprachigen AutorInnen verliehen.[20]

WEIL SIE SICH NACH ERFOLGREICHEM SUPERJUWELENRAUB VERQUATSCHEN

Der größte Juwelenraub der britischen Geschichte fand über die Osterfeiertage 2015 im Londoner Juweliersviertel Holborn statt. Acht Herren im Gesamtalter von 486 Jahren (Durchschnittsalter also 60,75 Jahre) raubten Preziosen und Bargeld im Wert von 14 Millionen Pfund, etwa 19 Millionen Euro.[21] Wer schlauer ist als die Polizei, genießt im Land von Scotland Yard hohen Respekt. Das war schon zu Zeiten der legendären Postzugräuber so. Und das war auch diesmal der Fall. Der Anführer der Juwelenräuber namens Brian Reader, genannt »The Master«, ist 76 Jahre alt. Die weiteren Haupttäter haben 75, 67 und 60 Jahre auf dem Buckel. Der 67-Jährige wollte das erbeutete Gold einschmelzen lassen und damit seine Altersvorsorge bestreiten.

Brian Reader und Terry Perkins kann man getrost als gestandene Verbrecher bezeichnen. Reader wurde 1986 wegen der Beteiligung an einem Überfall auf ein Lagerhaus am Flughafen Heathrow zu neun Jahren Haft verurteilt, Perkins war an einem Überfall auf einen Geldtransporter beteiligt und bekam dafür 22 Jahre aufgebrummt.

Drei Jahre lang trafen sich die Senioren Woche für Woche im Londoner Pub *The Castle*, das für seine feine Atmosphäre und die hohe Qualität des dort ausgeschenkten Fassbiers bekannt und beliebt ist. Der Plan der Gangster war ein Einbruch in die als uneinnehmbar geltende Tresorkammer der Hatton Garden Security Company. Hier lagern nicht nur Schätze der Juweliere aus der Nachbarschaft, sondern auch Preziosen vermögender Promis aus Politik und Fußball und Juwelen aus kriminellen Milieus.

Am Gründonnerstag 2015 war es so weit. Die Männer fuhren in einem weißen Lieferwagen vor. Sie trugen Helm und Sicherheitsweste mit der Aufschrift »Gas«. Und sie taten kein bisschen geheim – eben Männer, die über die Feiertage zu arbeiten haben. Ein bisher nicht identifizierter Mann öffnete den Senioren die Tür des Notausgangs. »Einmal im Gebäude, setzte die Gruppe den Aufzug im zweiten Stock fest und brachte ein handgeschriebenes Schild an. ›Außer Betrieb‹. Anschließend seilten sich die Männer durch den Aufzugschacht ins Untergeschoss ab.«[22] Mithilfe der guten *Hilti DD 350*, einer Schweizer Präzisionsbohrmaschine mit Diamantaufsatz, frästen und bohrten sie sich in den Tresorraum. Dabei lösten sie einen Alarm aus. Doch der blieb weitgehend folgenlos. Schon einmal hatte ein Insekt einen Fehlalarm ausgelöst. Ein Einbruch in den Tresorraum lag außerhalb der Vorstellungen der Verantwortlichen. Doch man ging auf Nummer sicher und schickte einen Wachmann los. Der fand eine unversehrte Eingangstür vor und konnte auch bei einem Blick durch den Briefkastenschlitz nichts Ungewöhnliches entdecken.

Die Seniorengangster hatten aber noch nicht ihr Ziel erreicht. Die Schließfächer, das eigentliche Objekt der Begierde, waren an Boden und Decke des Tresorraums verschraubt. Am Karfreitag konnte dieses Problem nicht gelöst werden. Man verschob die Hauptaktion auf Ostersonntag und widmete sich am Karsamstag wichtigen Einkäufen. Im Baumarkt wurde eine hydraulische Pumpe erstanden. Die war stark genug, um am Ostersonntag die Schränke mit den Schließfächern aus dem Weg zu räumen und sie zugänglich zu machen. Auf welchem Wege die Senioren am Sonntag ins Gebäude gelangten, ist übrigens nach wie vor ein Rätsel. Nun war es leicht, 73 von 1.000 Schließfächern zu knacken. Warum es nur 73 von 1.000 waren, war nicht Gegenstand des Prozesses. Die Täter hinterließen keine Fingerabdrücke oder sonstige Spuren, und die britische Öffentlichkeit schmunzelte über den erfolgreichen Einbruch in eine scheinbar uneinnehmbare Festung.

In Großbritannien, dem Land mit Millionen Überwachungskameras, ist es jedoch keinem Menschen möglich, spurlos zu leben. Auf einer Aufzeichnung sah die Polizei in der Nähe des Tatorts den Pkw des polizeibekannten 75-jährigen John Collins. Seine Observierung führte zum Räubertreff im Pub »The Castle«, wo die Panzerknacker die Verteilung der Beute besprachen. Die Polizei setzte Abhörgeräte ein und arbeitete mit erfahrenen Lippenlesern, die jedes gesprochene Wort dokumentierten. Das Bier schmeckte nach dem erfolgreichen Einbruch besonders gut, die alten Herren tranken und quatschten zu viel. Das war's dann mit dem perfekten Verbrechen.

Bei der Verkündung des Strafmaßes für die Mitglieder der Bande im März 2016 sagte Richter Christopher Kinch anerkennend, er wisse nicht, ob der Einbruch tatsächlich der größte in der englischen Kriminalgeschichte gewesen sei. »Dennoch ist klar, dass der Einbruch, um den sich dieser Fall drehte, in Sachen Ehrgeiz, detaillierter Planung, Ausmaß der Vorbereitung, Organisation des ausführenden Teams und Wert des Diebesguts eine Klasse für sich ist.«[23]

63. GRUND

WEIL ALTE ANLAGEBETRÜGER NOCH DREISTER SIND ALS JUNGE VERBRECHER

M. Wander wurde am 7. September 1942 geboren und ist ein begnadeter Verkäufer. In seinem langen Berufsleben handelte er mit Autos und Immobilien. Das wurde ihm zu langweilig. Er suchte und fand eine Geschäftsidee, die ihn persönlich reich und seine Kunden glücklich und zufrieden machen sollte. Mit Rohstoffen zu handeln, dachte er, das wäre was. Doch welcher Rohstoff ist besonders attraktiv? Die Zeitungen waren voll von Berichten über das Waldsterben in Deutschland und die fortschreitende Abholzung des tropischen Regenwaldes. Da war die Geschäftsidee geboren. Eine Firma mit einem sympathischen Namen, der irgendwie dem Geschäftszweck entsprach, musste her. Green Planet AG hieß das Vehikel, das Anlegern eine nachhaltige, ökologisch wertvolle und zugleich lukrative Investition versprach. Die Anleger sollten mindestens für jeweils 4.000 Euro Teakholz-Setzlinge erwerben, die dann in Costa Rica auf entsprechenden Anlagen eingepflanzt und gehegt und gepflegt werden sollten (wofür den Anlegern wieder ein kleiner Obulus abverlangt werden musste). Nach 21 Jahren Wachstum sollten die Bäume gefällt und der Erlös den Anlegern ausgezahlt werden. Der Verkaufsprospekt versprach eine Rendite von 13 Prozent für diese »nachhaltige« und »für kommende Generationen« konzipierte Kapitalanlage in Holz, der »Königsklasse der Rohstoffe«. Außerdem würden in dem armen mittelamerikanischen Land, das unter hoher Arbeitslosigkeit leide, fair bezahlte Jobs geschaffen.

764 Kunden fanden die Idee des Königsklasse-Anlageexperten bestechend. Sie überwiesen zwischen 2009 und 2014 rund 19,4 Millionen Euro an die Green Planet AG. Acht Mitarbeiter verkauften vom schicken Main-Tower in Frankfurt aus Teakholz-Setzlinge. Das Geschäft lief wie geschnitten Brot. Die Freunde der Teakholzaufforstung von Costa Rica erhielten, nachdem sie zur Kasse gebeten worden waren, »Baumeigentumsurkunden« mit Stammnummer, Flurstück, Parzelle und Plantagenname. Von den 19,6 Millionen Euro sollen tatsächlich 5,6 Millionen in Plantagen investiert worden sein, so die Staatsanwaltschaft, die am 11. Mai 2014 Geschäftsräume und Privatwohnungen durchsuchte und den damals 71-jährigen Manfred Wander wegen Flucht- und Verdunklungsgefahr in die teakholz- und kautschukfreie U-Haft überstellte.

Weil so viele Gutmenschen Teakholz-Setzlinge kauften, setzte Green Planet noch mal nach: 114 Kunden investierten 1,2 Millionen Euro in Kautschuksetzlinge. Kleines Problem nur: In Costa Rica gab es zu diesem Zeitpunkt keine einzige Kautschukplantage. Weil wir Deutsche auf Zertifikate und Siegel stehen, warb Green Planet mit der Forest Stewardship Council- (FSC-) Zertifizierung. Das bekannte und angesehene FSC-Logo »liehen« sich die findigen Teakholz-Förderer von einem Papierhersteller.

Im Mai 2015 begann der Prozess gegen den geschäftstüchtigen Senior. Dabei kam heraus, dass die Anleger – abgesehen von der Tatsache, dass es sich um ein klassisches Schneeballsystem handelte – systematisch geprellt worden waren, weil sie überhaupt kein Eigentum an Bäumen erworben hatten. Dazu hätte es einer notariellen Beurkundung in Costa Rica bedurft.

Am ersten Prozesstag stellte ein Gutachter fest, der Angeklagte leide unter Depressionen. »Er ist psychisch angeknackst.« Kein Wunder, wenn man seine 30.000 Euro teure Rolex Daytona in Vollgold entbehren muss, die man bei der Pfändung eingebüßt hat.

Am 15. Dezember 2015 wurde der mittlerweile 73-jährige Wohltäter des Regenwaldes zu knapp sieben Jahren Haft verurteilt.[24]

Pikanterie am Rande: Noch am 20. August 2016, acht Monate nach seiner Verurteilung, bot der Verurteilte in seinem *XING*-Profil Interessenten »ein außergewöhnliches Einkommen als festangestellter oder freiberuflicher Mitarbeiter im Telefonverkauf. Die deutsche Aktiengesellschaft Green Planet AG [die schon lange pleite ist] ist Eigentümerin von großen Forstgrundstücken in Costa Rica. Dort pflanzen wir seit 2003 Teakbäume an. Diese außerordentlich sichere Sachinvestition ergibt eine Rendite von 15 Prozent plus X pro anno. Wenn Sie sich als Telefonverkäufer zutrauen, dieses Trendprodukt verkaufen zu können, sollten Sie uns schreiben.«[25]

Kann man wirklich mithilfe von *XING* aus dem Knast heraus Betrügereien fortsetzen?

WEIL SIE SELBST ALS SCHMUGGLER NICHTS TAUGEN

Zöllner contra Schmuggler – das ist ein uraltes Spiel. Was waren das noch für freundliche Zeiten, als an der deutsch-niederländischen Grenze der Kaffeeschmuggel blühte. Und noch vor einigen Jahren spielten Zöllner und Schmuggler an der Grenze zum Großherzogtum Luxemburg und an der Grenze zur Schweiz Katz und Maus miteinander. Der Zoll kennt mittlerweile jedes mögliche Geldversteck in einem Pkw und in der Kleidung seiner Insassen. Wer heutzutage größere Mengen Bargeld mit dem Pkw aus Luxemburg oder der Schweiz transferiert, geht ein hohes Risiko ein. Erfolgreiche Schmuggler brauchen erfolgreiche Verstecke und Schmuggelwege.

Wie sagte schon Karl Kraus: »Keine Grenze verlockt mehr zum Schmuggeln als die Altersgrenze.«[26] Eine Seniorin wollte dieser Tage besonders erfolgreich schmuggeln. Bekanntlich unterliegen Bargeld und Wertgegenstände mit einem Wert von über 15.000 Euro der Pflicht zur Deklaration. Bei ihrer Einreise am Düsseldorfer Flughafen versteckte die Dame Goldschmuck im Wert von 16.000 Euro in einer Windel. Pech für sie. Das Versteck flog auf. »Wir kennen mittlerweile einige Schmuggelverstecke für Goldschmuck, aber die Goldwindel war auch für uns neu«, hieß es in einer Stellungnahme des Hauptzollamts.[27]

Ein deutscher Rentner aus dem westfälischen Seniorenort Bad Salzuflen muss für neun Jahre Knast-Sushi, japanische Gefängniskost, genießen. Er wurde von einem japanischen Gericht wegen Drogenschmuggels verurteilt, nachdem er bei der Zollkontrolle festgenommen worden war. Der Senior sei als Drogenkurier missbraucht worden und habe mit Drogen nichts zu tun, beteuerte die Familie des Westfalen.[28]

Unter Bratpfannen hatte ein 69-jähriger Mann seine Schmuggelware im Auto versteckt: 100.000 russische unversteuerte Zigaretten. Pech für ihn, dass Zollfahnder sein Auto filzten. Weitere 260.000 Glimmstängel fanden die Zöllner im Lager des Seniors im niederrheinischen Kempen. Bei einem Eigenkonsum von einer Packung am Tag hätte der Vorrat für knapp 50 Jahre gereicht.[29]

65. GRUND

WEIL OMAS NICHT FÜR IHRE ENKEL SCHMIERE STEHEN SOLLEN

Über nordafrikanische Grapscher und Taschendiebe ist seit dem Neujahr 2016 viel geredet und geschrieben worden. Dabei handelte es sich nach dem bekannten Ermittlungsstand um testosterongesteuerte und gelangweilte junge Männer. Die Kölner Polizei hatte am 12. Mai 2016, gut vier Monate nach den Ereignissen der Neujahrsnacht, Gelegenheit, eine ganz andere Tätergruppe zu präsentieren. Eine 67-Jährige und ihre Enkelin hatten sich arbeitsteilig auf das Klauen von Handtaschen spezialisiert. Eine junge Frau hatte in einem Geschäft ihre Tasche auf den Boden gestellt; die elfjährige Enkelin griff zu, während ihre Oma Schmiere stand und das Umfeld beobachtete. Oma und Enkelin rannten davon, die Polizei war aber schneller. Es stellte sich heraus, dass die Oma kein unbeschriebenes Blatt war. Großmutters dunkle Seite hatte schon früher zu Vorstrafen wegen Diebstahls geführt und führte nun geradewegs in die Untersuchungshaft.[30]

WEIL SIE ALS HOHE RELIGIÖSE WÜRDENTRÄGER DEN STAAT BESCHEISSEN

Im Juni 2016 versuchten thailändische Steuerfahnder vergeblich, den ebenso populären wie umstrittenen 72-jährigen Abt Phra Dhammajayo festzunehmen. Ihm wird Geldwäsche vorgeworfen. Es geht um 33 Millionen US Dollar, die von einem Banker unterschlagen und vom Abt dankend angenommen wurden. Den Beamten gelang es nicht, die lebende Mauer zu durchbrechen, die Betende vor dem Tempel errichtet hatten. Die gewaltsame Räumung des Platzes, um sich Zugang zum Tempel und Abt zu verschaffen, wäre ein Tabubruch gewesen – unvorstellbar in einem Land, in dem der Buddhismus Gewaltfreiheit predigt. Inmitten der sie umgebenden Menschenmassen hielten die Mönche des Dhammakaya-Tempels eine Pressekonferenz ab. Sie betonten, der Abt sei viel zu krank, um sich einem Verhör zu stellen. Den Fahndern blieb nur der Rückzug übrig. Das behördliche Vorgehen gegen den berüchtigten Tigertempel im Westen Thailands war ähnlich erfolglos. Den Mönchen dieses Tempels wurde vorgeworfen, in illegalen Tierhandel verstrickt zu sein.[31]

Somdet Chuang, 90 Jahre alt, ist ein Sammler wertvoller Mercedes-Oldtimer. Die Steuerbehörde wirft dem prominenten thailändischen Mönch vor, Unterschriften auf Einfuhrpapieren gefälscht und Einfuhrabgaben in beträchtlicher Höhe hinterzogen zu haben. Das hinderte den Gottesmann nicht, für das Amt des obersten Patriarchen zu kandidieren. Mit diesem Amt wäre er Herr über 300.000 thailändische Mönche.[32]

Kurios: Die buddhistischen Schwarzgeld- und Steuerhinterzieheräbte befinden sich durchaus im Einklang mit ihrer Religion, die Armut ausdrücklich missbilligt und Reichtum fördert. Hauptsache, der Buddhist entsagt *innerlich* der Welt.

Selbstverständlich hat auch die römisch-katholische Kirche jahrhundertelange Erfahrung im Umgang mit Schwarzgeld. Der Vatikan besaß eine skandalträchtige Bank, die sogar in Geschäfte mit der Mafia verstrickt war. Im Schreibtisch des Verwaltungsleiters der Glaubenskongregation fanden Fahnder im Dezember 2015 hinter einer alten Dose Wiener Würstchen 20.000 Euro Bargeld. Über Herkunft und Zweck der Barschaft konnte der Leiter der Glaubenskongregation, der 67-jährige Kurienkardinal Gerhard Ludwig Müller, keine befriedigende Auskunft geben.[33]

67. GRUND

WEIL SIE ALS BLENDER MEINEN, ES GINGE IMMER NUR AUFWÄRTS

Wann Thomas Middelhoff die Bodenhaftung verloren hat, werden seine Biografen irgendwann ergründen. Doch kaum ein anderer deutscher Manager steht so für das Prinzip »Höher, immer höher, bis der Absturz kommt.« *hoffart ie seic unde viel« –* Hochmut kommt immer zu Fall, hieß es schon im berühmten *Parzival* des Wolfram von Eschenbach. Ob Thomas Middelhoff besonders hochmütig ist, steht hier nicht zur Debatte. Das Gegenstück zu Hochmut ist Demut, und davon hat Middelhoff gar nichts mitbekommen. Jedenfalls gibt es keine Zeitgenossen, die dem gnadenlos gescheiterten Unternehmenslenker diese Tugend zugestehen.

Altersmäßig gehört Middelhoff nur grenzwertig in dieses Buch. Er wurde 1953 geboren und war 2016 als rechtskräftig verurteilter Freigänger im offenen Vollzug der Haftanstalt Bielefeld-Senne bei den evangelischen Bodelschwinghschen Anstalten beschäftigt. Der alte Bodelschwingh war übrigens ein tief religiöser Mann. Die Gebäude, die er errichten ließ, zeichneten sich durch einen Treppenzugang zum Flachdach aus, damit seine Schäfchen, wenn die Stunde des Jüngsten Gerichts nahte, problemlos gen Himmel abheben konnten. Da bei Middelhoffs früherem Arbeitgeber Bertelsmann alle Manager mit 60 Jahren ausscheiden müssen, ist »Big T.«, wie er in dem Gütersloher Konzern genannt wurde, als Betriebsrentner doch ein Fall für dieses Buch.

Ostwestfälische Unternehmer gelten als grundsolide. Vielleicht reizte es Middelhoff, aus dieser von ihm als spießig empfundenen Solidität auszubrechen und ein immer größeres Rad zu drehen. Sein Aufstieg bei Bertelsmann vollzog sich seit 1986 in der Drucksparte des Konzerns. Bertelsmann galt als Synonym für Drückerkolonnen, die Abos und Mitgliedschaften für den gleichnamigen, inzwischen eingestellten Buchklub verkauften. Früher als andere Unternehmer interessierte sich Middelhoff für das Internet und erkannte dessen große Möglichkeiten. Als für digitale Medien zuständiges Vorstandsmitglied stieg er bei AOL ein. Ein Wagnis. Die 50-prozentige Beteiligung wurde im Jahr 2000 – übrigens gegen Middelhoffs Willen – für 6,75 Milliarden USD verkauft. Seit diesem Deal, der Geld ohne Ende in die Kasse des westfälischen Konzerns spülte, galt Middelhoff als Wunderkind, dem alles, was es anfasste, zu Gold wurde.

Nach einem Streit mit dem Firmenpatriarchen Reinhard Mohn verließ Middelhoff im Juli 2002 Bertelsmann mit einer Abfindung in zweistelliger Millionenhöhe. Thomas, du hast das Klassenziel erreicht, hätte man sagen können. Doch Thomas wollte sich und anderen beweisen, dass er ein noch größeres Rad drehen konnte. Er engagierte sich im Immobiliengeschäft und nahm Kredite in Millionenhöhe auf. Bei seiner Arbeit als Bertelsmann-Manager hatte ihm der spießige westfälische Dienstsitz Gütersloh gestunken. Wann immer es möglich war, war er zur New Yorker Bertelsmann-Dependance ausgewichen, »wo er in einem Wolkenkratzer hoch über dem Times Square schwebte«, wie der *Spiegel* süffisant schrieb.

Madeleine Schickedanz, die Haupteigentümerin des in Schief-
lage geratenen Karstadt-Quelle-Konzerns, holte das Wunderkind zwecks Sanierung ihres Imperiums zuerst in den Aufsichts-
rat und dann in den Vorstand. Middelhoffs Tätigkeit in dem
alsbald in Arcandor AG umbenannten Konzern kann durchaus
als glücklos bezeichnet werden. Am 1. März 2009 endete sein
Job als Vorstandsvorsitzender, der Kurs der Arcandor-Aktie sank
in der Amtszeit des Goldjungen aus Gütersloh von ca. zehn auf
1,30 Euro.

Obwohl der Konzern 2008 einen Verlust von 746 Millionen
Euro auswies, wollte Middelhoff neben seinem Grundgehalt von
1,2 Millionen weitere 2,2 Millionen als Boni und Sondervergü-
tungen für seine wahrhaft hervorragende Arbeit kassieren. Von
nun an ging's bergab. Seit der Arcandor-Pleite ohne festen Job,
geriet Big T. nun fortwährend in den Strudel zahlreicher Pro-
zesse. Mit der Verlegung seines Hauptwohnsitzes von Bielefeld
nach St. Tropez versuchte er, ein Zeichen zu setzen, dass er noch
zu denen da oben gehörte.

Abgesehen von zahlreichen Zivilprozessen, die die Gerichte
noch jahrelang beanspruchen werden, wurde im November 2014
vor dem Landgericht Essen ein Strafverfahren gegen Big T. abgeschlossen. Das Gericht hielt es für erwiesen, dass Middelhoff
zwischen 2005 und 2009 in 26 Fällen private Reisen als geschäft-
liche abrechnete. Schaden: 300.000 Euro. Middelhoff wollte wegen einer Baustelle am Kamener Kreuz nicht im Stau stehen und
ließ sich mit einem Hubschrauber von seiner Villa in Bielefeld
nach Essen fliegen. Außerdem bedankte sich der Arcandor-Chef
mit einer aufwendigen Festschrift bei seinem Förderer und früheren Mentor Mark Wössner. Schaden: 180.000 Euro.

Wegen Untreue und Steuerhinterziehung wurde Big T. zu
drei Jahren Gefängnis verurteilt und wegen Fluchtgefahr auch
gleich im Gerichtssaal festgenommen. Das Urteil ist inzwischen rechtskräftig, und Middelhoff genießt wie seinerzeit der

millionenschwere Steuerbetrüger Uli Hoeneß das Privileg eines Freigängers im offenen Vollzug. Seine Arbeit in einer Behindertenwerkstatt könnte problemlos von jedem der eine Million Flüchtlinge übernommen werden: »Zu seinen Aufgaben gehören Hilfsarbeiten, Materialtransport, Hauswirtschaft und Botendienste«, erklären die Bodelschwinghschen Anstalten.

Dass Big T. nicht unter der Last der neuen Verantwortung zusammenbricht, dafür sorgt vielleicht ein guter Freund aus alten Zeiten, der Vizepräsident des Verwaltungsrats der Stiftungen. Mit ihm saß Middelhoff bis vor ein paar Jahren im Beirat der landeseigenen NRW-Bank.

Übrigens: Im Oktober 2007 wurde Middelhoff mit dem Vorbildpreis der Universität Bayreuth ausgezeichnet. 2008 erhielt er die Ehrendoktorwürde der Handelshochschule Leipzig. Wenig später mussten Tausende Arcandor-Beschäftigte Lohneinbußen hinnehmen und weitere Tausende verloren ihren Job.[34]

68. GRUND

WEIL SIE SICH AUF KOSTEN DER STEUERZAHLER FRÜHPENSIONIERUNG ERSCHLEICHEN

Frühpensionierungen sind in der Industrie gang und gäbe. Sie dienen der Verjüngung der Belegschaft, der Erhöhung der Produktivität und der Verringerung der Lohnkosten, da Nachwuchskräfte in der Regel billiger sind als gestandene Langzeitbeschäftigte. Frühpensionierungen im öffentlichen Dienst haben oft politische Gründe. Nach Bundestags- und Landtagswahlen werden viele sogenannte Politische Beamte – meist Beamte der höheren Besoldungsgruppen – in den einstweiligen Ruhestand versetzt. Das schmerzt die Steuerzahler, verschafft aber dem Frührentner ein angenehmes Leben.

Als Bundespräsident muss man nicht darauf warten, gefeuert zu werden. Der selbst organisierte Rücktritt – aus welchen Gründen auch immer – führt zu einer lebenslangen Superversorgung mit Chauffeur, Sekretärin und eigenem Büro. Mit der Bundespräsidentenpension kann man auch mühelos die restlichen Kreditraten für freistehende rot verklinkerte Einfamilienhäuser im Großraum Hannover abbezahlen.

Wirklich hassenswert sind die lieben Staatsdiener, die sich eine Frühpensionierung erschleichen. In Industrie, Handel und Handwerk funktioniert so was normalerweise nicht. Da muss bis zum Eintritt in das Rentenalter oder in die Altersteilzeit gerackert und geackert werden. Pfiffige Lehrer trainieren sich eine »Schülerallergie« an, d. h. ihr Job, die Unterrichtung von Schülern, macht sie physisch und psychisch krank. Der langjährige Hausarzt spielt meistens mit. Allerdings muss auch der Amtsarzt überzeugt werden. Doch selbst dieses Hindernis wird meistens überwunden. Voraussetzung ist natürlich, dass man vorher ein paar Monate in Abständen von rätselhaften Krankheiten befallen wurde. Dann klappt es mit der Diagnose »Unheilbare Schülerallergie«. Sobald die bescheinigt ist, beginnt ein sorgenfreies Leben im kleinen Häuschen auf Mallorca, auf dem Tennisplatz und, weil es die Gelenke schont, auf dem Golfplatz der Nachbarstadt. Da ist die Wahrscheinlichkeit, dem Amtsarzt zu begegnen, am geringsten. Auf Golfplätzen trifft man übrigens besonders viele gut gelaunte und extrem fitte Senioren, die ihr brutalst hartes Leben als psychisch und physisch schwerkranke Arbeitnehmer im öffentlichen Dienst hinter sich gelassen haben.

7. KAPITEL

SENIOREN UND GEWALT

Auf eine tatsächliche oder vermeintliche Bedrohung reagiert Senior am liebsten mit der Schusswaffe. Die noch lebenden deutschen Greise im Alter von über 90 Jahren hatten im Zweiten Weltkrieg ausreichend Zeit und Gelegenheit zum Schießen, in Polen, in Skandinavien, in der Sowjetunion, auf dem Balkan. Das Gewehr ist des Soldaten liebster Freund.

Als der Zweite Weltkrieg zu Ende war, mussten sich deutsche Schützen ein neues Betätigungsfeld suchen. Es bot sich in der Mitgliedschaft in einem Schützenverein oder einer Jagdgenossenschaft an. In den USA lief das anders. Da brauchte man keinen Waffenschein und keinen Schützenverein. So kam es, dass heute 320 Millionen Schießprügel in US-Haushalten lagern. In 30 von 50 Bundesstaaten dürfen Kinder legal Gewehre besitzen. Kürzlich erschoss ein Vierjähriger seine Mutter, die sich tags zuvor bei Facebook mit Cowboyhut auf dem Kopf und Gewehr in der Hand präsentiert hatte.[1]

»Die Rückkehr der RAF-Rentner!«, titelte *BILD* am 19. Januar 2016. Rote Armee Fraktion plus Senioren – das wäre Zucker für dieses Buch gewesen. Die Überschrift machte mich neugierig. Doch es war nur die übliche Leserverarschung. Was war geschehen: Am 6. Juni 2015 überfielen drei Maskierte einen Geldtransporter auf dem Parkplatz eines Verbrauchermarktes in Stuhr bei Bremen. Personen kamen bei dem gescheiterten Raubüberfall nicht zu Schaden. Monate später gelang es den Ermittlern, DNA-Spuren drei der seit fast 20 Jahren gesuchten früheren RAF-Terroristen zuzuordnen. Doch die drei mutmaßlichen Räuber und ehemaligen Mitglieder der dritten Generation der Rote Armee Fraktion sind keineswegs im Senioren- und noch viel weniger im neuen gesetzlichen Rentenalter. Ausgerechnet die *taz* fiel auf den Schwindel von BILD herein und bildete ein RAF-Logo ab, in dem statt einer Maschinenpistole ein Krückstock die Mitte des fünfzackigen Sterns schmückt. Wie alt Daniela Klette und Ernst-Volker Wilhelm Staub wirklich sind, weiß offenbar mit Bestimmtheit niemand. Staub ist laut Wikipedia 1954 oder 1957 geboren, Daniela Klette 1958 oder 1959. Und der Dritte im Bunde, Burkhard Garweg, ist ein echter Youngster. Er wurde am 1. September 1968 geboren. Mit Rentnern hat das also alles nichts zu tun.

Kurzum, das Trio der angeblichen »RAF-Rentner« kann nicht Gegenstand dieses Buches sein. Bis sie das Rentenalter erreicht haben, werden sie vermutlich längst geschnappt und in großen Schauprozessen verurteilt sein. Das BKA scheute schon in der Vergangenheit keinen Aufwand und keine Kosten, um die staatsgefährdenden sogenannten Linksterroristen hinter Schloss und Riegel zu bringen. Das mittels DNA-Proben entdeckte Trio war dem Staatsschutz jedenfalls so wichtig, dass er nicht nur in Deutschland bei ZDF-*XY*, sondern auch in den Niederlanden eine Fernsehfahndung veranstaltete. Spötter sagen, es sei schon immer die Devise der Staatsschutzorgane gewesen: »RAF zerschlagen, NSU nicht jagen!«

WEIL SIE FLIEHENDE EINBRECHER IN DEN RÜCKEN SCHIESSEN

Der tödliche Schuss des 77-jährigen Ernst B. in den Rücken eines 16-Jährigen beschäftigte im September 2015 den Bundesgerichtshof.[2] In der frostigen Winternacht des 13. Dezember 2010 überfielen fünf junge Männer den Senior in seiner Wohnung am Stadtrand von Sittensen, fesselten ihn und wollten den Tresor knacken. »Den Tipp (…) hatten sie aus dem Rotlichtmilieu. Ernst B. verkehrt dort oft, eine Prostituierte lädt er immer wieder zu sich ein, er nennt sie *meine Freundin*, schenkt ihr ein Mercedes-Coupé, ein Pferd und Schönheitsoperationen. Ihre Bekannte ist auch oft zu Gast, fotografiert die Villa mit ihrem Handy, gibt den jungen Männern Hinweise.«[3]

Als die Alarmanlage auslöste, flüchteten die Räuber. Dem Senior gelang es, aus einer am Sessel befestigten Stofftasche eine Pistole zu ziehen und vier Mal auf die Flüchtenden zu schießen. Die Polizei war von dem »kompakten Schussbild« beeindruckt, das die Waffe des passionierten Jägers abgegeben hatte. Der dritte Schuss traf den Jungen in den Rücken, als er durch die Terrassentür nach draußen wollte. Nachdem das Gericht in der ersten Instanz auf Notwehr entschieden und den Schützen freigesprochen hatte, erklärte der Onkel des getöteten Kosovo-Albaners: »Wenn die Justiz versagt, mache ich auch Selbstjustiz.« Befragt, was er damit meine, sagte er: »Das werden wir dann sehen.«[4]

Bei der Verhandlung im BGH trat ein Bundesanwalt auf, vor dem man sich in Acht nehmen sollte. Der stellte sich auf die Seite des schießwütigen Täters und plädierte wegen Notwehr auf Freispruch. Zur Bekräftigung seiner Position erzählte er Dönekes aus seiner Bundeswehrzeit und sprach von der psychischen Ausnahmesituation, in der sich der Schütze befunden habe. Der

BGH schloss sich seiner Meinung nicht an und verurteilte den Senior wegen Totschlags. Notwehr setze einen »gegenwärtigen und rechtswidrigen Angriff« voraus. Die Räuber hatten aber bereits Fersengeld gegeben, als der Schütze zur Waffe griff. Mit diesem Urteil ist der Rentner billig davongekommen. Ein Freispruch hätte ihn vielleicht das Leben gekostet und einen Kosovo-Albaner die Freiheit.

Die Todesschüsse von Sittensen gerieten erneut ins Blickfeld, als im April 2016 im sauerländischen Neuenrade-Affeln ein 63-jähriger Rentner einen 18-jährigen Einbrecher mit seinem Revolver erschoss. Der Rentner war ein passionierter Jäger, der Tote ein angeblich mit einem Messer bewaffneter Kosovare, der als minderjähriger unbegleiteter Flüchtling im September 2015 nach Deutschland gekommen war. Ob es sich in diesem Fall um Notwehr handelte, müssen Staatsanwaltschaft und Gericht noch entscheiden. Dabei muss die Verhältnismäßigkeit der Verteidigungshandlung berücksichtigt werden. Um sich auf Notwehr berufen zu können, muss der Angegriffene das relativ mildeste Mittel zur Abwehr verwenden.[5] In jedem Fall sollte der sauerländische Sportschütze auf seine Gesundheit achten und keine einsamen Spaziergänge in der Dunkelheit unternehmen.

70. GRUND

WEIL SIE MIT REVOLVER DIE AUFSTIEGSFEIER IM VEREINSHEIM STÜRMEN

Senioren im Greisenalter sind äußerst gefährliche Zeitgenossen, erst recht, wenn sie Sportschützen oder Jäger oder beides sind. Bei diesen Personengruppen ist die Ansicht besonders verbreitet, für die Durchsetzung von Sicherheit und Ordnung prädestiniert zu sein. Dazu pflegen sie ein Arsenal von Waffen und Munition zu besitzen. Diese Menschen zu reizen ist saugefährlich, denn ein guter Sportschütze ist immer in der Lage, sich für eine Attacke die passende Waffe auszusuchen.

Es war ein schöner Sonntagabend, als am 5. Juni 2016 ein 83-jähriger Sportschütze gegen 23 Uhr in die fröhliche Aufstiegsfeier des SV 1928 Blatzheim im Rhein-Erft-Kreis platzte, mit einem Revolver um sich schoss und dabei drei Menschen schwer verletzte. Einige der Feiernden mögen die Schüsse wohl zuerst für Jubelknaller gehalten haben, hatte der ruhmreiche SV Blatzheim doch am Nachmittag mit einem großartigen 11:0 gegen den Horremer SV II die Meisterschaft und den absolut verdienten Aufstieg in die Kreisliga B gefeiert. Unheil hatte sich allerdings schon während des Fußballspiels angebahnt: In der 35. Minute entlud sich ein Gewitter über den Blatzheimern, die mit 5:0 führten. Das Spiel musste unterbrochen werden. Die Horremer hatten wegen des Rückstands keinen Bock, das Spiel fortzusetzen. Doch der Schiedsrichter zwang sie dazu. Und so mussten sie sechs weitere Tore kassieren. Verschwörungstheoretiker könnten spekulieren: War die abendliche Schießerei eine unbeabsichtigte Rache des Horremer SV II für die gemeine Niederlage am Nachmittag?

Es ist wohl ausgeschlossen, dass der 83-jährige Revolverheld überhaupt ein Freund irgendeines Fußballvereins ist. Seit Jahren führte er Krieg gegen den SV Blatzheim. Er setzte durch, dass das Training auf dem Platz um 21 Uhr beendet sein musste und dass der Anpfiff sonntags erst nach der Mittagsruhe um 15 Uhr erfolgen durfte. Die Polizei stellte in der Wohnung des Mannes einen Haufen Kurz- und Langwaffen und die entsprechenden Waffenbesitzkarten sicher.[6]

WEIL SIE AUF GERICHTSVOLLZIEHER SCHIESSEN

Am Montag, 14.3.2016 um 9:30 Uhr peitschten Schüsse durch die normalerweise ruhige Burgstraße im hessischen Gelnhausen. Ein 69-jähriger Rentner feuerte aus einem Colt auf einen Gerichtsvollzieher. Er traf ihn am Kopf und verletzte ihn schwer. Dann erschoss er sich selbst. Das alles ereignete sich so schnell, dass Passanten das Geschehen nicht einordnen konnten. Nach ihrem Eintreffen sahen Rettungsdienst und Polizei einen leblosen Rentner und den schwer verletzten 51-jährigen Gerichtsvollzieher aus dem Ort mit dem beziehungsvollen Namen Freigericht. Der wurde mit einem Rettungshubschrauber in eine Frankfurter Klinik geflogen. Sein Zustand war noch Tage später kritisch. Die Ärzte rechneten damit, dass die Kopfverletzungen erhebliche neurologische Schäden hinterlassen würden.

Wie kam der 69-jährige Ballermann zu seinem Colt? Es stellte sich heraus, dass er legal im Besitz von einer oder mehreren Schusswaffen gewesen sein soll. In den 80er Jahren soll er einen Laden für Militärausrüstung betrieben haben. Ja, wer das Militär liebt, der liebt auch Waffen. Aber deswegen gleich Gerichtsvollzieher zu erschießen, das geht gar nicht.[7]

Aber genau das war bereits einem Gerichtsvollzieher am 4. Juli 2012 in Karlsruhe passiert, der an einer Wohnungstür im Karlsruher Kanalweg 115 um 8 Uhr klingelte. Es war allerdings kein Rentner, sondern ein 53-jähriger Arbeitsloser, der sich der Zwangsräumung der Wohnung widersetzte. Zuerst nahm er den Gerichtsvollzieher, den Mitarbeiter des Schlüsseldienstes, der die Wohnungstür gewaltsam geöffnet hatte, und den neuen Wohnungsinhaber als Geiseln. Den Sozialarbeiter, der begütigend auf ihn einredete, ließ er um 8:53 Uhr laufen. Als Polizei und das SEK mit 200 Mann um 11:48 Uhr die Wohnung stürmen, finden sie fünf Menschen, die mit Kopfschuss getötet worden waren: den Todesschützen, den Gerichtsvollzieher (47 Jahre alt und Familienvater), den neuen Eigentümer (49 Jahre alt) und den Mann vom Schlüsseldienst (33 Jahre alt, Vater kleiner Kinder und Ehemann einer schwangeren Frau), außerdem die Lebensgefährtin des Todesschützen.[8]

72. GRUND

WEIL SIE SICH MIT PANZERMINEN VOR GERICHT GEHÖR VERSCHAFFEN WOLLEN

Am 14. September 2004 gegen 10.50 Uhr betrat der 62-jährige Rentner Wolfgang F. aus dem brandenburgischen Vogelsang das Sozialgericht in Berlin. Er wolle zur Antragsstelle, erklärte er der Pförtnerin Rosemarie R. Die bemerkte eine Beule auf einer Seite des Sakkos, schöpfte Verdacht und stellte sich dem Senior in den Weg. Darauf zog er eine Pistole und bedrohte die Pförtnerin. »Aus dem Weg!« Die Frau musste den Weg freigeben, und der unfreundliche Besucher konnte in den ersten Stock des Gebäudes laufen. Dort schnappte ihn sich die herbeigerufene Polizei mit acht Mann »in einem günstigen Moment« und ohne Kampf, wie sie behauptete. Bei der Durchsuchung des Rentners stellte sich heraus, dass er neben der Pistole vom Typ Makarow auch noch eine russische Panzermine unter seiner Jacke versteckt hatte. Und die war scharf und lebensgefährlich und hätte ein ziemliches Chaos anrichten können. Um den Hals trug er außerdem die Fernbedienung für die mitgeführte Mine, die er sich aus einem Bausatz für ferngesteuerte Spielzeugautos zusammengebastelt hatte.

In seiner ersten Vernehmung erklärte der Waffenfreund, er habe sich mit explosiven Argumenten vor Gericht Gehör verschaffen und sich rächen wollen. Die Polizei sprach von einer »tiefen Verzweiflung« des Seniors. Das Sozialgericht habe vor kurzer Zeit in einem Prozess entschieden, dass die Krankenkasse des Rentners eine medizinische Operation nicht bezahlen müsse. Der Rentner habe sich damit nicht abfinden wollen und keine andere Möglichkeit gesehen, als seinen Anspruch mit der Drohung mit einer Panzermine durchzusetzen. Seit einem Arbeitsunfall im Jahr 1972 fühlte sich der Frührentner um Rentenansprüche betrogen.

Als im Auto des Rentners eine weitere Panzermine gefunden wurde, hatten die Polizisten kurzzeitig den Verdacht, der Rentner könne sich aus Beständen der ruhmreichen Sowjetarmee versorgt haben, die bis zur Mitte der 90er-Jahre in Vogelsang einen der größten Stützpunkte in der DDR unterhielt.

Im Prozess vor der 33. Strafkammer des Berliner Landgerichts, der am 30. März 2005 begann, schwieg der Rentner. Bei Vernehmungen im Landeskriminalamt hatte er angekündigt, »er werde im Prozess alle Machenschaften der Justiz aufdecken«, so ein LKA-Mitarbeiter. Ein Kripo-Mann berichtete als Zeuge von der kontrollierten Sprengung der Panzermine. »Man hätte sich die Sprengungen am Tatort gar nicht ausmalen können«, sagte der Zeuge. Die Sprengkraft der Mine hätte zur vollständigen Zerstörung des Gerichtsgebäudes in der Berliner Invalidenstraße ausgereicht.[9]

73. GRUND

WEIL SIE AUS WUT AUTOS ZERKRATZEN

Am 26. Mai 2014 bat die Kölner Polizei in den lokalen Medien um Mithilfe bei der Aufklärung einer gemeinen und sinnlosen Straftat. In den Stadtteilen Sülz und Lindenthal waren in den

Tagen zuvor 170 Autos zerkratzt worden, meistens in der Zeit zwischen 8 und 14 Uhr. Das von der Polizei veröffentlichte Foto einer Überwachungskamera zeigte einen ca. 70-jährigen Mann, der mit einer schwarzen Tuchhose, einem beigen Mantel (welche Farbe sonst!) und einer braunen Mütze bekleidet war.

Drei Tage später präsentierte die Polizei den Tatverdächtigen. Er war nicht 70, sondern sogar 76 Jahre alt. In drei Tagen 170 Autos zu zerkratzen, das schafft nicht jeder 76-Jährige. Deshalb wurde – wie es höflich hieß – sein Gesundheitszustand überprüft.[10]

Autos zu zerkratzen scheint ein Lieblingssport von Senioren zu sein. Aber manchmal ist das Wutkratzen auch schnell beendet. Als der 71-jährige Peter K. ein Auto in seiner Hofeinfahrt in der Hamburger Valparaisostraße stehen sah, bekam er einen Wutanfall. Er schlich um das Auto herum und zerkratzte die gesamte Fahrerseite des Peugeot 307. Wut macht blind, sagt der Volksmund. Daher bemerkte der Senior in seinem grenzenlosen Zorn nicht, dass in dem Auto ein Fahrer saß. Er konnte auch nicht wissen, dass es sich bei dem Wagen um ein Zivilfahrzeug der Polizei handelte. »Es machte Ratsch«, sagte der Zivilfahnder vor Gericht. Er sei dann ausgestiegen und habe den Kratz-Rentner gestellt.

Zu Wut und Dummheit des Seniors gesellte sich in der Folgezeit eine unverbesserliche Streitsucht. Der Strafbefehl über 15 Tagessätze à 15 Euro und das Urteil des Amtsgerichts Altona über 20 Tagessätze à 30 Euro genügten ihm nicht. Im Prozess vor dem Landgericht erklärte der Prozesshansel: »Ich bleibe dabei, ich war das nicht. Ich habe mit Autos überhaupt nichts im Sinn. Ich würde nie fremdes Eigentum beschädigen.« Die Vorsitzende Richterin redet mit Engelszungen auf Peter K. ein. »Überlegen Sie bitte noch mal, ob Sie das hier weiter vorantreiben wollen. Sie fahren ein großes Risiko und verursachen weitere Kosten.« Auch der Staatsanwalt redet dem Angeklagten gut zu. Der sei ja von einem Beamten in flagranti erwischt worden. Doch der Kratz-Rentner bleibt stur. Wie der Prozess ausging, wird hier nicht verraten.[11]

74. GRUND

WEIL SIE IHRE OPFER MIT DROGEN BETÄUBEN, UM SEXUELLE GEWALT AUSZUÜBEN (DAS BILL-COSBY-SYNDROM)

Sollten die Vorwürfe des sexuellen Missbrauchs von fast 60 Frauen zutreffen, steht es ganz schlecht um die Zukunft des 78-jährigen US-Schauspielers Bill Cosby. Die *Bill-Cosby-Show* lief von 1984 bis 1992 in acht Staffeln mit 201 Folgen auf NBC und war eine der erfolgreichsten Sitcoms im US-Fernsehen. Der erste Vorwurf sexueller Übergriffe des Fernsehstars und – zumindest in den Medien – vorbildlichen Familienvaters tauchte im Jahr 2000 auf, als ihn eine Schauspielerin wegen sexueller Belästigung anzeigte. Im Oktober 2014 bezeichnete der Komiker Hannibal Bureless Cosby als Vergewaltiger. Das löste eine Welle von Anschuldigungen aus. Fast im Wochentakt wurden von Frauen Vorwürfe gegen den Entertainer erhoben. Cosby selbst äußerte sich nicht zu den Vorwürfen und ließ über seine Anwälte mitteilen, die Vorwürfe hätten die Grenze zur Absurdität überschritten. Die Missbrauchsfälle reichen bis ins Jahr 1965 zurück, die meisten sind verjährt. Bisher konnte der beliebte Fernsehvater des US-Mittelstands nicht mit einem Strafverfahren belangt werden. Mit einzelnen geschädigten Frauen hatte er sich in Zivilverfahren geeinigt und Schweigegeld gezahlt. Im Dezember 2015 hatte Cosby seinerseits Klage gegen sieben Frauen erhoben. Ihre Anschuldigungen seien haltlos und ein »opportunistischer Versuch, sich zu bereichern«, heißt es in der Klageschrift.[12] Den

Frauen gehe es nur darum, seinen guten Ruf zu zerstören. Sie seien Lügnerinnen. Die sieben beklagten Frauen beantworteten Cosbys Attacke mit einer Verleumdungsklage. In diesem Prozess muss nun auf Anordnung des Gerichts Cosbys Ehefrau, mit der er seit fast 52 Jahren verheiratet ist, aussagen. Ihr Argument, eine Aussage stelle eine »übermäßige Belastung« dar und sie habe ohnehin keine Kenntnisse von den fraglichen Ereignissen, ließ das Gericht nicht gelten.[13]

Cosbys Ruf befand sich nun im freien Fall. Ende Dezember erhob der Staatsanwalt Anklage wegen sexuellen Missbrauchs. Die Beweislage sei erdrückend, sagte er. Es ging um einen Fall im Jahr 2004, der kurz vor dem Ende der zwölfjährigen Verjährungsfrist stand. Cosby soll die damals 31-jährige Universitätsmitarbeiterin Andrea Constand in sein Haus eingeladen, sie unter Drogen gesetzt und missbraucht haben. In einer Anhörung im Jahr 2005 hatte Cosby zugegeben, der jungen Frau, die er als Mentor betreute, das Schlafmittel Methaqualon verpasst zu haben. Danach habe er sie »an der Stelle berührt, an der man in die Hose gelangt« und dafür nicht um Erlaubnis gefragt. »Ich habe nicht gehört, dass sie was gesagt hat. Ich habe weitergemacht und bin in diesen Bereich gelangt, der irgendwo zwischen Erlaubnis und Ablehnung war.«[14] Bei derselben Anhörung gab er zu, sich das Betäubungsmittel von einem Arzt besorgt zu haben in der Absicht, Sex mit jungen Frauen zu haben. Cosbys Verteidiger konnten bisher eine Verurteilung in einem Strafverfahren mit allen juristischen Tricks verhindern. Ihre Argumentation: Für die unbedeutenden jungen Mädchen sei es großartig gewesen, sich von dem prominenten und populären Senior unter Drogen setzen und sich vögeln zu lassen. Am 24. Mai 2016 entschied eine Richterin, das von dem Staatsanwalt im Dezember 2015 beantragte Strafverfahren gegen Bill Cosby zuzulassen. Der greise Hugh Hefner gab übrigens in dem Prozess eine eidesstattliche Erklärung ab – im Auftrag der Anwältin, die mehrere Frauen vertritt, die Cosby sexuellen Missbrauch vorwerfen.[15] Am 8. Juli 2016 meldete dpa, dass der Prozess gegen Cosby definitiv stattfinden werde. Wann, war noch unklar.

Wenn die Anklage durchkommt, drohen Cosby zehn Jahre Haft. Da hilft dann auch kein Geld mehr. Beruflich ist er schon jetzt am Ende. NBC sagte eine neue Serie mit dem gefallenen Engel ab, Netflix ließ die Ausstrahlung eines bereits gedrehten Specials verschieben, und Wiederholungen der *Bill-Cosby-Show* wurden gestrichen.

WEIL SENIORENKNÄSTE DEN STEUERZAHLER VIEL KOSTEN

In der JVA Singen ist der jüngste Häftling 62, der älteste 85 Jahre alt. Ein fast normaler Knast für Mörder, Betrüger, Sexualstraftäter, Totschläger. »Zweimal die Woche wird Ergotherapie angeboten. Hinzu kommen Meditationsgruppen, Kochkurse, Backabende, Sportgruppen, Gedächtnistraining, Altengymnastik, Gesprächsrunden.« Für den Seniorenknast am schönen Bodensee gibt es sogar Wartelisten, schrieb Erich Nyffenegger in der *Welt*.[16]

»Kaminzimmer hinter Gittern«, betitelte der *Spiegel* eine Story über alte Strafgefangene.[17] 500 der mehr als 13.000 Häftlinge in NRW-Gefängnissen sind älter als 60 Jahre. Ihre Zahl hat sich von 1990 bis 2015 vervierfacht. Inzwischen ist die Justiz gezwungen, Alten-WGs in ihren Knästen einzurichten. Auch immer mehr Stationen für pflegebedürftige und demente Mörder und Totschläger werden benötigt.

Wenn ein Mann kurz vor der Rente seine Ehefrau umbringt, verbringt er den Rest seines Lebens 24 Stunden rundum versorgt im Knast. Altengerecht, mit Haltegriffen an den Duschen und

Hocker zum bequemen Sitzen, mit höhenverstellbaren Betten, Abstellflächen für Rollatoren und jeder Menge Grünpflanzen. Der altersgerechte Umbau seines Eigenheims mit einer vielleicht nörgelnden oder besserwisserischen »besseren Hälfte« bleibt ihm erspart.

Der neueste Trend in der Knastarchitektur ist das Mehrgenerationenhaus. Im Gefängnis von Moers (Niederrhein) entstanden im Sommer 2016 auf zwei Etagen Mehrbettzimmer für 58 Häftlinge. »Die Alten unten, damit sie keine Treppen mehr steigen müssen, die Jungen oben.«[18] Gemütlichkeit wird im Seniorenknast groß geschrieben, und manchmal geht sie so weit, dass rüstige Senioren nicht mehr zurück in die Freiheit wollen wie der 61-jährige Robert K. in der JVA Aachen. Der bezeichnet sich selbst als »Luxusgefangener und Knastschmarotzer«. Alle Anhörungstermine bezüglich seiner Entlassung ließ er verstreichen und kann deshalb nicht entlassen werden. Er teilt seine Einzelzelle mit seinen beiden Lieblingstierchen, den Nymphensittichen Hanni und Nanni.

R.s Anwalt ließ mitteilen, sein Mandant fühle sich in der JVA wohl und werde sie nur dann verlassen, wenn ihm »draußen ähnlich gute Lebensbedingungen geboten würden wie hinter Gittern«.[19] Niemand kann das R. zusagen. Und so kostet der Knastschmarotzer den Steuerzahler täglich 125 Euro.

Lawrence Ripple war 70 Jahre alt, als er beschloss, sich ein neues Zuhause zu suchen und sich von seiner Frau zu trennen. Der unglückliche Ehemann aus Washington (USA) legte am Bankschalter einen Zettel vor, auf dem er Geld forderte und mit einer Waffe drohte. »Nachdem ihm 3.000 Dollar ausgehändigt wurden, setzte er sich hin und wartete auf die Polizei. Er wolle lieber ins Gefängnis gehen, als bei seiner Frau zu bleiben, sagte er der Polizei.[20]

8. KAPITEL

KUNST UND KULTUR

Auf keinem Gebiet des gesellschaftlichen Lebens ist der Einfluss der Senioren so dominant wie im Bereich von Kunst und Kultur, Musik, Theater, Unterhaltung, Literatur. Wenn es jungen Popmusikern nicht gelingt, unfreiwillig neues Mitglied des »Klub 27« (Brian Jones, Jimi Hendrix, Janis Joplin, Jim Morrison, Kurt Cobain, Amy Winehouse u. a.) zu werden, erwartet sie oft ein langes Leben mit Höhen und Tiefen und mit gelungenen oder peinlichen Comebacks im hohen Alter. Da Ärzte den Senioren viel Bewegung empfehlen, zappeln uralte Rockstars weltweit auf Showbühnen. Eines ist dabei klar: Wir lassen nichts auf unseren 70-jährigen Zappelphilipp Udo Lindenberg kommen. Der ist besser als je zuvor. Aber es gibt reichlich Künstler, die den richtigen Zeitpunkt zum Aufhören verpasst haben.

WEIL SIE DEN RICHTIGEN ZEITPUNKT ZUM AUFHÖREN VERPASSEN

Viele Künstler im Seniorenalter geilen sich mit ihrer Medienpräsenz auf. Sie wollen einfach nicht sehen, dass ihre Zeit vorbei ist, und lehnen es ab, es so wie Stefan Raab zu machen, der auf dem Höhepunkt seines Ruhms mit 49 Jahren von der Bühne abtrat. Sie lechzen nach öffentlichen Auftritten, obwohl sich kein Mensch mehr für sie interessiert. Der Prototyp dieses Menschenschlags ist Thomas Gottschalk, an den sich einige ältere Zuschauer vielleicht noch erinnern. Es gab im ZDF mal eine Sendung namens *Wetten, dass ..?* Die lockte im letzten Jahrhundert etliche Millionen Zuschauer vor die Bildschirme. Dann wurde die Sendung immer gleichförmiger, die Wetten immer einfallsloser. *Wetten, dass ..?* war die langjährige Spielwiese von Thomas Gottschalk. Der »Mann mit den Gummibärchen« (Günter Grass über T. G.) betrachtete die Welt von seinem Wohnsitz im kalifornischen Malibu aus, und *Wetten, dass ..?* verkam zur Werbebühne, wenn Hollywoodstars einen neuen Film gedreht oder eine neue CD auf den Markt gebracht hatten. Angeblich musste das ZDF für die Auftritte der Stars auch noch Geld bezahlen. Gerechter wäre es gewesen, wenn die Agenten der Künstler Geld für die gewaltige PR im ZDF abgedrückt hätten.

In der Sendung vom Dezember 2010 kam es zu einem schweren Unfall. Der 23-jährige Student Samuel Koch versuchte, auf Sprungstelzen mit einem Salto über ein fahrendes Auto zu springen. Der Sprung misslang, Koch stürzte, die Sendung wurde abgebrochen. Seitdem ist Samuel Koch gelähmt. In der folgenden Sendung kündigte Gottschalk seinen Rücktritt an.[1]

Der Versuch einer Wiederbelebung der Sendung mit dem eifrigen Markus Lanz scheiterte. Gottschalk machte mittlerweile dies und das. Obwohl immer deutlicher wurde, dass mit dem selbstverliebten und für seine schlechte Sendungsvorbereitung berüchtigten alternden Blondschopf kein Blumentopf zu gewinnen war, fanden sich immer noch Sender, die ein Engagement von Gottschalk eingingen. So ist zu befürchten, dass Gottschalk auch nach seinem letzten TV-Flop bei RTL (*Mensch Gottschalk*) den Zuschauern erhalten bleibt. »Wir hatten ein gutes Gespräch und freuen uns, eine neue Ausgabe für 2017 zu planen«, erklärte der Chefredakteur von *Spiegel-TV*.[2]

Was für Gottschalk noch gut passen würde, wäre ein Job als Conférencier auf Kreuzfahrtdampfern. Der 68-jährige Hans Meiser hat es ihm vorgemacht. Er tourt seit dem 8. März 2015 als Kreuzfahrtdirektor fröhlich in der frischen Seeluft über die Ozeane. Ein Senior unterhält Senioren. Das muss ja nicht immer nur im Fernsehen sein.

Weltmeister im Nicht-aufhören-Können ist übrigens der US-Amerikaner Summer Redstone, der im Februar 2016 im zarten Alter von 92 Jahren von der Spitze des Fernsehkonzerns CBS zurücktrat.

77. GRUND

WEIL SIE SICH IM THEATER ALS »WUTABONNENTEN« AUFFÜHREN

Theaterintendanten müssen seit je zwischen den verschnarchten Interessen zahlender Senioren-Abonnenten und den ausgeprägten Selbstdarstellungswünschen von Regisseuren einen Kompromiss finden. Der Spagat zwischen Texttreue und genialisch aktualisierter Destruktion eines klassischen Textes prägte das Theater in den letzten 50 Jahren. Es ging dabei nicht um die Wirkung auf die Kritiker. Kritikerschelte ist für die Auslastung wesentlich ergiebiger als gar kein Feedback. Aber was kann man dem zahlenden und überwiegend älteren Theaterpublikum zumuten? Und was nicht?

»Zumutung!« wurde auch früher gelegentlich geschrien, wenn die Inszenierung eines bekannten Stückes sich allzu sehr von der Tradition entfernte. Auf den großen und renommierten Bühnen mit 100-prozentiger Platzauslastung können Regisseure fast immer tun und lassen, was sie wollen. Fast immer – denn selbst in Bayreuth, das sich um zahlende Zuschauer keine Sorgen machen muss, kann man als selbstverliebter genialischer Regisseur scheitern. Jonathan Meese, der sich in der Öffentlichkeit einen Namen durch das Zeigen des Hitlergrußes gemacht hatte, sollte 2016 den *Parsival* inszenieren. Im November 2014 teilte man ihm mit, aus Kostengründen auf ihn verzichten zu wollen. Was Meese vorhatte, kann man durchaus mit dem Begriff »Zumutung« bezeichnen.[3] In vorauseilendem Gehorsam gegenüber dem alten Stammpublikum trennte man sich von Meese. Der darf nun doch Wagners *Parsival* inszenieren. Aber nicht in Bayreuth, sondern bei den Wiener Festwochen im Sommer 2017 und im Oktober 2017 bei den Berliner Festspielen.[4]

Dass brave Theaterbesucher zu Wutabonnenten werden können, diese Erfahrung machte das Ensemble des Münchener Residenztheaters im Juni 2016 bei der Premiere des Stücks *Iwanow* von Anton Tschechow. »Weil die Schauspieler das Stück über den schwermütigen Gutsbesitzer und seine schwindsüchtige Frau dermaßen subtil und leise spielten, regte sich schon vor der Pause kollektiver Widerstand« beim Publikum, bemerkte Christian Mayer, der Rezensent der *Süddeutschen*.[5] »Lauter!« – »Wir hören nichts!« Mit solchen sehr ungewohnten Zwischenrufen irritierte das Seniorenpublikum die Schauspieler, die sich natürlich nicht in der Lage sahen, eine entsprechende Menge von Hörgeräten auf der Stelle aufzutreiben. Ein Eklat drohte, als die »Darsteller einmal für zwei Minuten stumm und elegisch das große Erschöpfungsdrama der modernen Gesellschaft zelebrierten«.[6] Die Kunstpause nahm »ein feiner alter Herr« zum Anlass und schrie vom ersten Rang herab: »Wir haben's jetzt begriffen, spielt's endlich weiter!«[7]

So wie ältere Wutbürger derzeit Politik und Medien undifferenziert bekämpfen, so wird auch der schwerhörige Wutabonnent künftig das differenzierte Sprechen der Schauspieler erschweren oder gänzlich verhindern.

78. GRUND

WEIL SIE KUNST UND KREUZWORTRÄTSEL NICHT UNTERSCHEIDEN KÖNNEN

Die Seniorenresidenz am Nürnberger Tiergärtnertor kümmert sich vorbildlich um ihre »Gäste«. Regelmäßig werden Exkursionen veranstaltet. Im Juli 2016 fuhr der Schreibkurs in das Neue Museum in Nürnberg. Die Teilnehmer sollten ihre Eindrücke vom Kunsterlebnis aufschreiben. Später würden die Notizen dann in der Runde vorgelesen werden.

Eine Zahnärztin im Ruhestand, deren Alter in den ersten Meldungen mit 91 Jahren angegeben war, nahm die Aufforderung zum Schreiben allzu wörtlich. Beim Rundgang durch das Museum gefiel ihr ein Bild ganz besonders: die Kreuzworträtselcollage des Fluxus-Künstlers Arthur Köpcke. Darauf steht deutlich: »insert words« Das fasste die Akademikerin als Aufforderung auf, lieh sich einen Kugelschreiber und ergänzte zwei Wörter. Das wiederum fand die Museumsleiterin gar nicht gut. Denn es handelte sich um eine mit 80.000 Euro versicherte Leihgabe eines privaten Sammlers, und man dürfe schließlich auch der Mona Lisa keinen Schnurrbart anmalen. Bei der polizeilichen Vernehmung vertrat die alte Dame konstant den Standpunkt,

»wenn da kein Schild stehe, dass der Bitte des Künstlers nicht Folge zu leisten sei, man im Gegenteil unter keinen Umständen Folge leisten dürfe, so dürfe man sich nicht wundern, wenn im Besucher der Beschluss reife: Gut, mach ich.«[8]

Die alte Dame fing sich eine Anzeige wegen des Verdachts der »gemeinschädlichen Sachbeschädigung« ein. Dank Lösungsmittel ist der Kuli-Eintrag der Greisin inzwischen wieder getilgt. Der Schreibkurs der Seniorenresidenz setzte sich ein neues Thema: »›Wie Frau K. zur Vernehmung ins Präsidium musste, weil sie das tat, was ein Künstler auf seinem Werk forderte‹. Auf die Texte freue sie sich schon«, sagt die Sozialpädagogin des Altenzentrums. Auch Hannelore K. überlegt, ihr Erlebnis aufzuschreiben. Sie »redet schneller, als irgendwer mitschreiben kann«, schreibt der Reporter der *Süddeutschen*, und sie lege Wert auf die Feststellung, sie sei erst 90 Jahre alt.[9]

Frau K.s Anwalt stellte die polizeiliche Argumentation in einem siebenseitigen Schriftsatz auf den Kopf: »Es sei nicht nur kein Schaden entstanden, im Gegenteil, das Objekt habe wohl eher eine Wertsteigerung nach der ganzen Geschichte erfahren.«[10] Und zwar sowohl durch die öffentliche Aufmerksamkeit als auch durch die »belebende Weiterverarbeitung« seiner Mandantin. Die habe im Übrigen ein eigenes Urheberrecht an dem Bild erworben, das nun leider durch die Restaurierung des Werkes zerstört worden sei.

Die Nürnberger Kreuzworträtselaffäre ist noch für viele unterhaltsame Meldungen gut, und wir wünschen der hochbetagten Kunstfreundin noch viele ertragreiche Museumsbesuche.

9. KAPITEL

SENIOREN ALS MEMOIRENSCHREIBER: DIE MEISTER DER SELBSTBESPIEGELUNG

Memoiren wurden seit alters her geschrieben. Im Alter von 64 Jahren begann Giacomo Casanova mit der Niederschrift seiner Memoiren *Geschichte meines Lebens*. Die umfangreiche Lebensbeichte wurde lange Zeit als Porno missverstanden, ist in Wahrheit ein Werk der Weltliteratur, das erst 1960 einigermaßen vollständig ediert wurde.

Johann Wolfgang von Goethe begann im Alter von 60 Jahren mit der Konzeption seiner Memoiren *Aus meinem Leben. Dichtung und Wahrheit*. Die Besonderheit von *Dichtung und Wahrheit* besteht darin, dass die Memoiren sehr früh enden, wohl um keine lebenden Zeitgenossen zu verletzen. Das wird uns weiter unten im Zusammenhang mit den *Kohl-Protokollen* beschäftigen. Otto von Bismarcks Memoiren *Gedanken und Erinnerungen* waren eine Abrechnung mit seinem ungeliebten Vorgesetzten Kaiser Wilhelm II., der ihn 1890 rausgeschmissen hatte.

Die 35-jährige Millionenerbin Paris Hilton, die freimütig bekannte, »niemals einen richtigen Job gehabt« zu haben, wolle sich nach Ibiza zurückziehen und an ihren Memoiren arbeiten, war im Mai 2016 in der Boulevardpresse zu lesen. Hat sich Fräulein Paris schon weit vor dem Seniorenalter ausgelebt? Die Lebenserinnerungen der Blondine sollen allerdings nicht in Printform erscheinen, sondern im TV.[1]

Die meisten männlichen alten Zausel bevorzugen die Printform für ihre mehr oder weniger überflüssigen Erinnerungen. Auch Ex-*Wetten, dass ..?*-Moderator Thomas Gottschalk konnte der Versuchung nicht widerstehen, sich per Memoiren ein paar zusätzliche Euros zu verdienen. Dem noch relativ jungen Senior (geb. 1950) muss man allerdings zugute halten, dass er sich in seiner Autobiografie *Herbstblond* über seine Schwatzsucht selbst lustig macht. Der aus schlesischer Familie Stammende schreibt: »Der Oberschlesier neigt zum Maulheldentum, was dafür spricht, dass man gewisse genetische Konditionierungen bei mir nicht außer Acht lassen darf.«[2]

WEIL SIE IHREN MEMOIRENSCHREIBERN VERBIETEN, DIE WAHRHEIT ZU VERÖFFENTLICHEN (DAS HELMUT-KOHL-SYNDROM)

Der frühere Bundeskanzler und CDU-Vorsitzende Helmut Kohl vollbrachte mit der Portionierung seiner Lebenserinnerungen eine perfekte Marketingleistung. 2004 erschien der erste Band seiner Erinnerungen, die Jahre von 1930 bis 1982 umfassend. Im Vorwort schreibt Kohl: »Wie häufig wurde ich aufgefordert, meine Memoiren zu schreiben! (…) Es gilt schon fast als selbstverständlich, dass Politiker ihre Autobiographie vorlegen, aber nicht alles, was auf diese Weise entsteht, lohnt das oft quälende Erinnern. Sollte ich dieser Memoirenliteratur wirklich ein weiteres Werk hinzufügen?«[3] Es war also keineswegs das Bedürfnis des damals abgehalfterten und von der eigenen CDU-Führung unter Angela Merkel wegen des Parteispendenskandals als Hindernis angesehenen Exkanzlers, seine Ruhmestaten zu verkünden, sondern angeblich Volkes Wille. Der Oggersheimer, in der Karikatur wegen seines Leibesumfangs als »Birne« verspottet, überwand aber sehr schnell seine Selbstzweifel und legte los.

Ein Jahr später folgten Kohls *Erinnerungen: 1982–1990*. Durch den Seitenwechsel des FDP-Vorsitzenden Hans-Dietrich Genscher und dessen Unternehmerspezis 1982 an die Macht als Bundeskanzler gekommen, wollte Kohl die »geistig-moralische Wende« in Deutschland herbeiführen, zu deren Verwirklichung Franz Josef Strauß bereits 1980 als CDU/CSU-Bundeskanzlerkandidat vergeblich angetreten war.

Bei der Propagierung seines dritten Memoirenbandes, *Erinnerungen: 1990–1994*, wird Kohl poetisch: »Als wir uns auf den Weg zur Einheit machten, war es wie vor der Durchquerung eines Hochmoors: Wir standen knietief im Wasser, Nebel behinderte die Sicht, und wir wussten nur, dass es irgendwo einen festen Pfad geben musste. Schritt für Schritt tasteten wir uns vor und kamen schließlich wohlbehalten auf der anderen Seite an. Ohne Gottes Hilfe hätten wir es wohl nicht geschafft.«[4] Birne versinkt im Hochmoor – das wäre eine interessante *BILD*-Schlagzeile gewesen.

Zwei Jahre nach der obigen Publikation veröffentlicht Kohl ein weiteres Buch über Details desselben Zeitabschnitts: *Vom Mauerfall zur Wiedervereinigung. Meine Erinnerungen*. In diesem Buch reklamiert Kohl das Prädikat »Kanzler der Einheit« für sich. Er habe zielstrebig auf die deutsche Einheit hingearbeitet und sie gegen alle Widerstände in der Bundesrepublik, in der DDR und im Ausland, also praktisch allein gegen die ganze Menschheit durchgesetzt. Momente des Zufalls und des Glücks treten hinter der Selbstbeweihräucherung zurück.

Einen Eklat produzierten *Die Kohl-Protokolle* (2014), ein Buch, das die Summe aus 630 Stunden Tonbandgesprächen in den Jahren 2001 und 2002 enthielt, die der Journalist Heribert Schwan in Oggersheim mit dem Altkanzler geführt hatte. Zuerst erstritt sich Kohl die Herausgabe der Tonbänder und dann gelang es ihm, gerichtlich durchzusetzen, dass ein Viertel seiner Originalzitate nicht mehr verwendet werden durfte. Der alte Zausel lästerte über die »Schreckschraube« Rita Süssmuth, über den »Verräter« Norbert Blüm, über Angela Merkel, die »ja wenig vom Charakter heimgesucht« sei, über den »Narren und Rechthaber« Heiner Geißler usw. Der Schwarzgeldspendenkassierer Kohl präsentierte sich Schwan gegenüber sogar als Opfer.[5] Kohls späte Gattin Maike Richter-Kohl sah durch solche gehässige Bewertungen den Ruhm ihres Gatten, des überlebensgroßen Kanzlers der Einheit, beschädigt. Im Frühjahr 2016 eskalierte die Auseinandersetzung, und der mittlerweile hinfällige Kohl verfolgte Schwan sogar mit Schadensersatzforderungen in Höhe von fünf Millionen Euro.

WEIL SIE DIE WEISHEIT MIT LÖFFELN GEFRESSEN HABEN (DAS HELMUT-SCHMIDT-SYNDROM)

Der frühere Bundeskanzler Helmut Schmidt, der am 10.11.2015 im Alter von 96 Jahren starb, begnügte sich nicht wie Helmut Kohl mit Memoiren, sondern war selbst bis zu seinem Tod als vielfacher Autor produktiv. Er schlüpfte nach seinem Sturz als Bundeskanzler 1982 in die Rolle des Philosophen, der als gelehriger Schüler und zugleich Nachfolger der Römer Mark Aurel und Cicero bedächtig und pragmatisch den Politik- und Welterklärer gibt. Es tat dem Hanseaten natürlich auch gut, dass der Name von Helmut Schmidt gerne in einem Zusammenhang mit dem römischen Philosophen genannt wurde.

Fünf Jahre nachdem der Sozialdemokrat Schmidt für den CDU-Mann Kohl das Kanzleramt verlassen musste, legte der Kettenraucher sein erstes Erinnerungsbuch vor: *Menschen und Mächte*. Fast 20 Jahre später zog Schmidt in dem Buch *Außer Dienst* erneut Bilanz. Ein großer Staatsmann wie er ist niemals im Ruhestand: »Wenn es um Prinzipien der Politik und der Moral geht oder um das eigene Gewissen, dann ist man niemals außer Dienst.«[6] Patsch, das sitzt.

In dem wenige Monate vor seinem Tod erschienenen Erinnerungsband *Was ich noch sagen wollte* recycelte Schmidt schon früher Gesagtes und zog noch einmal alle Register seiner weltanschaulichen Positionen, schrieb über seine frühen Prägungen als Soldat, über Begegnungen mit dem Chinesen Deng Xiaoping und dem Ägypter Sadat und über Leseerfahrungen mit den Autoren Immanuel Kant, Max Weber und Karl Popper.

Bücher von Helmut Schmidt werden gerne von sozialdemokratisch orientierten Menschen zu Weihnachten oder zu Geburtstagen verschenkt und auch gelegentlich gelesen. Wegen ihrer bildungsbürgerlichen Welthaltigkeit machen sie zudem mehr her als die Selbstbeweihräucherungen des früheren CDU-Vorsitzenden.

Nur einige Monate nach dem Erscheinen von Helmut Schmidts *Was ich noch sagen wollte* kamen Erinnerungen des Schauspielers Bud Spencer unter dem Titel *Was ich **euch** noch sagen wollte* auf den Markt. Es ist nicht bekannt, in welchem Umfang es aufgrund der Titelähnlichkeit zu Fehlkäufen kam und ob die jeweiligen Käufer sich mit den irrtümlich eingekauften Erinnerungsbüchern angefreundet haben. Beide waren doch irgendwie ähnliche Macher, oder?

Hans-Dietrich Genscher, Weggefährte von Helmut Schmidt und von Helmut Kohl, hatte bereits 1995 seine Erinnerungen publiziert. 20 Jahre später machte er einen erneuten Versuch, nicht in Vergessenheit zu geraten. *Meine Sicht der Dinge* hieß das Buch, das im September 2015, ein halbes Jahr vor Genschers Tod, erschien. Im Verlagstext heißt es: »Was ist besonders? Ein sehr politisches, zugleich sehr persönliches Buch. Genscher stellt ›seine Sicht der Dinge‹ dar, die sich in Vielem von den Darstellungen seiner politischen Weggefährten – von Helmut Schmidt bis Helmut Kohl – unterscheidet.«[7] Da sind wir aber wirklich überrascht, dass Genscher auf einer eigenen Sicht der Dinge beharrt. Wenn man Memoiren verkaufen will, muss man sich ja irgendwie abgrenzen. So gibt es ein Geschenkbuch für die letzten noch vorhandenen FDP-Anhänger.

WEIL SIE IHRE VON EITELKEIT TRIEFENDEN MEMOIREN MIT SEX-HISTÖRCHEN AUFBREZELN

Outsider heißt auch die deutsche Ausgabe der Autobiografie des britischen Thrillerautors Frederick Forsyth. »Frederick Forsyth ist ein kalter Krieger durch und durch, und das prägt seine Perspektive auf die gesamte Weltlage«, schreibt Alexander Menden in seiner Besprechung in der *Süddeutschen*.[8] Das wäre schon der erste Grund, die Finger von diesen Memoiren zu lassen, der zweite ist die maßlose Eitelkeit, mit der Forsyth behauptet, seinetwegen sei es beinahe zum dritten Weltkrieg gekommen. Er hatte in Ostberlin nachts beobachtet, wie Panzer durch die Stadt rollten, und dies den britischen Behörden gemeldet. Die reagierten nervös. Dann stellte sich heraus, dass das Erlebte eine Probe für die Parade zum 1. Mai war. Haha, witzig! Und Forsyth schwärmt von einem erotischen Abenteuer, als er Korrespondent der Agentur Reuters war. Er hatte »eine wunderbare Affäre. O ja, Sigi, eine bildschöne Frau, entzückend, teuer gekleidet, ein Parfüm aus dem Westen. Allerdings hat sie nie bei mir übernachtet. Ich durfte sie auch nicht nach Hause fahren, selbst um drei oder vier Uhr morgens nahm sie ein Taxi. Sie sagte auch nie, wo sie wohnte. Ich wurde neugierig und fand ihre Adresse heraus, und über Freunde in Westberlin erfuhr ich dann, dass dort der Verteidigungsminister der DDR, General Heinz Hoffmann, lebte. Ich war entsetzt. Ich schlief also mit der Mätresse eines wichtigen Ministers. Auch ein Grund, die DDR zu verlassen.«[9]

Auch die 1948 in Jamaika geborene Sängerin und Schauspielerin Grace Jones beglückt die Menschheit in ihren Memoiren (*I'll Never Write My Memoirs*, 2015) mit Sex-Histörchen. Tina »Turner sei die erste Frau gewesen, mit der sie sich eine Liebesbeziehung hätte vorstellen können. Andy Warhol seinerseits habe sich brennend für das Sexleben von Jones interessiert, schreibt sie. Er fragte sie nach der Größe des Geschlechtsteils ihres damaligen Partners Dolph Lundgren. Das sei Warhols Art gewesen, ihr seine Fürsorge zu zeigen: ›Er wollte sicher sein, dass ich Spaß habe.‹«[10] In den prüden USA mag das aufregend sein; hierzulande lösen die vermeintlichen Enthüllungen eher Gähnen aus.

10. KAPITEL

SENIOREN UND MEDIEN

Wie gehen die Senioren mit den reichlich vorhandenen Medien um? Und wie gehen die Medien mit den reichlich vorhandenen Senioren um? In Film, Funk und Fernsehen gibt es eine starke Präsenz von Senioren. Ein Arbeiter wird mit spätestens 67 Jahren aus der Arbeitswelt entlassen; in den Medien laufen die Karrieren ohne Pause weiter. Wir erleben von beiden Seiten eine Beziehung voller Machtansprüche und gleichzeitig Missverständnisse. Man redet gerne aneinander vorbei. Klassisch der Dialog zwischen einem Reporter des Hessischen Fernsehens und einem Rentner. Auf die konkret vor einer Wahl gestellte Frage »Gehen Sie wählen?« antwortet der Rentner: »Die sollen erst mal Ordnung schaffen im eigenen Land.«[1] Abgesehen von den Senioren, die in den Medien ihr Geld verdienen, werden Medien und Senioren nie wirklich Freunde werden.

WEIL SIE ENTWEDER INTERNET-VERWEIGERER ODER WHAT'SAPP-SÜCHTIGE SIND

Hillary Clinton nutzte als US-Außenministerin ihren Dienst-computer bekanntlich auch für private E-Mails. Ein Unter-suchungsausschuss förderte zutage, dass die *silver agerin* einen ihrer Mitarbeiter per E-Mail fragte, wie sich Smileys in E-Mails einfügen ließen. Wohlgemerkt, sie fragte nicht, *wozu* Smileys in der schriftlichen Kommunikation benötigt werden, sondern *wie* man sich ihrer bedient. »In welcher anderen Epoche hätten studierte Geister, designierte Staatslenker gar, je darum gebettelt, ihrer Korrespondenz einen möglichst infantilen Anstrich zu ver-leihen?«, fragte der *Streiflicht*-Kolumnist in der *Süddeutschen*.[2]

Hillary möchte den Anschluss an die moderne Welt nicht verpassen, das ist verständlich, denn sie ist Oma, und das heißt: ohne Modem aufgewachsen. So wie Franz Müntefering, der sich von seiner 40 Jahre jüngeren Frau das Internet erklären lassen muss, als Opa bezeichnet werden kann: ohne PC aufgewachsen. Erschwerend kommt in beider Fällen noch hinzu, dass Hillary und Franz im Laufe ihrer Karrieren sich stets gut ausgebildeter Bürokräfte bedienen konnten, die ihnen den lästigen Umgang mit den elektronischen Medien abnahmen.

Das Meinungsforschungsinstitut Infas untersuchte im Jahr 2010 die Internetaffinität von Senioren. 40 Prozent der über 64-Jährigen ohne privaten Netzzugang waren der Ansicht, mit dem Internet gar nichts anfangen zu können und es infolge-dessen auch nicht zu benötigen. 44 Prozent der Befragten gaben außerdem an, dass ihnen das Internet zu kompliziert sei. 29 Pro zent der Senioren waren überzeugt, dass ein Internetanschluss für sie zu teuer wäre – eine Fehleinschätzung angesichts des enormen Preisverfalls der Online-Nutzung.

Die Senioren mit Internet-Praxis nutzten ihren Online-Zugang dieser Studie zufolge vor allem als Zugang zu lexikalischen Informationen, zum Nachschlagen und zur E-Mail-Kommunikation. Die von jüngeren Usern genutzten Möglichkeiten »Online-Banking, Chatten oder Socialmedia-Anwendungen werden dagegen kaum von den Älteren genutzt«.[3]

Smartphones sind ja schon ziemlich ausgeklügelte Teile. Deshalb besitzen nur 18 Prozent der Senioren diese Geräte.[4] Aber wenn sie gelernt haben, damit umzugehen, werden die Alten Smartphone-süchtiger als viele Junge. Aus *silver agers* werden *silver surfers*. 30 Prozent der 60- bis 69-jährigen Smartphone-Besitzer nutzen What'sApp, 20 Prozent Facebook. Der Gebrauch dieser Anwendungen dient in erster Linie familiären Zwecken. Bilder von Kindern und Enkeln anzuschauen und zu teilen ist ja noch ein bisschen cooler, als Katzenfotos ins Netz zu stellen. In einer Fernsehsendung im Juni 2016 bekannte ein Senior, täglich mindestens zwei Stunden zu what'sappen.[5] What'sApp-Sucht ist genauso kläglich wie bewusste Internetabstinenz.

83. GRUND

WEIL MIT RÜCKSICHT AUF SIE PROGRAMMINNOVATIONEN BEI ARD UND ZDF UNTERBLEIBEN

Senioren sind die treuesten Zuschauer von ARD, ZDF und den dritten Programmen der öffentlich-rechtlichen Sender. Das Durchschnittsalter der ARD-Zuschauer stieg von 59,8 Jahren (2008) auf 61 Jahre (2013), das Durchschnittsalter der ZDF-Zuschauer stieg von 60 (2008) auf 62 Jahre (2013). Mit Augenzwinkern erklärte ZDF-Satiriker Oliver Welke: »Der klassische ZDF-Zuschauer ist sehr, sehr treu, aber in einigen Jahren auch sehr, sehr tot.«[6] In der *heute-Show* am 22.4.2016 legte Welke nach und behauptete, das Durchschnittsalter der ZDF-Zuschauer betrage 90 Jahre. Das Bayerische Fernsehen stellt mit einem Durchschnittsalter von 64 Jahren (der Zuschauer; das Durchschnittsalter der Programmmacher wurde nicht erhoben) den absoluten Grufti-Rekord auf.[7] Muss man deswegen Senioren hassen? Auf den ersten Blick gewiss nicht. Aber wehe, wenn ein Drehbuchautor eine originelle Serie vorschlägt oder eine Produktionsfirma ein neues Format einer Unterhaltungssendung ins Spiel bringen will! Alle Versuche, den öffentlich-rechtlich Verantwortlichen ein Experiment abzuluchsen, sind zum Scheitern verurteilt. »Das wollen die Zuschauer nicht.« – »Das können wir unseren Zuschauern nicht zumuten.« So lautet die stets wiederholte Abwehrreaktion der Fernsehgewaltigen. Sie wissen, was den Senioren zur Primetime schmeckt. Sie rühren den Brei nach bewährtem Muster und bewahren ihre Senioren-Klientel vor zu scharfer Kost. Eigentlich müsste man diesen Leuten die Hasskarte zeigen. Vor lauter Versagensangst zwingen sie ihre Stofflieferanten, am Gewohnten festzuhalten. Und ausgerechnet die öffentlich-rechtlichen Fernsehredakteure führen sich wie Junkies auf. Sie gieren nach Quote. Du sollst keine anderen Götter haben außer der Quote. Erst nach 22:30 Uhr, wenn die Alten in der Heia liegen, darf was probiert werden. Senioren sind im Bunde mit den Verantwortlichen von ARD und ZDF die natürlichen Feinde von Innovationen.

Im Mai 2016 wurde gemeldet, dass der WDR die sonntägliche *Lindenstraße* bis mindestens 2018 fortsetzen will.[8] Zur Erinnerung: Die *Lindenstraße* wurde bereits vier Jahre vor der Wende zum ersten Mal ausgestrahlt. Und die Wiedervereinigung liegt nun auch schon eine Generation zurück. Hans W. Geissendörfer, der Erfinder der Dauerserie, wird vom Land NRW im Alter von 75 Jahren als neues und taufrisches Mitglied zur Verjüngung in den ZDF-Fernsehrat entsandt. Das wird ebenfalls im Mai 2016 gemeldet.[9]

Selbstverständlich gieren ARD und ZDF auch nach den jungen Konsumenten, die das private »Unterschichtfernsehen« fortlaufend und erfolgreich bespaßt. Aber wie soll man an das junge Publikum herankommen? Man versucht es, indem man Ikonen der Privaten für die reichlich vorhandenen Talkshows in ARD und ZDF engagiert. Und man versucht es durch einen Spartenkanal, der sich jung anhört, z. B. ZDF neo. Aber ätschebätsche, der junge Spartenkanal verkommt zur Abspielstation für Wiederholungen und sollte eher ZDF *repeat* heißen. Man kann es auch mal mit der Verjüngung einer Sendung probieren. Doch das geht ganz leicht schief, wie die Geschichte vom Untergang des *Musikantenstadls* zeigt.

84. GRUND

WEIL SIE EINE VERJÜNGUNG ALTER FERNSEHFORMATE ABSTRAFEN

Es gab einmal vor vielen, vielen Jahren eine sehr erfolgreiche Musik- und Unterhaltungssendung namens *Musikantenstadl*. Gefühlte 100 Jahre lang wurde der Stadl von dem 2015 verstorbenen Österreicher Karl Moik moderiert. Moiks Nachfolger Andy Borg konnte die hohe Einschaltquote ebenso wenig halten wie Markus Lanz als Nachfolger des *Wetten, dass ..?*-Moderators Gottschalk. Weshalb? Weil sie nicht so seniorenaffin waren wie ihre Vorgänger.

Der bayerische Humorist Fredl Fesl hatte vor einigen Jahren einen Auftritt im *Musikantenstadl*. Ein zutiefst nachhaltiges Ereignis für den Bayern, wie die *Süddeutsche* berichtete. Er »staunte, wie penetrant das Publikum zum Schunkeln genötigt wurde. Immer wieder. Aus Mitleid mit diesen Leuten entwickelte Fesl eine Schunkelhilfe: einen Kunststoffsitz, mit dem man beschwerdefrei schunkeln kann.«[10] Von 3.500 Exemplaren, die der bayrische Humorist herstellen ließ, lagern noch immer 2.500 Stück in einer Hinterhausgarage, wohlverpackt in Kartons.

ARD und die Mitveranstalter aus Österreich und der Schweiz sahen keinen Anlass, Fredl Fesl ein paar Hundert Schunkelhilfen abzukaufen. Stattdessen beschlossen sie: Eine Verjüngung des in die Jahre gekommenen Formats muss her. Aus dem *Musikantenstadl* wurde die *Stadlshow*. Ein hübsches junges Moderatorenpärchen sollte die Attraktivität des erneuerten Formats wiederherstellen. Doch Francine Jordi und Alexander Massa mussten scheitern. Das an seniorentaugliche Schunkelspießigkeit gewöhnte Stammpublikum fühlte sich ebenso wenig angesprochen wie das avisierte jüngere Publikum. »Kritiker bescheinigten der Show Seelenlosigkeit und Langeweile.«[11] Die Show wurde inzwischen eingestellt.

Doch das österreichische Fernsehen wollte sich mit dem Ende des *Musikantenstadls* nicht abfinden. Mit den Moderatoren Jörg Pilawa und Francine Jordi sollte der *Silvesterstadl* die Senioren in Deutschland, Österreich und der Schweiz ins neue Jahr 2017 und 2018 rocken.[12] Eine gute Möglichkeit für Fredl Fesl, seine noch vorhandenen 2.500 Schunkelhilfen unter die Leute zu bringen.

Ironie der Geschichte: Vor Jahren auf Wunsch von Karl Moik als Begleitheft zur Fernsehshow gegründet, erlebt die Zeitschrift *Stadlpost* nach dem Ende der Fernsehsendung einen fulminanten Aufschwung. Das Printprodukt mit dem Untertitel *Magazin für Heimatmusik und Alpenlifestyle* erschien bisher viermal im Jahr in einer Auflage von 60.000 Exemplaren. Künftig sollen acht Ausgaben pro Jahr in einer Auflage von 100.000 Exemplaren auf den Markt kommen. »Wir wollen die Lücke füllen, die dadurch entstanden ist, dass es den *Stadl* nicht mehr gibt. Deshalb wollen wir jetzt öfter erscheinen, sagt der Chefredakteur der *Stadlpost*.[13] Und weiter: »Es muss (…) auch auf ein älteres Publikum über 40 und 50 eingegangen werden. Und das machen wir.«

Der neueste Versuch des Seniorensenders ZDF, sich an ein jüngeres Publikum ranzuschmeißen, ist die Neuauflage der *Versteckten Kamera* mit Steven Gätjen, dem ehemaligen Moderator der Sendung *Schlag den Raab.* »Ich will die Zuschauer nicht erschrecken«, sagte Gätjen und trat bereits im Vorfeld Befürchtungen des Seniorenpublikums entgegen.[14] Die einzige Innovation, die es bei dieser Sendung gibt, sind prominente Schauspieler als Lockvögel oder Juroren. Til Schweiger, der im ARD-*Tatort* als knallharter Ballermann auftritt, schafft sich hier einen zweiten, eher seniorenadäquaten Sendeplatz. Der ist aber nicht von Dauer. Denn wegen mauer Einschaltquoten will man bei einem erneuten Versuch im Jahr 2017 auf prominente Juroren verzichten und insgesamt das Tempo der Sendung erhöhen.[15] Im Juni 2016 musste Gätjen noch mal ran, um ein weiteres Stück Oldie-Fernsehunterhaltung zu entstauben und gleichzeitig für das ZDF-Stammpublikum genießbar zu halten. Der 45-Jährige soll Retter der Show *Deutschlands Superhirn* werden. Mit Leichtigkeit, Spaß und Geduld, wie er erklärt. »Es passiert nicht alles von jetzt auf morgen, aber vielleicht übermorgen.«[16] Aber übermorgen sind die Kunden des Seniorensenders ZDF noch viel älter als heute.

Am 21. Mai 2016 scheiterte ein erneuter Versuch der ARD, sich aus den Fesseln des Seniorenpublikums zu befreien. Beatrice Egli, 27-jährige Frontfrau der gleichnamigen Show, sollte nach dem Scheitern der *Stadlshow* der ARD eine neue frische Musikshow mit vielen jüngeren Zuschauern am Samstagabend bescheren. Egli schien für diese Aufgabe besonders geeignet zu sein. 2013 war sie die Siegerin in der Castingshow *Deutschland sucht den Superstar* (*DSDS*) und ist seither Millionen junger Fernsehzuschauer bekannt.

Doch die vom Bayerischen Fernsehen verantwortete »Innovation« ging nicht auf. Die Sendung gefiel so recht weder jung noch alt. 2,57 Millionen Zuschauer genügten den Fernsehverantwortlichen nicht für den Samstagabend. Die Senioren haben das öffentlich-rechtliche Abendprogramm weiter fest im Griff, und Frau Egli wird ihnen auch künftig zu Diensten sein. Im MDR, dem ARD-Sender mit den meisten Musikshows, Erbe der legendär piefigen DDR-Unterhaltungssendung *Ein Kessel Buntes*, wird die junge Schweizerin die Show *Schlager und Meer* präsentieren. Aufgezeichnet wird sie auf einem mit Senioren gespickten Kreuzfahrtschiff.

Auch der größte ARD-Sender, der WDR, möchte jünger werden, erklärte Siegmund Grewenig, der Unterhaltungschef des Senders, im September 2016 bei der Vorstellung des Unterhaltungsprogramms des Senders für Herbst und Winter 2016/17. Das neue Gesicht soll Marco Schreyl werden, der einst Moderator der RTL-Talentsuche *DSDS* war. Die Kultsendung *Zimmer frei* lief im September 2016 aus, und im Oktober servierte der WDR die *Familie Wurst*, ein Format, das vor 13 Jahren schon mal unter dem gleichen Titel bei SAT.1 zu sehen war. Übernehmen, was vor zehn Jahren bei den Privaten lief – ist das die ganze öffentlich-rechtliche Verjüngungsweisheit?[17]

85. GRUND

WEIL SIE AUCH VOM PRIVATFERNSEHEN MEHR GESTRIGES VERLANGEN

Man sollte meinen, Senioren könnten mit den beiden öffentlich-rechtlichen Seniorensendern ARD und ZDF zufrieden sein. Weit gefehlt. Die *silver* und *golden agers* sind so besitzergreifend, dass der ansonsten dem Jugendwahn huldigende Privatsender RTL sich gezwungen sah, am 4. Juni 2016 einen Kanal für diese Zielgruppe einzurichten. RTL plus sei ein Programm für ein älteres weibliches Publikum, erläuterte RTL-Geschäftsführerin Anke Schäferkordt.[18]) Unter dem Label »Gutes von gestern« werden

Uralt-Konserven aus der Versenkung geholt und gnadenlos abgenudelt: »Das Straf-«, »Jugend-« und »Familiengericht« rollt Uraltfälle wieder auf, bei *Vermisst* werden Menschen gesucht, die RTL schon vor Jahren gefunden hat. Auch die unsägliche Tine Wittler wiederholt ihren *Einsatz in vier Wänden,* und Dr. Stefan Frank ist wieder der *Arzt, dem die Frauen vertrauen.* »Herrlich, und das kommt alles wieder!«, pries RTL sein neues Produkt zwei Tage nach dem Start an.[19]

Die Dreistigkeit, mit der die RTL-Bosse ein derart verschnarchtes Programm als eine Innovation feiern und ihm dafür einen eigenen Kanal spendieren, ist beachtlich. »Gutes von gestern« ist die billige Resterampe, die derzeit das Fernsehen den Zuschauern anbietet – den Senioren zuliebe. RTL-plus-Chef Jan Peter Lacher macht nicht die Senioren, sondern die Terroranschläge der letzten Zeit für den Rückzug in die Nostalgie verantwortlich. Sein Kollege Schablitzki pflichtet ihm bei: »Es gibt eine hohe Retro-Affinität. Das Publikum möchte sich nicht mehr auf neue Sendungen einstellen.«[20]

86. GRUND

WEIL SIE IN DEN MEDIEN PRIVATE BANALITÄTEN VON SICH GEBEN, OBWOHL SIE INTELLIGENTE MENSCHEN SIND

»Ich bin Stimmungen unterworfen.« Dieses sensationelle Geständnis der 74-jährigen Schauspielerin Senta Berger war der Agentur dpa eine Meldung und dem *stern* einen Nachdruck unter der Überschrift »Senta Berger kennt Stimmungstiefs« wert.[21] »Natürlich ist man nicht immer stark, also ich bin es nicht!« sagte die gebürtige Wienerin dem Frauenmagazin *Meins.*

Eine solche Banalität in den Medien zu verkünden ist schon ziemlich dreist. Weil erstens jeder Mensch Stimmungen unterworfen ist und zweitens von Stimmungsschwankungen der Senta Berger nicht die gesamte Menschheit, sondern nur Angehörige und Kollegen der Schauspielerin als Opfer betroffen sind.

Ähnlich bedeutsam war das Bekenntnis der 65-jährigen Iris Berben, die Arbeit als Schauspielerin habe ihr den Psychiater erspart.[22] Berbens Erfahrung wird von Tausenden Handwerkern bestätigt. So berichten viele anonyme Dachdecker, der Blick vom Dach in die Tiefe habe auch ihnen den Besuch beim Psychiater ersetzt. Und Maurer erzählen, der tägliche Umgang mit Zement habe sie vor Depressionen bewahrt. Iris Berben legte einen Monat nach der obigen seelischen Entblößung noch mal nach. »Ruhestand ist Stillstand für mich«, sagte die Schauspielerin der Best-ager-Zeitschrift *Meins*. »Ich habe ein so privilegiertes Leben, dass ich noch ganz viel ausprobieren kann. Insofern macht mich das Wort Ruhe eher unruhig.«[23]

Auch Ex-Fernsehmoderatorin Paola Felix will nicht schweigen, wenn es um Verlautbarungen von Trivialitäten geht. Die 65-Jährige halte »positives Denken und innere Zufriedenheit für ein Schönheitsgeheimnis«, meldete dpa.

Dpa überlieferte auch die Kunde, der Zustand der Welt mache die 72-jährige Hanna Schygulla ratlos. »Ich habe kein Rezept für diese Welt, die sich irgendwo zwischen albtraumhaften Elementen und Utopie bewegt.« Aber wer war das, der Hanna Schygulla mit einer Ärztin verwechselt und sie nach einem Rezept gefragt hat?[24]

Die 72-jährige Judy Winter beschäftigt sich schon mit ihrer Beerdigung. Sie will unter einem Baum begraben werden. »Ich finde die Idee schön, meinen Mantel sozusagen an einem Baum abzugeben.« Sie wolle sich bald einen Baum in Berlin oder in der Umgebung aussuchen.[25] Okay, da gibt's ja auch reichlich Bäume.

Es steht zu befürchten, dass weitere sensationelle Bekenntnisse und Enthüllungen von SchauspielerseniorenkollegInnen bevorstehen, z.B. »Ich habe manchmal schlechte Laune« (Mario

Adorf). »Manchmal könnte ich vor Müdigkeit tot umfallen« (Marie-Luise Marjan). »Schlechtes Wetter ist Folter« (Hannelore Elsner). »Ich könnte kotzen, wenn ich morgens in den Spiegel schaue« (Helmut Berger).

In der Politik gehören Stimmungstiefs von Senioren zum täglichen Geschäft, so wenn Gregor Gysi eine Rede von Ex-Bundespräsident Gauck, Oskar Lafontaine eine Rede des SPD-Vorsitzenden Sigmar Gabriel und Finanzminister Schäuble eine Rede des griechischen Regierungschefs Tsipras anhören muss. Es gibt für Politiker allerdings ein bewährtes Mittel, aus ihrem Stimmungstief wieder herauszukommen: die Droge Talkshow. Markus Lanz, Sandra Maischberger, Anne Will und Frank Plasberg fungieren als die BademeisterInnen bei den medialen Wellness-Kuren der Politsenioren.

87. GRUND

WEIL SIE SCHWER ERTRÄGLICHE DAMPFPLAUDERER SIND

Dampfplauderer wird man nicht erst im Alter. Aber alte Dampfplauderer sind besonders unerträglich.

Henryk M. Broder und Waldemar Hartmann haben auf den ersten Blick keine Gemeinsamkeit. Sie scheinen völlig verschiedene Charaktere zu sein. Broder, 19 Monate älter als »Waldi«, entstammt einer jüdischen Handwerkerfamilie.[26] Seine Eltern überlebten den Holocaust. Geboren in Polen, kam Broder 1958 nach Deutschland, machte in Köln sein Abitur und studierte dies und das ohne einen Abschluss. Seine Brötchen verdiente er als Autor der wöchentlich erscheinenden Erotikpostille *St.-Pauli-Nachrichten* und als Mitarbeiter von *pardon* und *spontan*, Magazinen mit einer linken Grundhaltung.

Zum Bruch mit der Linken kam es wegen deren angeblichen Antisemitismus. Jede Kritik an der israelischen Politik in den besetzten palästinensischen Gebieten belegte Broder mit dem Antisemitismusvorwurf. Das Brodersche Totschlagargument richtete sich u. a. gegen Alice Schwarzer, Gert von Paczensky, Rainer Werner Fassbinder, Hans-Christian Ströbele. Selbst hochrangige Vertreter der internationalen Friedensbewegung wurden Objekt seiner »Hasspredigten«: Noam Chomsky bezeichnete er als »absoluten Psycho«, Alfred Grosser als »Ekel-Alfred« und »postsenile Plaudertasche«. Dem Wissenschaftler Horst-Eberhard Richter warf er »Psychoanalyse auf Al-Kaida-Niveau« vor. Besonders heftig schmähte Broder die »friedensbewegten Stammtischbrüder«, die im Jahr 2003 den Blitzkrieg der USA gegen den Irak kritisierten, unter dessen Folgen Millionen Flüchtlinge im Vorderen Orient und in Europa noch immer leiden.

Gelegentlich reißt der selbstverliebte Narziss sein Goldmündchen so weit auf, dass etwas Peinliches aufscheint. Bei einer Preisverleihung im Jahr 2011 polemisierte Broder gegen das »alternative friedensbewegte rote Pack« und bediente sich mit dieser Formulierung des Nazijargons. Sein größter Coup gelang dem Provokateur, als er im September 2012 den *Spiegel*-Kolumnisten Jakob Augstein als »lupenreinen Antisemiten« bezeichnete. Flugs übernahm das jüdische Wiesenthal-Center die Einschätzung seines Gewährsmannes Broder und setzte Jakob Augstein auf Platz 9 der Hitliste der größten Antisemiten. Dieser Coup machte Broder auch bei den Menschen bekannt, die sich normalerweise weder für Philo- noch Antisemitismus interessieren.

»Ich bin eine Mediennutte«, rühmt sich Broder in einem Interview mit der *Süddeutschen*.[27] Provozieren, beleidigen, verleumden, Unbewiesenes behaupten, überall eine Verschwörung der Antisemiten sehen – mit ziemlich viel Chuzpe betreibt Dampfplauderer Broder sein tägliches Geschäft.

Der Dampf, den Waldemar Hartmann beim Plaudern ablässt, steht nicht ganz so unter Druck. Hartmann ist wie Broder ein Aufsteiger aus kleinbürgerlichen Verhältnissen.[28] Der Sohn eines Hausmeisters und einer Putzfrau war Discjockey, brach eine Lehre zum Versicherungskaufmann ab und eröffnete 1971 in Augsburg die Kneipe »Waldis Club«. Dort lernte er Fußballer und Sportredakteure kennen. Das eröffnete ihm die Möglichkeit, nach München zu wechseln. Er verkaufte seine Kneipe und wurde freier Mitarbeiter im Rundfunk. Seit seinem 28. Lebensjahr ist Hartmann Rundfunkmoderator. Später kamen noch Moderationen für das Fernsehen hinzu. Hartmann pflegt einen jovialen Interviewstil. Während Henrik M. Broder das Mittel der Provokation gezielt einsetzt, unterlaufen dem Augsburger Waldi Provokationen eher unfreiwillig. Berühmt wurde ein Interview am 6. September 2003 mit Rudi Völler, dem damaligen Teamchef der deutschen Nationalmannschaft. Der kritisierte die negative Berichterstattung der Herren Günter Netzer und Gerhard Delling und schloss auch Hartmann in seine Medienschelte ein. Der habe »drei Weizenbier getrunken« und könne somit ganz »locker« über die deutsche Mannschaft lästern.

In der Anmoderation eines WM-Boxkampfs behauptete Hartmann am 20. Januar 2007 live vor 7,43 Millionen Fernsehzuschauern, der Boxer Jürgen Blin sei tot. Der war aber ziemlich lebendig.

Große Heiterkeit erntete Hartmann am 21. November 2013, als er als Telefonjoker bei einer Prominentenausgabe der RTL-Sendung *Wer wird Millionär* bei einer Fußballfrage versagte. Er legte sich fest, dass Deutschland noch nie eine WM im eigenen Land gewonnen habe. Das war aber 1974 der Fall gewesen. Dumm gelaufen! »Waldigate!« Zudem verwies Waldi noch auf sein Buch *Dritte Halbzeit*, da könne man alles nachlesen.

Der selbstverständlich total uneigennützige Hinweis auf die selbstverfassten und im Buchhandel problemlos erhältlichen

Bücher bei Medienauftritten ist übrigens eine Verkäufergewohnheit, die Hartmann mit Broder und anderen teilt.

Nach der unglücklichen 0:2-Niederlage im Fußball-EM-Halbfinale 2016 gegen Frankreich witterte der 68-Jährige eine Verschwörung der italienischen Schiedsrichter gegen die deutsche Mannschaft. Über Waldis Auftritt bei Markus Lanz im ZDF nach dem Spiel schrieb Frank Preuß sarkastisch: »Waldemar Hartmann. Ich finde, das ist ein erster Satz, bei dem Sie erst einmal in Ruhe aufstöhnen dürfen. (…) Du hast gerade Schweinsteigers tödliches Handspiel mit ein paar Schnäpsen verdaut, da grinst dich Waldi als Mensch gewordene Heimsuchung an. Und schwadroniert stundenlang in bewährter Ahnungslosigkeit von italienischen Schiedsrichter-Verschwörungen. Als hätt's bei Handspielen im Strafraum noch nie einen Elfmeter gegeben.«[29]

Können die Senioren-Dampfplauderer Broder und Hartmann nicht einfach mal den Mund halten? Oder wenn das nicht geht, sich auf einen Golfplatz verziehen?

11. KAPITEL

SENIOREN IM DSCHUNGELCAMP

Wer Senioren in abschreckendsten Rollen sehen will, der muss sich die jährlich im Januar stattfindende Sendung *Ich bin ein Star – holt mich hier raus!* in Kurzform: *Dschungelcamp* des Senders RTL antun. In dieser Sendung werden ca. 14 Tage lang zehn oder zwölf C-Promis im australischen Dschungel gefangen gehalten und 24 Stunden von Kameras beobachtet. Sie müssen diverse, z. T. unappetitliche Prüfungen absolvieren, sollen sich möglichst intensiv gegenseitig auf den Geist gehen, gegebenenfalls erotische Spielchen betreiben, aber auch ihre Antipathien ausführlich bekunden und durch ihre Auftritte Reklame für sich als mögliche/n Dschungelkönig oder -königin machen.

Eine besondere Rolle im Konzept von RTL spielen Senioren. Das Eigenartige: Die Hauptzielgruppe des Senders sind erklärtermaßen die 14- bis 49-Jährigen, aber die Präsentation von dement wirkenden und halbsenilen ehemaligen mehr oder weniger hilflosen Gruftis im australischen Dschungel scheint bei der jungen Zuschauerschaft besonders gut anzukommen. Es ist einfach ein wundervoller Kontrast zwischen den über 60-Jährigen einschließlich der früh vergreisten Endfünfziger und den silikonprallen Jungschauspielerinnen, die nach einem ersten Auftritt in einer anderen RTL-Sendung nun im Dschungel die Chance einer weiteren TV-Karriere suchen.

Die Zuschauer, die wollen, dass ihr Kandidat/ihre Kandidatin SiegerIn wird, müssen täglich bis zum Ende der Staffel telefonisch für ihren Liebling votieren, sonst fliegt er raus. Kostenpunkt pro Anruf: 50 Cent, Mehrfachanrufe

sind möglich und erwünscht. – Eine geniale Geschäftsidee für ein von Werbung und freiwilligen Gebühren der
Zuschauer finanziertes Fernsehprogramm.

Eine weitere Besonderheit des *Dschungelcamps* liegt
auch darin, dass die Sendung in den Anfangsjahren dem
Zeitungs-Feuilleton keine und dem Boulevard nur eine
kleine Notiz wert war. In den letzten Jahren erreichte die
Sendung aber durchweg Einschaltquoten von mehr als
sieben Millionen Zuschauern. Zum »Klassiker des Trash-
Fernsehens« (*Süddeutsche*) avanciert, kann nach der elften
Staffel im Januar 2017 Unkenntnis dieser Sendung selbst in
gutbürgerlichen Kreisen als Bildungsdefizit gelten.

Den Charme der Sendung macht weniger die meistens
peinliche Selbstentblößung der Kakerlaken kauenden
C-Promis aus als vielmehr die von Ironie strotzenden, an
Sarkasmus und Zynismus nicht zu überbietenden Kommentare der beiden stets lächelnden Moderatoren Sonja
Zietlow und Daniel Hartwich, Nachfolger des großartigen
Comedians Dirk Bach. »Bei welchem Star ist das Verfallsdatum noch nicht überschritten?«, fragt Sonja Zietlow
doppelbödig am 25. Januar 2016 kurz vor dem Ende der
10. Staffel. Wohl alle älteren Teilnehmer des *Dschungelcamps* hatten bereits vor der Teilnahme am Camp den
Zenit ihres Ruhms überschritten und ihr mediales Verfallsdatum erreicht. Mangelnde telefonische Unterstützung durch die Fans war dann der letzte Beweis, dass das
Verfallsdatum definitiv überschritten war.

Wenn sich junge Leute zum Affen machen lassen, dann
dient das eventuell ihrer Karriere. Aber was veranlasst ge-

standene 65- bis 70-Jährige, am zweiwöchigen Urwald-
aufenthalt mit Luftmatratze, Plumpsklo und Waschteich
teilzunehmen? Es ist eine Mischung aus Ruhmsucht und
Geldgier. Da müssen vielleicht alte Schulden beglichen
werden aus Fehlspekulationen in besseren Tagen, aber
mehr noch lockt das Comeback. Seht her, ich bin noch
nicht tot, auch wenn ihr über mich schon lange nichts in
der *Bunten* oder in der *Gala* gelesen habt. Die zu Recht
oder Unrecht Vergessenen, die Abgelegten und Abgehalfterten buhlen um Aufmerksamkeit, um Anerkennung
und gehen dabei selbst hohe gesundheitliche Risiken ein.
Mit einer beispiellosen Menschenverachtung ködert und
präsentiert RTL vor Beginn der Staffel hochbetagte Senioren, um sie dann auf ärztliche Anweisung nach ein oder
zwei Tagen erschreckender Dschungel-Performance wieder auszusondern. Mitleid verdienen die von ihrer Ein-
maligkeit und Wichtigkeit überzeugten Senioren nicht.
Würdelosigkeit im Alter genießt keinen Respekt, sondern
Verachtung. Verachtung gebührt auch den Verantwortlichen von RTL, die die klapprigen Elendsgestalten oder
unsäglichen Sprücheklopfer einem Millionenpublikum
zum voyeuristischen Fraß vorwerfen.

WEIL SIE ZUM EKELPAKET MUTIEREN (DAS HELMUT-BERGER-SYNDROM)

Vom Beau zum Ekelpaket. So lässt sich die Karriere des am 29. Mai 1944 geborenen Schauspielers Helmut Berger beschreiben. Begonnen hatte sie mit achtbaren Kinoerfolgen unter der Regie seines väterlichen Liebhabers Luchino Visconti. »Außer Helmut Berger gibt es heutzutage keine interessanten Frauen mehr«, lobte seinerzeit Billy Wilder die Schauspielkünste des jungen Mannes.[1]

Wie Helmut Berger die Zeit bis zum 60. Lebensjahr verbrachte, interessiert hier nicht weiter. Unser Interesse gilt dem Senior, der sein Verfallsdatum, um mit Sonja Zietlow zu reden, in der Tat schon lange überschritten hatte.

Als 68-Jähriger nahm Berger 2013 am *Dschungelcamp* teil, eine dreiste Entscheidung der auf Krawall gebürsteten RTL-Oberen, denen Bergers Unberechenbarkeit und Alkoholsucht bekannt sein mussten. Am Tag vor seinem Abflug nach Australien hatte Journalist Peter Hell den »einst schönsten Mann der Welt« in einem Hochhaus am Stadtrand von Salzburg aufgespürt. Vor der Haustür bugsierte ein Freund den torkelnden Filmstar in Richtung der kleinen 2-Zimmer-Wohnung im vierten Stock, die Bergers Mutter bis zu ihrem Tod bewohnt hatte. »Ist das jetzt Ihre schwierigste Rolle?«, fragt Peter Hell. »Pah, ich bin der Bayern-König«, sagt Berger. »Wenn ich wiederkomme, machen wir ein anderes Interview. In einem teuren Restaurant in Aix-en-Provence oder in Saint Tropez.«[2]

Beim Abflug ins Dschungelcamp gelang Berger ein besonderer Coup. Beim Check-in täuschte er einen Schwächeanfall vor und wurde per Rollstuhl transportiert. So entging er der Zahlung für sein Übergepäck.[3]

Im Dschungelcamp ging das Lallen und Torkeln weiter. Bereits am zweiten Tag musste das Ekelpaket auf Veranlassung des RTL-Arztes aus dem Camp entsorgt werden. Kaum war er wieder zu Hause, besaß Berger die Dreistigkeit zu behaupten, er habe 100.000 Euro als Gage erhalten. Selbstverständlich habe er auch Alkohol bekommen, und RTL habe ihm angeboten, auch im nächsten Jahr dabei zu sein.[4]

Zweieinhalb Jahre nach dem Herumtorkeln im Dschungel musste Berger sein Image als Ekelpaket auffrischen. Der nun 71-Jährige ehelichte im Juli 2005 den 37 Jahre jüngeren Florian Wess. Berger, seit 1994 mit dem italienischen Playmate Francesca Guidato verheiratet, bekannte laut *Gala*: »Zu wem passt ein bisschen Bigamie besser als zu mir!«[5]

Doch die neue Beziehung hielt nur neun Wochen. Florian Wess trennte sich von seinem väterlichen »Ehemann«, nachdem bei den Filmfestspielen der Film *Helmut Berger. Actor* gezeigt wurde. In dieser Dokumentation masturbierte der Senior vor laufender Kamera. Seither ist es still um das Ekelpaket geworden. Doch die nach unten offene Berger-Skandal-Skala hat noch Plätze frei. Da sollte noch was möglich sein, der Mann ist doch erst 72.

89. GRUND

WEIL SIE UNERTRÄGLICHE GROSSMÄULER SIND (DAS GUNTER-GABRIEL-SYNDROM)

Der 1942 geborene Musiker Gunter Gabriel hatte schon vier Ehen, Alkoholexzesse und eine Menge Schulden hinter sich gebracht, als er sich im Jubiläums-*Dschungelcamp* im Januar 2016 als großmäuliger Blender erwies. Das kam allerdings nicht überraschend. Vor dem Flug nach Australien haute »German cowboy« Gunter, der selbst ernannte gute Freund des Countryidols Johnny Cash, mächtig auf die Pauke. »Endlich mal bezahlten Urlaub«, tönte er. Eine Wahrsagerin hatte ihm prophezeit: »Sie haben eine doppelte Lebenslinie und sind zäh. Sie schaffen das, Augen zu und durch.« Der Journalistin Katja Burkhard erklärte er, er sehe dem Dschungelcamp »mehr als gelassen entgegen«. Auf seine gegenwärtige Beziehung angesprochen, strunzte Gabriel: »Ich habe jetzt eine sehr schöne Frau, und ich liebe vor allem auch Frauen, die intellektuell besser drauf sind als ich.« Dazu dürfte nicht allzu viel gehören.

Am ersten Tag des Regenwald-Trips verkündete Gabriel stolz, nur eine einzige Unterhose in den Dschungel mitgenommen zu haben. Am zweiten Tag machten ihn seine Mitbewohner für die vollgekackte Klobrille verantwortlich. Auch der verbale Dünnschiss ging weiter. »Ich bin ein Arschloch, dass ich zugesagt habe«, war das Fazit des ruhmsüchtigen Losers, bevor er das Handtuch warf. Urwaldarzt Dr. Bob bescheinigte ihm Untauglichkeit für die vorgesehene Prüfung. Am dritten Tag befreite Gabriel selbst die Fernsehzuschauer von der Qual, den Versager weiter ertragen zu müssen, mit dem Ruf: »Ich bin ein Star. Holt mich hier raus!«[6]

90. GRUND

WEIL SIE SICH IM URWALD WIE WELTVERBESSERER AUFFÜHREN (DAS RAINER-LANGHANS-SYNDROM)

Rainer Langhans wurde als Mitglied der legendären Berliner Kommune I bekannt. Er und seine Freundin, das Nacktmodell Uschi Obermaier, galten in den Medien als »das schönste Paar der APO« (außerparlamentarische Opposition). Später wurde Langhans Veganer und beschäftigte sich und andere mit spiri-

197

tuellen Fragen. Als er 70 Jahre alt wurde, war er reif für einen Senioreneinsatz im *Dschungelcamp*. Er vereinbarte mit RTL, keine Tiere quälen und essen zu müssen, und äußerte in einem *Spiegel*-Interview die Erwartung, aufgrund seiner persönlichen Erfahrung in einer Kommune bei seinen Dschungelmitbewohnern etwas bewegen zu können. »Trotz aller blöden Kommentare der Moderatoren wird etwas von meinen Erfahrungen durchscheinen.« – »Also sind Sie im Januar 2011 dabei?«, fragte der *Spiegel*. »Ja, denn es ist die Urszene der Kommune. So verrückt das klingen mag, nichts anderes ist *Dschungelcamp*.«

Bemerkenswert ist diese fundamentale Fehleinschätzung, weil Langhans doch kein Dorftrottel oder Vollpfosten ist und genau wissen musste, dass das *Dschungelcamp* eine raffinierte jährliche Inszenierung ist, die mit einer ursprünglichen Kommune, in der sich Menschen aus freien Stücken und eigenem Antrieb zu gemeinsamer Arbeit zusammenfinden, nichts, aber auch gar nichts zu tun hat.

RTL hatte den Altkommunarden wohl deshalb für den Urwald eingekauft, weil er possierlich anzuschauen ist und eine Rolle als Sozialarbeiter und Therapeut besetzt werden sollte. Es war klar, dass Langhans, die »Urform des Laberers«, scheitern musste. Die 8,34 Millionen Zuschauer schätzten die »blöden Kommentare« von Dirk Bach und Sonja Zietlow mehr als die Küchenphilosophie des Altachtundsechzigers. Er hungerte, um in Erfahrung zu bringen, wie es sich mit einem »sehr reduzierten Körper« lebt. Träges Herumdösen auf dem Feldbett war das Ergebnis des Selbstversuchs. Dann hatten die Zuschauer die Nase voll und vertrieben den »Dr. Sommer des Dschungelcamps« aus der Urwaldkommune.[7]

12. KAPITEL

SENIOREN IM SCHÜTZEN-
UND IM GESANGVEREIN

Senioren lieben Geselligkeit, aber auch Tradition und Disziplin. Alles zusammen gibt's im Gesangverein, im Schützenverein und im Sportverein. In allen Vereinen sind Uniformen üblich als äußere Zeichen der Zusammengehörigkeit und dekorativer Zierrat bei öffentlichen Auftritten.

Schützenbruderschaften gibt es seit dem Mittelalter. Sportvereine sind die Nachfolger der Anfang des 19. Jahrhunderts gegründeten patriotischen Turnerbünde (Turnvater Jahn). Ebenfalls im 19. Jahrhundert entstanden die Männergesangvereine. Sängerfeste und Turnerfeste wurden bleischwer mit Tradition angefüllte gesellschaftliche Großereignisse.

WEIL TRADITIONSGESANGVEREINE NICHT IN DER LAGE SIND, JUNGE MITGLIEDER ZU GEWINNEN.

»Der Flachter Gesangverein *1861 Eintracht* hat seine Notenmappen für immer geschlossen.« Dieser Satz von trauriger poetischer Schönheit stand am 16. Juni 2015 in der *Nassauischen Neuen Presse*, Ausgabe für Limburg/Lahn und Umgebung. Er ist typisch für die Befindlichkeit von vielen Gesangvereinen, die zum großen Teil 150 Jahre alt oder noch älter sind. Die 60er-Jahre scheinen wohl die beste Zeit der Männergesangvereine gewesen zu sein. Dann sank die Zahl der Aktiven. Die Überalterung begann. Ach, du lieber Herr Gesangverein! Doch statt verstärkt um junge Mitsinger zu werben, bevorzugte man einen anderen Weg. Die Männer sollten einfach ihre Frauen zum Chor mitbringen. Aus den MGVs wurden gemischte Chöre. Aber das konnte die Altersstruktur nicht ändern, da nur die wenigsten älteren männlichen Chorknaben mit blutjungen Chormädels verheiratet sind.

Nach dem Einschluss der Notenmappen (wohin eigentlich?) in Flacht (1.049 Einwohner) beschlossen die Sangesbrüder und -schwestern, sich nach der Vereinsauflösung zu zweiwöchentlichen Stammtischrunden zusammenzufinden, um in geselliger Runde von alten Gesangstriumphen zu schwärmen.[1]

50 Kilometer von Flacht entfernt diskutierte der Gesangverein *Eintracht 1881 Bingen-Gaulsheim* im März 2015 über seine Auflösung. Das Durchschnittsalter der aktiven Mitglieder betrug 78 Jahre. »Für die Chorlandschaft und das kulturelle Leben in Gaulsheim wird es ein herber Verlust sein, wenn der Verein verstummt«, prophezeite die erste Vorsitzende. Darüber kann man geteilter Meinung sein, denn von insgesamt 84 Mitgliedern waren nur 21 aktiv, und die große Zahl von Ehrenmitgliedern,

die keine Beiträge zahlten, war für die Chorlandschaft ohnehin kein Gewinn.[2] Liebe alte Singfreunde, denkt doch bitte mal darüber nach, weshalb es euch nicht gelingt, junge Mitglieder zu akquirieren, obwohl es viele Chöre mit jungen Sängerinnen und Sängern gibt.

Der MGV *Cäcilia 1860* im sauerländischen Sundern versuchte auf seine Weise, mit der Zeit zu gehen. Mit der Wahl von Niels Riemann zum Jahreswechsel 1990/1991 »wurde erstmals in der Geschichte des Vereins ein Sangesbruder gewählt, der erstens kein gebürtiger Sauerländer, sondern ein Norddeutscher und dazu noch ein Protestant ist. Dennoch wurde die Kontinuität gewahrt.« Als weitere Neuerung berichtet die offizielle Vereinsgeschichte von der Verlegung des traditionellen Kohlessens ins Kolpinghaus »angesichts einer immer kleiner werdenden Schar«. Im 140. Jahr ihres Bestehens legten sich die Sunderner Sangesbrüder sogar eine neue Fahne zu. Die entscheidende Reform kam 2007: »Da zu befürchten ist, dass der Männerchor aufgrund seiner Altersstruktur und des fehlenden Nachwuchses in absehbarer Zeit nicht mehr singfähig sein wird, hat der Chor den Entschluss gefasst, sich ein zweites Bein zuzulegen.« Der gemischte Chor *Cäcilia nova* entstand. So viel Innovation verdient einen kräftigen *Deutschen Sängergruß*: »Grüß Gott mit hellem Klang, heil deutschem Wort und Sang!«[3]

92. GRUND

WEIL KNAPPENCHÖRE ZU FOLKLORE ERSTARRT SIND

Knappenchöre traten früher bei der Beerdigung der Kollegen auf, die im Bergwerk verstorben waren. Der Tod auf der Zeche war seit alters her ein leider allzu häufiger Begleiter der Kumpel. Die Bergleute arbeiteten unter menschenunwürdigen Umständen. Wenigstens nach dem Tod sollten sie es schön haben. Die Kleidung der Knappenchöre zeichnet sich durch eine besondere Eleganz aus. Die Knappen tragen nicht nur wie andere Chorsänger dunkle hochwertige Hosen und Jacken auf blütenweißem Hemd, sondern bieten mit ihren großen Mützen mit Federbusch einen prachtvollen Anblick.

Doch wenn es keine Zechen mehr gibt, gibt es auch keine Beerdigungen. »Glückauf, der Steiger kommt« beginnt die Hymne der Knappen. Aber der Steiger kommt nicht mehr. Er starb wegen Staublunge oder wurde in Frührente geschickt und tourt jetzt auf Kreuzfahrtschiffen über die Meere.

Paradox: Je weniger Zechen mit ihren Chören es gibt, umso größer ist die Nachfrage nach verbliebenen Knappenchören. Die schönen Federbüsche auf den Hüten der alten Knappen schaut man sich beim Stadtfest gerne an. Allerdings schlägt der demografische Faktor auch bei den Knappenchören erbarmungslos zu. *Friedrich Heinrich*, Knappenchor aus Kamp-Lintfort, löste sich Ende 2015 auf. Das Durchschnittsalter betrug 79 Jahre. Aus gesundheitlichen Gründen war der Chor nur noch bedingt singefähig und gar nicht mehr auftrittsfähig.

Knappenchöre sind wie Grubenpferde vom Aussterben bedroht und wie Grubenpferde essen sie ihr Gnadenbrot. Vom Konzern Ruhrkohle AG werden noch elf Chöre gehätschelt und durchgefüttert, bis kein Mensch mehr das Steigerlied hören will. Es ist schlimm, wenn Tradition zur bloßen Folklore verkommt, aber als Ruhri muss man doch ein paar Tränen der Wehmut zerdrücken.[4]

WEIL SCHÜTZENVEREINE VERGREISEN

Auch Schützenvereine vergreisen. Zum ersten Mal seit seinem Bestehen (Gründungsjahr 1863) musste der Schützenverein Köln-Bayenthal am 6. September 2014 sein 151. Schützenfest ohne Festzelt feiern. Warum? »Wirtschaftliche Zwänge sowie die geringe Mitgliederzahl und unser Altersdurchschnitt ließen keine andere Lösung zu«, schrieb der Schützenverein in einem Brief an die »lieben Bayenthaler Bürger«. Die gut gemeinte Info an die Mitbürger im Quartier zeigt leider allzu deutlich die Hilflosigkeit, mit der der Verein auf geänderte Unterhaltungsinteressen reagierte.

Das Schützenfest begann am Samstag mit der Hl. Messe in St. Matthias. Danach zeigten sich die Schützen auf dem Kirmesplatz und diskutierten mit den Bürgern. Es habe viel Verständnis für die Entscheidung des Vereins gegeben, auf das Festzelt zu verzichten. »Doch leider führte dieses Verständnis nicht dazu, dass man unsere Veranstaltungen besuchte.« Am Abend gab es »Schwoof im Schützenheim«, einem Weltkrieg-II-Bunker, wo die Schützinnen und Schützen weitgehend unter sich blieben und sich frustriert bis zum frühen Morgen einen hinter die Binde gossen.

Am Sonntag um elf Uhr wurde der drohende Alkoholentzug mit einem Bürgerfrühstück bekämpft. Um 12.45 Uhr ging es »mit der Stadtkapelle Köln zum traditionellen Besuch des St.-Antonius-Krankenhauses«. Danach zog es die Schützen wieder an den Ort des Bürgerfrühschoppens. Dort gab es ein »Ständchen«. Um 15 Uhr begann der Festzug. Er endete mit dem »Großen Zapfenstreich« und einem Platzkonzert der Stadtkapelle Köln. Um 18.30 Uhr wurden die neuen Würdenträger proklamiert: König und Königin, außerdem die »Trägerin der Damenkette« und die »Schülerprinzessin«.

Höhepunkt des dreitägigen Events war der Königsball am folgenden Abend, an dem nicht nur Vertreter befreundeter Schützenvereine begrüßt, sondern auch verdiente Mitglieder geehrt und als Geehrte gekrönt wurden. Geiles Programm! Echt megacool![5]

Die Schützengesellschaft der Stadt Zell an der Mosel dokumentierte in dem Bericht über die Jahreshauptversammlung am 25. Januar 2015 schnörkellos die Misere: Die Funktionen des Jugendwarts und des Jugendsprechers konnten wie schon im Vorjahr nicht besetzt werden. Unter dem Punkt »Verschiedenes« erinnerte die Pressereferentin an den Altersdurchschnitt der Mitglieder. »Wenn das nicht so bleiben sollte, müsse jetzt unbedingt etwas für die Jugendwerbung unternommen werden«, vermerkt das Protokoll.[6]

Im Eifeldorf Dahlem konnte 2015 sogar überhaupt kein Königspaar der St.-Michael-Schützenbruderschaft gekrönt werden. »Es fand sich einfach keiner«, erklärte der Vorsitzende und Brudermeister lapidar.[7] Das muss nicht das Ende der Schützenvereine bedeuten, denn die seniorenlastigen Traditionsvereine erhalten laufend Zustrom von Schwulen und Migranten.

WEIL KATHOLISCHE GRUFTIS SCHWULE SCHÜTZENKÖNIGE DISKRIMINIEREN

Dirk Winter, 44-jähriger Unternehmer, war stolz, als er mit dem 366. Treffer den Vogel abgeschossen hatte. Es geschah am 3. Juni 2011 beim Schützenfest der Bruderschaft St.-Wilhelmini-Kinderhaus. Dirk Winter war seit 16 Jahren Mitglied der Schützenbruderschaft im Münsteraner Vorort Kinderhaus. Nichts Besonderes. Aber Dirk Winter ist schwul. Als er eine Schützenkönigin benennen musste, gab es Ärger. Ein paar Jahre vorher war Winter schon einmal in einem anderen Verein Schützenkönig geworden und hatte eine Bekannte zur Krönung mitgebracht. Doch diesmal rieten ihm viele Freunde, auf das Versteckspielen zu verzichten. Dirk brachte zum Schützenfest seinen Lebenspartner Oliver Hermsdorf als »Königsgemahl« mit. In Münster fand niemand etwas dabei. Aber Dirk als Schützenkönig wollte natürlich auch mit Oliver beim Umzug des Bezirkskönigsschießens auftreten. Der Bund der Historischen Deutschen Schützenbruderschaften (BHDS) verfügte, dass Winter und sein Königsgemahl Hermsdorf »beim Umzug des Landesbezirkskönigsschießens hintereinander statt nebeneinander gehen sollten.« Man einigte sich darauf, dass sie beide nebeneinander gehen durften, Oliver musste aber auf die grüne Schärpe, die Insignien der Königin, verzichten.

Dirk Winter gewann auch das Bezirkskönigsschießen und qualifizierte sich für das Bundesschießen. Die BHDS-Gruftis sahen nun Gefahr im Verzug und wollten ihm den Titel des Bezirksmeisters aberkennen. Dann wäre er von der Bildfläche verschwunden. Winter fehle es an einem der drei wesentlichen Grundsätze der Schützenbruderschaften: »Für Glaube, Sitte und Heimat«. Er respektiere zwar Glaube und Heimat, als Schwuler fehle es ihm aber an der nötigen Sitte. Der BHDS erntete für seine Entscheidung viel Kritik, doch der Verbandstag beschloss im März 2012 das Verbot schwuler Königspaare. Dem »Königsgemahl« sei es lediglich erlaubt, in der zweiten Reihe hinter dem König zu gehen. »Das öffentliche Auftreten als gleichgeschlechtliches Königspaar ist mit der christlichen Tradition der Bruderschaften nicht vereinbar«, erklärte der BHDS.

Ein Zusatz sei erlaubt: Der BHDS ist zwar keine Seniorenorganisation, aber so was von gestrig, dass man ihn durchaus wie andere hassenswerte Senioren behandeln kann.[8]

WEIL DIE GESTRIGEN SCHÜTZENBRÜDER MUSLIMISCHE SCHÜTZENKÖNIGE DISKRIMINIEREN

Im Juli 2014 schoss Mithad Gedik beim Schützenfest der sauerländischen Schützenbruderschaft *St. Georg Sönnern-Pröbsting* bei Werl den Vogel ab. Der Regent mit türkischen Wurzeln ist kein Christ, sondern Moslem. Der BHDS untersagte die Teilnahme des Schützenkönigs am Bezirksschützenfest und forderte die Abdankung. Wie im Falle von Dirk Winter reagierte der katholische Traditionsverein so wie das Zentralkomitee der KP Chinas. Demokratischer Zentralismus heißt in kommunistischen und in katholischen Organisationen, dass Beschlüsse der untergeordneten Gruppen von den übergeordneten Gremien jederzeit aufgehoben werden können, wenn sie nicht passen. Das Zentralkomitee sei ja auch demokratisch, z. B. von Delegierten gewählt worden. Der Schützenkönig von Sönnern müsse sein Amt zurückgeben, da er kein Christ sei. Das fordere die Satzung des Schützenvereins. Genau genommen, hätte Gedik nicht einmal Mitglied werden dürfen.

Der Protest gegen die Ablehnung des braven sauerländischen Familienvaters erreichte auch Berlin. In einem der Öffentlichkeit zugänglich gemachten Brief an den Geschäftsführer des BHDS kritisierte Christine Lüders als Leiterin der Antidiskriminierungsstelle des Bundes die Intoleranz des Verbandes. Der Vereinszweck der Schützenbruderschaft in Sönnern ziele auf den »Ausgleich sozialer und konfessioneller Spannungen im Geiste echter Brüderlichkeit«. Und Lüders fragte provokativ: »Was könnte besser dem Vereinszweck dienen als ein muslimischer Schützenkönig?«

Die Spitze der auf Glaube, Sitte und Heimat schwörenden katholischen Schießbrüder geriet unter Druck und musste gegensteuern. Mithat Gedik darf seinen Titel ausnahmsweise behalten. Ausnahmsweise, weil er mit einer Katholikin verheiratet ist und die Kinder getauft sind.

Nicht vom massenhaften Eintritt muslimischer Migranten und schwuler Unternehmer droht den Bruderschaften im Sauerland Gefahr, sondern von einem Feind gleich in der Nachbarschaft. In einem Brief hat das Finanzamt Meschede dem Sauerländischen Schützenbund angekündigt, dass den Schützen die Gemeinnützigkeit aberkannt wird, wenn sie nur Männer als Mitglieder akzeptieren. Vale, Spendenquittung und Umsatzsteuerbefreiung![9]

96. GRUND

WEIL IHR KLEIDUNGSRITUAL QUASI PARAMILITÄRISCH IST

In Schützenvereinen gibt es schöne Uniformen. Kein Zufall, entspringen die Schützenvereine doch frühen militärischen Formationen. Vom Militär haben die Schützenvereine auch eine ausgeklügelte Hierarchie übernommen. Die Dienstgrade reichen vom Anwärter bis zum Major. Die am 10. April 2015 in Kraft getretene »neue Kleiderordnung zur Schützentracht der *Schützengilde Altlandsberg 1845 e. V.*« wird im Folgenden ausführlich zitiert, weil sie beispielhaft für den exzessiven Uniformzwang auch in Einzelheiten steht. Für Schützenbrüder, die das kennen, sicher nichts Neues, aber für Nichtschützen ein Blick in eine ganz andere Welt.

»Die vollständige Schützentracht der Altlandsberger Schützenbrüder besteht aus:
- einem dunkelgrauen Sakko mit drei grün abgesetzten Taschen und grünem Kragen;
- Hirschhornknöpfe für das Sakko;

- auf dem linken Oberarm 12 cm unterhalb der Ärmelnaht des Sakko das Vereinsemblem/Logo. Es wird durch die Schützengilde kostenlos zur Verfügung gestellt. (…)
- schwarzem Hut mit schwarzem Hutband und seitlichem grünen Druckknopf;
- am Hut befestigt ein Adlerflaum, welcher in einer Rosette gehalten wird. In der Rosette sind zwei gekreuzte Gewehre, Schießscheibe und darunter grünes Eichenlaub eingearbeitet;
- auf dem Unterteil des Kragens beiderseitig Eichenlaub, 5-blättrig mit zwei Eicheln, silberfarbig;
- zwei Schulterstücke, Majorsgeflecht, grün mit Silberkordel
- Knöpfe für Schulterstücke, silberfarbig mit gekreuzten Gewehren;
- Schützenschnur, wird an der rechten Schulterseite getragen. Sie ist grün mit einem Silberfaden durchflochten und ist mit Schützentracht zu beschaffen. Auf der Rosette wird eine Schnurplakette angebracht. In deren Mitte sind zwei gekreuzte Gewehre abgebildet. Die Schnurplakette ist mehrfarbig und richtet sich nach den Jahren der Mitgliedschaft in der Schützengilde (…)
- Herrenweste dunkelgrau, … aber nur wenn persönlich gewünscht;
- Krawatte mit großem Motiv (gestickt, zwei gekreuzte Gewehre mit Schießscheibe und grünem Eichenlaub).
- Zu festlichen Anlässen können die Schützenbrüder eine schwarze Fliege tragen.
- Herrenhemd weiß, wenn gewünscht mit Kragenstickerei.
- Entsprechend der Witterung kann auch ein langärmliges Sporthemd mit Krawatte, Schulterstücke und am linken Ärmel das Vereinsemblem statt dem Schützensakko getragen werden.
- lange Herrenhose, schwarz;
- Herrenhalbschuhe schwarz.«

Fein aufgepasst und nichts durcheinandergebracht? Der Schussmeister als Verantwortlicher des Kanonenkommandos kann übrigens seine Leute beim Böllern vom Jackenzwang befreien. Artillerie braucht halt Sonderregelungen. Natürlich regelt die Kleiderordnung auch das Outfit der Schützenschwestern und die Anlässe, bei denen die Uniform getragen werden muss. Das geht von der Jahreshauptversammlung des Vereins über Landesschützentage bis zum Königschießen. »Auf besondere Festlegung des Vorstandes« besteht ebenfalls Uniformpflicht. Ganz schön anstrengend für den greisen Schützen, sich für so ein Event aufzuhübschen.[10]

WEIL SENIORENEHRUNGEN HÄUFIG AUS GEREIMTER SCHEISSE BESTEHEN

Gereimte Lobpreisungen gehören zu den scheußlichsten Accessoires von Jubilarehrungen und runden Geburtstagsfeiern. Kein 70. Geburtstag ohne Gereimtes.
Das geht so:

>»Siebzig Jahre wirst du alt,*
>*und du bist noch immer nicht kalt ...«*

Oder etwas freundlicher:

>»Siebzig Jahre bist du alt*
>*und von würdiger Gestalt ...«*

Oder getragener:

>»Vereint im Kreise stehen wir*
>*und blicken ganz gerührt zu dir.*
>*Hast 70 Jahre überstanden*
>*Mit manchen Ecken, manchen Kanten ...«*

Oder allgemein:

>»Deine Einladung haben wir mit Freude vernommen,*
>*gern sind wir zu deinem Feste gekommen ...«*

Im Netz finden sich Belege von Ehrungen für 70-jährige (!!!) Mitgliedschaft im Gesangverein. Da geht einem nicht nur das Herz auf, da wird mancher selbst zum Poeten. Und wer es nicht schafft, ein paar Endreime mit holprigem Rhythmus zustande zu bringen, der schlage bitte in der »Deutschen Gedichtbibliothek« (http://gedichte.xbib.de) nach. Dort ist die gesamte deutschsprachige Gedichtwelt versammelt mit Ausnahme zeitgenössischer Lyrik, deren Urheber die Einstellung ihrer Gedichte in den Korpus untersagt haben. Goethe, Schiller und Heinrich Heine konnten sich ja nicht mehr dagegen wehren.

Wer gerne Schlüpfriges der Festgesellschaft vortragen möchte, ist mit einer anderen Seite besser bedient. Unter https//deingedicht.de, Unterabteilung Geburtstag, findet er eine reiche Auswahl auf, unter und über Stammtischniveau. Bei den Machern dieser Seite kann man auch gereimte Verse zu beliebigem Anlass in Auftrag geben. Eine hübsche Geschenkidee, wenn man jemanden richtig ärgern will.

Und nicht vergessen: Für den Jubilar gibt's als Geschenk den »Clubausweis der alten Säcke«.

Kostet 3,95 Euro. Inhalt: »Willkommen im Club (…) mit Clubleitfaden (…) und Begriffserklärung, warum es toll ist, ein alter Sack zu sein (…) Das Alte-Säcke-Lied, verschiedene Arten Alter Säcke (…) mit Diplom, Fakten, Witze, Sprüche rund ums patentierte Alter-Sack-Sein!«

Wegen Genderkorrektheit gibt's natürlich auch den »Clubausweis der alten Schachteln«.

Mädels, dann lasst mal die *Kleinen Feiglinge* und *Pikkolöchen* krachen!

13. KAPITEL

SENIOREN, DIE ES IM SPORT TOLLER TREIBEN ALS ERLAUBT

Am frühen Morgen sind Millionen Senioren in China unterwegs. Sie stehen auf öffentlichen Plätzen, meistens in Gruppen, und turnen in mehr oder weniger eleganten Bewegungsabläufen. Tai Chi heißt die gesundheitsfördernde Gymnastik, die auch in Deutschland immer mehr Anhänger findet. Deutsche Sportler im Seniorenalter gehen schwimmen oder wandern, Seniorinnen tanzen gerne, und einige machen das goldene Sportabzeichen. Alles lobens- und in keinster Weise hassenswert.

Aber um etliche Senioren, die in vielen nationalen und internationalen Sportverbänden das Sagen haben, ist es schlimm bestellt. Ihnen geht es nicht um körperliche, sondern eher um die eigene finanzielle Gesundheit. Das goldene Sportabzeichen in FIFA, UEFA oder Formel 1 bekommt, wer die Meisterschaft der Korruption, der Bereicherung, der Macht gewinnt.

WEIL SIE DAS »SOMMERMÄRCHEN« 2006 NICHT NUR ERKAUFT, SONDERN DARAN AUCH NOCH MILLIONEN VERDIENT HABEN (DAS BECKENBAUER-SYNDROM)

Franz Beckenbauer (* 11. September 1945) kann auf eine großartige Fußballerkarriere zurückblicken. Die zahlreichen Stationen seiner fulminanten Laufbahn, seine Triumphe als Spieler und Trainer können hier nicht aufgezählt werden. Doch wie fast jede Lichtgestalt hat auch Franz Beckenbauer eine dunkle Seite. »Dank ab, Kaiser!« überschrieb Jürgen Dahlkamp im *Spiegel* ziemlich deutlich einen Kommentar im März 2016: »Es war einmal ein deutscher Kaiser. Erst herrschte er über den Ball. Dann herrschte er über den Boulevard. Am Ball lernte er, dass es im Fußball nur ums Gewinnen geht, auf dem Boulevard, dass Wahrheit nur das ist, was man daraus macht. Das waren die beiden Grundregeln im Leben des Franz Beckenbauer: dass es immer nur auf den Sieg ankommt, egal wie, und dass der Sieger die Geschichte schreibt.«[1]

Das Gewinnen außerhalb des Platzes trainierte Beckenbauer schon früh. Eifrig beteiligte er sich beim Wettkampf ums Steuersparen. Allerdings machte er es anders als sein Freund Uli Hoeneß. Er begnügte sich nicht mit einem Konto, sondern verlegte seinen Wohnsitz in die Schweiz. Schon war das Steuersparmodell perfekt. Kurz vorher hatte er einen Vertrag mit Cosmos New York geschlossen, der ihm in drei Jahren Einnahmen von sieben Millionen DM garantierte – eine für die damalige Zeit gewaltige Summe. Im kleinen Örtchen Sarnen im Kanton Obwalden musste Beckenbauer fortan nur geschätzte 20.000 Franken Einkommensteuer pro Jahr bezahlen. Irgendwann gab es aber auch in der Schweiz Ärger mit den Finanzbehörden. Die duldeten die Obwaldener Großzügigkeit gegenüber Promis nicht mehr. Außerdem waren in der Heka GmbH Gelder aus Werbe-einnahmen gebunkert. Beckenbauers Anwalt und Finanzberater Hess in Sarnen wollte die Heka liquidieren und das Geld für Beckenbauer flüssig machen. Doch der Versuch, gut 1,2 Millionen Franken am schweizerischen Fiskus vorbeizuschleusen, misslang, und Hess kassierte eine Verurteilung wegen »eventualvorsätzlicher Beihilfe zur Steuerhinterziehung«, und Beckenbauer musste Steuern nachzahlen.[2]

1984 hatte Beckenbauer von Obwalden die Nase voll und suchte ein neues Steuerparadies. Diesmal wählte der Bayer das benachbarte Österreich und ließ sich in Kitzbühel nieder. Das lag ein wenig näher an seinem Arbeitsort in München als das Kaff in der Zentralschweiz. Kitzbühel wurde in den folgenden Jahren zum Jetset-Treffpunkt, an dem es sich trefflich netzwerken ließ. Doch als die »Perle Tirols« in den Händen russischer Oligarchen immer mehr verkam, zog Beckenbauer nach Salzburg weiter. Dort sind Ferdinand Piëch und DJ Ötzi seine Nachbarn und nicht mehr der Bürgermeister von Moskau. Hier wohnt auch Red-Bull-Patriarch Dietrich Mateschitz. Man bleibt quasi unter sich.[3]

Eigentlich könnte der Erfolgsverwöhnte in Ruhe seinen Ruhm und seinen persönlichen Reichtum von geschätzten 160 Millionen Euro mehren (Ronaldo bringt es angeblich auf 210 Millionen[4]), wenn er nicht ins Visier der Fahnder gekommen wäre. Es geht um die Vergabe der Fußball-WM 2006 nach Deutschland und um ominöse zehn Millionen Schweizer Franken, die 2002 ihren Weg von Adidas-Chef Robert Louis-Dreyfus über die Zwischenstation Konto »Robert Schwan oder Franz Beckenbauer« zum Ziel FIFA-Exekutivkomitee-Mitglied Mohamed Bin Hammam nahmen. Zurück ins Portemonnaie des Adidas-Chefs ging's 2005 aber nicht von dem Katarer Bin Hammam, sondern vom WM-Organisationskomitee über die Zwischenstation FIFA. Was Bin Hammam mit dem Geld machte, ist unbekannt. Er wurde 2011 wegen erwiesener Korruption lebenslang gesperrt. Weshalb das WM-Organisationskomitee an Louis-Dreyfus zehn Millionen Franken überwies, liegt ebenfalls im Dunkeln. Beckenbauer wusste von all dem natürlich nichts. Er hat, wie er sagt, so vieles blind unterschrieben, der Herzensgute. Eines weiß er aber trotz aller Gedächtnislücken definitiv: Das Sommermärchen 2006 war nicht erkauft. Das weiß er erst recht, nachdem die Ermittler der Kanzlei Freshfields ihn als »Kernfigur einer dubiosen Zahlung über zehn Millionen Franken nach Katar« benannt hatten.[5]

Wir wissen nicht, ob mit dem Geld Wahlmänner bestochen wurden, um die Wiederwahl von Blatter 2002 zu erreichen, oder ob Stimmen für den Austragungsort Deutschland bei der WM 2006 gekauft wurden. Vielleicht werden wir das auch nie erfahren. Aber wäre das so schlimm, wenn das Sommermärchen mit Bestechung finanziert worden wäre? Erkaufte WM sind doch bei der FIFA die Regel. Wollen wir Deutschen uns etwa mit Regelverstößen brüsten?

Der Sommermärchen-Kuchen ist allerdings noch nicht gegessen. Es wird noch fleißig ermittelt. Im September 2016 wurde es für den entthronten Kaiser richtig ungemütlich. Der steht ohne seine Spezis jetzt ziemlich nackt da. Die Schweizer Bundesanwaltschaft gab bekannt, dass sie gegen Beckenbauer ein Strafverfahren eingeleitet hatte. Am 1. September 2016 fanden in der Schweiz und in Österreich Hausdurchsuchungen statt. Knapp 14 Tage später platzte die nächste Bombe. Der *Spiegel* enthüllte, dass Beckenbauer nicht, wie er stets behauptete, als Chef des WM-Organisationskomitees ehrenamtlich gearbeitet hatte, sondern vom DFB aus zwei Konten 5,5 Millionen Euro in fünf Raten verdeckt erhielt – quasi ein persönliches Sommermärchen. In *spiegel online* kommentierte Jürgen Dahlkamp am 14. September 2016 quasi als Nachruf. »Beckenbauer war ein Schönmaler, ein Schlawiner, ein Scheinheiliger, zumindest jenseits des Rasens.

Er hat schon immer die Hand aufgehalten, wo es ging; die Höhe seiner Werbeverträge war legendär, sein Umzug in das Steuerparadies Schweiz in den Siebzigern Nachweis eines ausgeprägten und ausgelebten Erwerbstriebs. Damit war Beckenbauer schon früh so, wie heute das ganze Fußballgeschäft ist: vollgestopft mit Geld, aufgepumpt von Gier.«

99. GRUND

WEIL SIE DIE FIFA ZUR MEISTVERACHTETEN ORGANISATION GEMACHT HABEN (DAS BLATTER-SYNDROM)

Die FIFA ist wohl der korrupteste Senioren-Männerclub weltweit, abgesehen von der sizilianischen Mafia und der kalabrischen 'Ndrangetha. Ein Foto aus dem Jahr 2007 zeigt 25 Mitglieder des FIFA-Exekutionsausschusses unter Leitung des Präsidenten Blatter. Die *Süddeutsche* versah am 23. Dezember 2015 die auf diesem Foto abgebildeten Herren (Altersdurchschnitt 67,6 Jahre) mit grünen, gelben und roten Stickern. Grün steht für »unbelastet«, Gelb für »verdächtigt« und Rot für »gesperrt oder in Strafverfahren verwickelt«. Zwei der Herren sind grün markiert, zehn gelb und 13 rot. »Fast die gesamte Fußball-Weltregierung von einst ist suspendiert, sitzt in Haft oder steht unter Verdacht.«[6]

Die Ethikkommission der FIFA hatte Tage zuvor allen wirklichen Fußballfans weltweit ein großes Weihnachtsgeschenk gemacht: Acht Jahre Sperre für Sepp Blatter und Michael Platini, den UEFA-Chef und Kandidat für die Blatter-Nachfolge. Im gesamten Jahr 2015 musste die Ethikkommission 35 Mal Rot verpassen.

Dass die Ethikkommission auch ihn sperrte, empfand Blatter als eine besonders schlimme Demütigung. Denn er selbst hatte die Kommission ins Leben gerufen und sich ihrer bedient, um

Gegner oder Konkurrenten zu disziplinieren. Er sah sich persönlich als sakrosankt und über der Kommission stehend an. »Die Ethikkommission kann sich doch nicht einfach über den demokratischen Entscheid des Kongresses hinwegsetzen und den gewählten Präsidenten suspendieren, unter Umständen sogar lebenslänglich, wie jetzt anscheinend ernsthaft erwogen wird«, äußerte Blatter in seinem Sprachrohr, der Schweizer *Weltwoche*.[7]

Schon vor Verhängung der achtjährigen Sperre (die von einer Berufungsinstanz in eine sechsjährige umgewandelt wurde) wich das Gefühl unbeschränkter Allmacht, das Blatter im Zentrum seines mit Günstlingen durchsetzten mächtigen Altherrenzirkels genossen hatte, dem Gefühl, er sei Opfer einer Verschwörung geworden. In seinem letzten Interview 2015 fragte der *Spiegel* den 79-Jährigen: »Spätestens seit der Vergabe der WM nach Katar steht die FIFA für Korruption, Parteiengeschacher, Schiebereien. Sie gelten inzwischen als der meistverachtete Sportfunktionär der Welt, weil Sie das System FIFA aufgebaut haben. Wie geht man mit so einer Rolle um?« Blatter: »Was mit mir getrieben wird, ist eine Hexenjagd.«[8] Zwar habe man ihm Hausverbot erteilt, aber wenigstens Chauffeur und Dienstwagen habe er behalten dürfen. Vom *Spiegel* befragt, ob und welche Fehler er als FIFA-Chef gemacht habe, antwortete der »meistverachtete Sportfunktionär der Welt«: »Mein größter Fehler ist, dass ich ein viel zu vertrauensvoller Mensch bin.«[9]

Es ist wohl nicht ein Übermaß an vertrauensvoller Gutgläubigkeit, das den Arbeitersohn aus dem kleinen Visp an die Spitze des größten Sportverbands der Welt brachte. Der kleine Sepp hatte einen unstillbaren Hunger nach Macht. »Um den Fußball ging es ihm nie«, kommentierte die *Süddeutsche* den Absturz des Aufsteigers, der immer hoch hinaus wollte. »Aber hofiert zu werden wie ein Staatenführer, zu erleben, wie sich Diktatoren ebenso vor ihm in den Staub warfen wie demokratisch gewählte Regierungschefs, das wird er vermissen.«[10]

Ein Trost bleibt ihm: Der russische Staatspräsident und Friedensfreund Wladimir Putin lobt den Mann, der bereits mit dem Bundesverdienstkreuz ausgezeichnet wurde, mit den Worten: »Sein Beitrag im humanitären Bereich ist kolossal. Dieser Person sollte man den Friedensnobelpreis geben.«[11] Der Kandidat für den Friedensnobelpreis unternimmt derzeit aus Angst vor Verhaftung keine Auslandsreisen und erklärt: »Solange amerikanische Behörden mich verfolgen, setze ich keinen Fuß mehr in ein anderes Land.«[12]

Im Sommer 2016 geriet Blatter zusammen mit dem früheren FIFA-Finanzchef Markus Kattner und dem ehemaligen Generalsekretär Jérôme Valcke ins Visier der schweizerischen Justiz. Juristen hatten im Auftrag der neuen FIFA-Leitung herausgefunden, dass das Trio sich selbst maximal bereichert hatte. Im Zeitraum von 2010 bis 2015 spendierten sich die Herren aufgrund von ihnen untereinander abgeschlossener dubioser Verträge die Summe von 80 Millionen Dollar. Boni gab's etwa dafür, »dass bei WM oder Confed-Cup alle Spiele gespielt und die Sieger korrekt festgestellt worden seien.«[13] Bravo! Was für eine Großtat!

Blatter drohen wegen »ungetreuer Geschäftsbesorgung« bis zu fünf Jahre Haft. Aber selbstverständlich gilt noch die Unschuldsvermutung.

Um sich der Verachtung der Menschheit zu entziehen, sollte Josef Blatter öfter mal in sein Heimatstädtchen Visp fahren. Dort kann er sich am Anblick einer Schule erfreuen, die seinen Namen trägt.

WEIL SIE IM RENNSPORT AUF KOSTEN DER FANS GNADENLOS ABKASSIEREN (DAS ECCLESTONE-SYNDROM)

Er machte den Grand Prix der Formel 1 zu einer Geldmaschine, die ihn reich (geschätztes Vermögen lt. *Forbes* 2,8 Milliarden Euro) und die lokalen Veranstalter meistens ärmer machte.

Bernie Ecclestone, im Oktober 2016 86 Jahre alt geworden, fing als Händler für gebrauchtes Zweiradzubehör an, ein gutes Geschäft in der ärmlichen Nachkriegszeit. 1949 fuhr er die ersten Rennen. Mitte der 50er-Jahre entdeckte er sein Herz für die Formel 1. 1958 war er für zwei Formel-1-Rennen gemeldet, konnte sich aber nicht qualifizieren. Er zog die Konsequenz und ließ künftig lieber andere fahren, statt selber zu fahren. Im Jahr 1958 managte er den tödlich verunglückten Steward Lewis-Evans und später den 1970 ebenfalls tödlich verunglückten Jochen Rindt. 1972 kaufte er sich in den Brabham-Rennstall und damit unmittelbar in die Formel 1 ein. Er entwickelte den Motorrennsport zu einer glamourösen Angelegenheit mit Champagnerdusche und Boxenludern satt und verstand es, von den Fernsehanstalten immer höhere Sendegebühren zu erzielen. Was gesendet wird, bestimmt im Übrigen der Senior noch immer. Im Herbst 2015 gab es Knatsch mit Mercedes. Die Stuttgarter weigerten sich, Motoren an starke Konkurrenten des eigenen Werkstattteams zu liefern, und bekamen dafür den Zorn des rachsüchtigen Greises zu spüren. Bei der Übertragung des »Grand Prix im japanischen Suzuka war Mercedes kaum im Fernsehen zu erblicken, obwohl meist beide Wagen im Rennen vorn lagen«, bemerkte Detlef Hacke im *Spiegel*.[14]

2014 konnte sich Ecclestone von einer Verurteilung wegen Bestechung und Anstiftung zur Untreue gegen Zahlung von 100 Millionen US-Dollar freikaufen. 99 Millionen gingen an die bayerische Staatskasse, eine Million bekam die Kinderhospiz-Stiftung. Einen möglichen Freikauf hatte Ecclestone vor dem Prozess energisch bestritten. »Das ist totaler Nonsens und Müll«, sagte er im Interview.[15]

Ecclestones Geschäftspartner bei dem schmutzigen Deal um den Verkauf von Anteilen an der Formel 1 war ein Bankvorstand bei der Bayern LB. Der kam nicht so billig davon. Ihm wurden achteinhalb Jahre Knast aufgebrummt. Aber er konnte sich ja nicht mit 100 Millionen freikaufen.

Kaum hatte Ecclestone nach dem Ende des Prozesses in München das Schmerzensgeld von 100 Millionen flüssig gemacht, düpierte er die deutschen Fans in einem Gespräch mit der britischen Nachrichtenagentur Press Association. Sie seien »lausig. Ich habe keine Ahnung, warum das so ist. Es gibt doch mit Mercedes einen deutschen Hersteller, der Weltmeister ist, und es gibt in Sebastian Vettel einen Fahrer, der vier Mal hintereinander die WM gewonnen hat.«[16] Die Fans seien schuld, »dass es für die Vermarkter in Deutschland nicht machbar ist.«[17] Wohlgemerkt, die Motorsportfans, nicht der alte geldgierige Zausel. Daher fand 2015 in Deutschland kein Grand-Prix-Rennen statt, »weil die Betreiber der Strecken in Hockenheim und an der Nürburg keine Chance sahen, die horrende Antrittsgage, die Ecclestone für das Fahrerfeld verlangt, durch Ticketverkäufe halbwegs wieder hereinzuholen.«[18]

Die Veranstalter des Großen Preises von Deutschland, der Ende Juli 2016 auf dem Hockenheim-Ring stattfand, sahen nur ein Mittel, die »horrende Antrittsgage« wieder einzuspielen. Einen Sitzplatz für drei Tage auf dem Oberrang Süd konnte man für 1.895 Euro erwerben. Wer es gerne etwas luxuriöser hatte, konnte für einen Sitzplatz am 31. Juli im *Race-Salon* auf der Haupttribüne 1.895 Euro hinblättern.

Andere europäische Rennstrecken stehen bei dieser Fan-Abzock-Strategie ebenfalls auf der Kippe. »Betreiber traditioneller

Rennstrecken wie in Silverstone oder Monza können das von Ecclestone verlangte Startgeld kaum noch aufbringen – anders als staatlich hoch subventionierte Veranstalter in Aserbaidschan oder Abu Dhabi.«[19]

Im März 2016 kritisierten die Formel-1-Piloten Ecclestones »zerstörerischen Einfluss.«[20] Doch der Alte gibt nicht auf. Es gibt keinen Plan für seine Nachfolge. »Derzeit nicht. Ich bin noch relativ gut in Form«, beteuerte der 85-Jährige im Juli 2016. Leider wolle sich ja keiner so engagieren wie er. Und er wetterte gegen die jungen Leute, mit denen er seit Jahren ohnehin nichts anfangen kann, weil sie kein Geld haben, das er ihnen aus der Tasche ziehen kann: »Niemand will diesen Job machen! Sie wollen reisen, auf ihr Bankkonto schauen und in den Medien sein. Ich habe es oft gesagt: Wir brauchen wieder einen Gebrauchtwagenhändler«, schimpfte der ehemalige Ersatzteilhändler.[21] Und die Zusammenarbeit mit seinem Freund Max Mosley, dem Exchef des Rennsportverbands Fia, bewertete Ecclestone in erfrischender Deutlichkeit: »Wir sind nicht so etwas wie die Mafia, wir sind die Mafia.«[22]

Auch nach dem Besitzerwechsel in der Formel 1 im Sommer 2016 blieb Ecclestone der Boss. Gefahr droht ihm nicht vom neuen Eigentümer Liberty Media in den USA, sondern von anderer Seite. Jenson Button, mit 36 Jahren Senior der Fahrer in der laufenden Serie, hatte vor dem Rennen in Singapur ein traumatisches Erlebnis. Auf dem Weg zur Rennstrecke beobachtete er Tausende von jungen Leuten mitten in der Nacht beim Pokemonspiel und stöhnte: »Es kann doch nicht sein, dass es spannender sein soll, einen gelben Punkt zu jagen, als ein Formel-1-Rennen zu gucken? Aber unser Publikum ist zu alt (...). Das neue Management muss mehr junge Leute begeistern.«[23] Wohl bekomm's, Bernie!

14. KAPITEL

ROYALS: RÜSTIG ODER GRUFTIG

Wenn man Könige hasst, muss man ihnen ja nicht gleich den Kopf abschneiden, wie das unsere französischen Nachbarn seinerzeit getan haben. Sie machten 1789 die gleichnamige französische Revolution und entledigten sich gewaltsam ihres Adels. In freundlicher Erinnerung geblieben ist aus jenen blutigen Tagen das Statement der Königin Marie Antoinette: Wenn die armen Leute kein Brot haben, warum essen sie dann keinen Kuchen?

Bald schon folgte die Strafe für diese gut gemeinte Dummheit. Wie viele Adlige endete Marie Antoinette unter dem Fallbeil. Das Vorbild der französischen Republikaner im Umgang mit dem Adel konnte sich jedoch insgesamt in der Geschichte nicht durchsetzen. Ihrem Beispiel folgten nur russische Revolutionäre. Die deutschen Republikaner gingen 1919 mit Kaiser und Adel sehr glimpflich um, in Spanien wurde das Königtum im 20. Jahrhundert unter dem faschistischen Diktator Franco sogar wiederhergestellt. Schweden und Großbritannien verfügen über eine starke royale Tradition, und ein ordentlicher Adelshasser kommt an den gekrönten Häuptern im Seniorenalter selbstverständlich nicht vorbei.

WEIL SIE SICH DAS GROSSREINEMACHEN ZUM 90. GEBURTSTAG VON IHREN UNTERTANEN BEZAHLEN LASSEN

Muss man die beiden Ururenkel von Queen Victoria hassen? Muss man nicht. Kann man aber. Die Briten lieben Queen Elizabeth II., und sie lieben auch ihren Ehemann Prinz Philip. Die 90-jährige Monarchin und der 95-jährige Prinzgemahl sind ein ziemlich einzigartiges Pärchen. Nach dem Niedergang des Empire und dem Sterben der englischen Industrie, nach der Einwanderungswelle und dem Erstarken des unpersönlichen Finanzkapitals in der Londoner City ist die Monarchie der einzige Fixpunkt in einem zerfaserten, durch die Brexit-Abstimmung tief gespaltenen Land.

Prinz Philip erwarb sich einen Ruf als »Fürst der Fettnäpfchen«. Andere Leute zu beleidigen machte und macht ihm riesigen Spaß. Das scheint der Ausgleich dafür zu sein, dass er als Prinzgemahl jahrzehntelang einen Schritt hinter seiner Frau hergehen musste. Mit den Worten »Guten Tag, Herr Reichskanzler!« begrüßte Prinz Philip einmal Helmut Kohl. »Wie schaffen Sie es«, fragte der Herzog von Edinburgh (Schottland!) ein andermal einen schottischen Fahrlehrer, »die Einheimischen lange genug vom Saufen abzuhalten, um sie durch die Prüfung zu bringen?« Auch für die Königin hat Philip eine besondere Ehrung: »Mein Würstchen« nennt er sie.

Das »Würstchen« fällt seit Jahrzehnten durch das Tragen von tantenhaften Klamotten auf, hat ein halbes Dutzend Päpste und elf Premierminister überlebt und ist Schirmherrin von 628 Vereinen oder Organisationen. Altersbedingt legte die Queen anlässlich ihres 90. Geburtstages zumindest in zwei Vereinen ihre Funktion nieder: Bei der Rugby Football Union ist künftig

Prinz Harry Schirmherr, und Kate, Herzogin von Cambridge, übernimmt die Schirmherrschaft in dem noblen Club, der alljährlich das weltberühmte Wimbledon-Tennisturnier ausrichtet.

»Würstchen« Liz besitzt seit 2001 ein Mobiltelefon, neuerdings sogar einen BlackBerry, wobei unklar ist, wozu sie ihn benutzt. Einmal in ihrem Leben soll die Queen sogar geweint haben. Nicht beim Unfalltod ihrer ungeliebten Schwiegertochter Diana, sondern bei der Stilllegung ihrer geliebten Jacht *Britannia*.

Im Vorfeld des 90. Geburtstages der Queen riefen Royalisten im März 2016 zum Großreinemachen auf: »Wie können wir besser unsere Dankbarkeit für Ihre Majestät zeigen, als unser Land sauber zu machen?« In den sozialen Netzwerken kam es nach diesem Aufruf zu wütenden Protesten. Die Queen habe in ihrem feinen Leben noch nie Müll gesehen, geschweige denn solchen beseitigt. »›Clean for the Queen‹ klingt wohl besser als ›Schrubbt die Straßen, ihr Bauernpack!‹«, spottete einer und traf damit den wunden Punkt der Kampagne. Denn wenn die schwerreichen Royals schon nicht selbst Hand anlegen wollen bei der Reinigung ihres Imperiums, könnten sie zumindest die royale Schatulle öffnen und das Saubermachen bezahlen. Das britische Kronvermögen beträgt ca. 20 Milliarden US-Dollar. Das »Würstchen« selbst besitzt nach Bloomberg-Schätzung aber nur 425 Millionen US Dollar. Armes Würstchen! Und 303.334 Britische Pfund kann die sparsame Hausfrau Liz in jedem Monat einsparen, weil sie in den diversen Schlössern mietfrei wohnt.

Wie viele Royalisten bei der vorgeburtstäglichen Großreinigung Großbritanniens zusammenbrachen, ist nicht bekannt. Bei den beiden Militärparaden zum 90. Geburtstag am 10. und 11. Juni 2016 klappte bei hohen Temperaturen jeweils ein Bärenmütze tragender Soldat zusammen. Weil das Wetter an ihrem Geburtstag im April so usselig ist, bevorzugt »Würstchen« den lecker warmen Junitermin für die öffentlichen Feierlichkeiten mit Parade. Die Soldaten sollen sich nicht so anstellen![1]

WEIL SIE ELEFANTEN JAGEN, WÄHREND DAS EINFACHE VOLK UNTER DER WIRTSCHAFTSKRISE LEIDET

Lange Zeit wurde der frühere spanische König Juan Carlos von seinem Volk geliebt. Der junge Monarch hatte sich am 23. Februar 1981 Putschisten entgegengestellt, die die junge Demokratie abschaffen und zum System Franco zurückkehren wollten. Als Islamisten im März 2004 Bomben im Herzen Madrids zündeten und 191 Menschen starben, tröstete der König sein Volk in einer zu Herzen gehenden Fernsehansprache.

Doch es gab schon zu dieser Zeit Gerüchte über die Jagdleidenschaft des Königs auf junge Frauen und exotische Tiere. Eine Hofexpertin zählte 1.500 Geliebte des Königs – eine stattliche Beute! Eine andere Jagdbeute sorgte 2012 dafür, dass es mit dem Respekt dem König gegenüber vorbei war. Bei einem Jagdausflug in Botswana erlegte der königliche Jäger, damals 74 Jahre alt, mit sieben Schüssen einen prachtvollen Elefantenbullen. Ein arabischer Multimillionär hatte die ca. 40.000 Euro teure Safari finanziert. Allein der Abschuss kostete mindestens 20.000 Euro. Zu den Teilnehmern des Jagdausflugs zählte auch Corinna zu Sayn-Wittgenstein, der eine »enge Freundschaft« zum spanischen Monarchen nachgesagt wurde.

Die Elefantenjagd kam nur deshalb ans Licht, weil der alte Herr in der Lodge nächtens stürzte und sich die Hüfte brach – ein leider für Senioren nur allzu typischer Unfall. Er musste mit einem Privatflugzeug in ein Madrider Krankenhaus geflogen werden. In den spanischen Medien wurde ein Foto veröffentlicht, das den Monarchen bei einem Jagdausflug sechs Jahre zuvor zeigt. Stolz blickt er in die Kamera, Gewehr im Arm, hinter ihm liegt ein toter Elefant.

Spanien durchlebte eine schwere Wirtschaftskrise, und der König ging währenddessen mit Gespielin auf Elefantenjagd. Das ging gar nicht. Der Chef der linken Oppositionspartei Izquierda Unida warf dem König Respektlosigkeit gegenüber den von der Wirtschaftskrise gebeutelten Menschen des Landes vor. Der König habe gelogen, als er vor Kurzem sagte, die Arbeitslosigkeit Tausender Jugendlicher bringe ihn um den Schlaf.

Dass Juan Carlos Ehrenpräsident der spanischen Sektion der gemeinnützigen Tierschutzorganisation WWF war, machte die Sache noch schlimmer. Bald verlor er seine Ehrenpräsidentschaft. Der Rücktritt als König folgte zwei Jahre später. Zu Elefanten hatte der Monarch schon seit Langem eine enge Beziehung, die sich nicht aufs Totschießen beschränkte. 1980 wurde er mit dem Elefanten-Orden ausgezeichnet, dem höchsten dänischen Orden, der wegen seiner äußerst aufwendigen Ausführung höchste Anerkennung genießt. Ob sich Juan Carlos bewusst war, dass der Elefant in den meisten Kulturen für Weisheit steht? Wollte er durch Erschießen ein Stück von der Weisheit eines alten Elefanten abbekommen?

Als 18-Jähriger war er bereits in einen Schießunfall verwickelt, bei dem sein vier Jahre jüngerer Bruder ums Leben kam. Wer von den beiden Brüdern den tödlichen Schuss abgegeben hatte, wurde nicht ermittelt. Die Waffe wurde auf Geheiß des Vaters der Brüder im Meer versenkt.

Während Juan Carlos nach seinem Jagdunfall eine Hüftprothese erhielt, setzte sein ältester Enkel die Tradition des gefährlichen royalen Schießens fort. Felipe Juan Froilán (13) schoss sich auf einem Landgut versehentlich in den Fuß.[2]

WEIL SIE ALS MONARCHEN IHRE GANZ GEWÖHNLICHEN LASTER ZU VERTUSCHEN VERSUCHEN

Ist der Ruf erst ruiniert, lebt es sich ganz ungeniert. Diese Volksweisheit muss man umdrehen, dann trifft sie auf den schwedischen König, Carl Gustaf XVI., Jahrgang 1946, zu. Der mäßig gute Ruf des Monarchen wurde durch eine Buchveröffentlichung im Jahr 2010 ruiniert. Das ungenierte Leben fand aber vorher und eher nicht später statt. In der Skandalbiografie *Der widerwillige Monarch* wurde nicht nur ein Seitensprung des Königs öffentlich gemacht. Dazu kamen Vorwürfe von Kontakten zu Prostituierten und zum Rotlichtmilieu. Prostitution ist in Schweden übrigens verboten. Aber der König steht über dem Gesetz und kann nicht belangt werden. Doch nach der Buchveröffentlichung wackelte der schwedische Thron so heftig wie beim Thronantritt des damals 27-jährigen schüchternen Legasthenikers.

Nach den Enthüllungen der Journalisten trat Königin Silvia einige Zeit lang nicht mehr an der Seite ihres Mannes auf. Fast schien es, der Skandal sei vergessen. Doch dann tauchten Fotos auf, die den Monarchen angeblich in Rotlichtumgebung zeigten. Ein Jugendfreund des Königs habe mithilfe eines serbischen Mafiabosses die Bilder kaufen und aus dem Verkehr ziehen wollen. Die Schmuddelstory geriet zur Staatsaffäre. Der Kommentator des öffentlich-rechtlichen Fernsehsenders SVT forderte die Abdankung des Königs. Dem blieb es nun nicht erspart, Erklärungen abzugeben. Doch das Interview am 31. Mai 2011 befriedigte die schwedische Öffentlichkeit nicht. Es sei Definitionssache, sagte der König, was man mit Strip- oder Sexclub meine. Auf dem Höhepunkt der Krise schlug der Vorsitzende eines antimonarchistischen Vereins der schwedischen Nationalbank vor, das Konterfei des Königs auf den schwedischen Münzen durch das Bild eines Elchs zu ersetzen. Der »König des Waldes« mache sich auf Geldstücken besser als Carl Gustaf.

Die schwedische Presse forderte unisono die Abdankung des Königs und stellte sogar die Monarchie der Bernadottes insgesamt infrage. In dieser Situation machte die dänische Zeitung *Jyllandsposten* einen ungewöhnlichen Vorschlag. Der Schwiegersohn des Königs könne den Thron retten. Wenn Kronprinzessin Victoria schwanger sei, werde der königliche Nachwuchs die Eskapaden des regierenden Monarchen schnell vergessen machen.

So kam es auch. Hochzeiten und Kindersegen sind im Land der Ikea-Gründer sehr beliebt. Als alle drei Kinder von Silvia und Carl Gustaf unter die Haube gebracht waren und royaler Nachwuchs kam, war der »widerwillige Monarch« gerettet.

In die bunten Blätter geriet er wieder im November 2014, als er seinen Ferrari 456 MGT mit 440 PS (eines von nur fünf produzierten Exemplaren; drei gehören dem Sultan von Brunei) verkaufte und einen neuen Ferrari erwarb. Ein Jahr später präsentierte sich der Fan schneller Spritschleudern als Umweltschützer und Gesundheitsapostel. Er entschuldigte sich bei einer mehr oder weniger unpassenden Gelegenheit dafür, ein Bad genommen statt geduscht zu haben, und empfahl seinen Landsleuten, weniger Fleisch zu essen.

An seinem 70. Geburtstag hatten alle Schweden ihren König wieder lieb. Vielleicht auch eher seine Kinder, die bürgerlichen Schwiegerkinder und Enkel. Und Diskretion ist jetzt bei Hofe oberstes Gebot. Wer mit einem Handy in den Palast gehen will, hat schlechte Karten. Die Security nimmt es allen Besuchern ausnahmslos ab – damit nicht irgendwo irgendwelche dummen Fotos auftauchen. »Die Schweden-Royals hassen es, wenn man sich über sie lustig macht«, plauderte eine langjährige Freundin von Prinzessin Madeleine aus.[3]

WEIL SIE SICH MIT IHRER LEBENSLANGEN ROLLE ALS PRINZGEMAHL NICHT ABFINDEN WOLLEN

Im Frühjahr 2016 hatte der 81-jährige Prinz Henrik von Dänemark verkündet, er sei es leid, in der zweiten Reihe zu stehen. Der Gatte der dänischen Königin Margrethe verzichtete öffentlich auf den Titel »Prinzgemahl«. Henrik hat sich mit seiner Rolle als Prinzgemahl nie anfreunden können. Schon in der Vergangenheit verwies er darauf, die Deutsche Silvia Sommerlath habe einen König geheiratet und sei dadurch Königin geworden. »Es macht mich wütend, dass ich das Opfer von Diskriminierung bin«, erklärte der gebürtige Franzose gegenüber der französischen Zeitung *Le Figaro*. »Dänemark, sonst als eifriger Verfechter der Geschlechtergerechtigkeit bekannt, ist offenbar dazu bereit, Ehemänner als weniger wert als deren Frauen zu betrachten.« Um seinem Anspruch auf Gleichstellung mit der dänischen Monarchin Geltung zu verschaffen, scheute Henrik auch nicht vor Provokationen zurück. Zu Margrethes 75. Geburtstag erschien er nicht und ließ sich wegen Krankheit entschuldigen. Einen Tag später tauchte er putzmunter in Venedig auf. Zu Margrethes 76. Geburtstag war ihm protokollgemäß ein Platz in der zweiten Reihe auf dem Balkon zugewiesen. Der Senior hatte keinen Bock auf zweite Reihe und verließ alsbald den Balkon, bevor die entnervte Jubilarin ihn daran hindern konnte. Ihr blieb nur übrig, ihm zu folgen.

Bei den Dänen kommt das Gebaren des Mannes, der partout nicht die zweite Geige im royalen Konzert spielen will, gar nicht gut an. Dem beleidigten Prinzen solle man doch bitte die Apanage kürzen, wenn er nicht mehr seinen Pflichten als Prinzgemahl nachkommen wolle, schrieben die Medien. 4.886 Euro stehen der beleidigten Leberwurst derzeit täglich noch zur Verfügung –

eine schreiende Ungerechtigkeit, sagen Hamlets Nachfahren.[4] Vielleicht sollte sich Henrik ein Beispiel an Prinz Philip nehmen, dem greisen Gatten von Liz, der 90-jährigen britischen Queen, der klaglos seit gefühlt 100 Jahren sich mit seiner Rolle in der zweiten Reihe abgefunden hat.

Im Juni 2016 verdichteten sich Gerüchte um eine königliche Scheidung. Seinen 82. Geburtstag feierte Henrik, der ehemalige Prinzgemahl, mit Freunden, aber ohne seine dänische Familie, auf einem Schloss in Südfrankreich. Und Margrethe erklärte, man werde die Goldene Hochzeit 2017 nicht öffentlich feiern.[5] Das war's dann wohl.

105. GRUND

WEIL DIE WELT KEINE GREISEN OPERETTENKÖNIGE VOM BALKAN BRAUCHT

Im Alter von fünf Jahren wurde er 1927 das erste Mal König von Rumänien. Das zweite Mal 1940 nach inneren Wirren. Vor fast 70 Jahren, Ende 1947, musste er abdanken. Jetzt sitzt der 94-Jährige fest im Sattel (wobei angesichts seines Alters das Bild untauglich ist), und die Stunde seines Triumphes hat geschlagen. Es ist die Rede von König Michael I. (* 25.10.1921), dem das rumänische Parlament kürzlich Palast, Gehalt und mindestens 20 Bedienstete genehmigte.

Als König außer Dienst verdiente er seine Brötchen seit 1948 als Geflügelzüchter, Börsenmakler und Testpilot in der Schweiz und in England. Als Michael nach der Ermordung Nicolai Ceaucescus und dem Zusammenbruch des Sozialismus wieder Rumänien besuchte, säumten Hunderttausende die Straßen. Um die Jahrtausendwende bezog er einen Palast in Bukarest – nicht als König, sondern als ehemaliges Staatsoberhaupt. Bei den meisten Rumänen gilt Michael als Repräsentant einer angeblich guten alten Zeit.[6] Zum Lobpreis alter königlicher Zeiten erhielt das rumänische Staatswappen im Juli 2016 einen Zusatz: Der Adler trägt seitdem eine Krone.[7]

Doch um die Zukunft der rumänischen Operettenmonarchie ist es schlecht bestellt. Königstochter Irina wurde am 22. Oktober 2014 als Mitorganisatorin eines illegalen Glücksspielrings in den USA zu drei Jahren Gefängnis auf Bewährung und einer Zahlung von 158.000 Euro verurteilt.[8] Die älteste Tochter und eigentliche Thronfolgerin, Prinzessin Margarita, ist kinderlos und bereits im Rentenalter. Nicholas, der älteste Enkel des greisen Königs, war eine Zeit lang als Thronfolger vorgesehen. 2015 musste er auf Druck seines Großvaters auf Prinzentitel und Platz in der Thronfolge verzichten. »Als Nicholas im April 2015 für wohltätige Zwecke gut 1.000 Kilometer durch Rumänien radelte, missfiel dem ehemaligen König dies angeblich gründlich: Bilder eines schwitzenden, unrasierten Prinzen seien eines Royals unwürdig«, schrieb Florian Hassel süffisant in der *Süddeutschen*.[9] Der charismatische Nicht-mehr-Prinz bedankte sich ironisch bei seinem antiquierten Großvater, bevor er den Palast verließ, den Namen Nicholas Bedforth-Mills annahm und ins Ausland übersiedelte: »Die Rolle als Prinz von Rumänien und der Platz in der Thronfolge erfordern, dass ich mein Leben auf eine bestimmte Art führen muss, die ich nur schwer akzeptieren kann. Deshalb muss ich zu meinem Bedauern feststellen, dass ich die Entscheidung von Seiner Majestät dem König willkommen heiße.«[10]

Neben dem König von Rumänien gibt es weitere angejahrte Operettenkönige: Viktor Emanuele von Savoyen (* 12. Februar 1937) hält sich für den König von Italien. Der bulgarische Exkönig Simeon II. (* 16. Juni 1937) brachte es im postkommunistischen Bulgarien zum Ministerpräsidenten. Der serbische »König« Aleksandar II. (* 17. Juli 1945) lebt seit 2001 wieder im sogenannten »Weißen Schloss« in Belgrad. Er vermietet die teilweise baufällige Immobilie an zahlungskräftige Unternehmen und posiert auch für Touristen. »König« Nikola II. von Montenegro (* 7. Juli 1944) klagt vor Gericht, um seine Ansprüche auf den ehemaligen königlichen Besitz durchzusetzen. Der kleine Balkanstaat ist bereit, dem Spross der montenegrinischen Dynastie ein Schloss in der alten Hauptstadt Cetinje und eine monatliche Pension in der Höhe des Staatspräsidentengehaltes zu gewähren. Das ist ihm zu wenig.

Nach dem Tod des albanischen Thronfolgers Leka I. (5. April 1939 – 30. November 2011) ist die Fortsetzung der albanischen Operettenmonarchie ungeklärt. Operette als Genre ist ja ziemlich out.[11]

15. KAPITEL

SENIOREN IN DER POLITIK: KATASTROPHE

In der Politik wimmelt es von alten Zauseln. Die Gebrüder Castro z. B. kommen einem vor, als ob sie Zeitgenossen von Marx, Engels oder Lenin wären. Einzig der von Commandante Fidel gerne getragene blaue Trainingsanzug mit den drei Adidas-Streifen ist der Beleg dafür, dass wir uns im 21. Jahrhundert befinden.

Senioren in der Politik – das hat eine lange Tradition. Das gab's schon bei den alten Griechen. Im 20. Jahrhundert brachten es Politiker im Seniorenalter zu höchsten Ämtern.

Winston Churchill war 75 Jahre alt, als er zum zweiten Mal britischer Premierminister wurde. Als sich Konrad Adenauer 1949 mit einer Stimme Mehrheit – seiner eigenen – zum deutschen Bundeskanzler wählen ließ, war er 73 Jahre alt. Im Alter von 87 Jahren gab er auf Druck seiner Parteifreunde sein Amt auf. Charles de Gaulle wurde als 68-Jähriger, quasi noch halber Jüngling, zum französischen Staatspräsidenten gewählt und blieb es bis zu seinem 78. Lebensjahr.

Ein beliebter Witz in den 80er Jahren ging so:

Weißt du, wie die Tagesordnung einer Sitzung des Politbüros der KPdSU aussieht?

TOP 1: Hereinschieben der Rollstühle

TOP 2: Anschließen der Herz-Lungen-Maschinen

TOP 3: Gemeinsames Singen des Kampfliedes *Wir sind die junge Garde*

TOP 4: Diskussion und Beschlussfassung über weitere Maßnahmen zum weltweiten Sieg des Kommunismus

In den 80er-Jahren gab es in Deutschland sogar eine Seniorenpartei namens *Graue Panther*. Von der hört man zwar nichts mehr, doch Bundestag und Landesparlamente sind mehr und mehr zu einer Seniorenlobby geworden. Beschäftigen wir uns also mit hassenswerten Politsenioren.

WEIL SIE SICH VON FREIHEITSKÄMPFERN ZU DIKTATOREN WANDELN (DAS ROBERT-MUGABE-SYNDROM)

Robert Mugabe ist neben dem verstorbenen Nelson Mandela wohl der bekannteste Kämpfer gegen weißen Kolonialismus in Schwarzafrika. Der 1924 geborene Mugabe schloss sich nach seiner Ausbildung – mit sechs Studienabschlüssen! – der Widerstandsbewegung gegen die weißen Kolonialherren in der britischen Kolonie Rhodesien an. Er erlebte schlimmste Grausamkeiten weißer Rassisten, wurde eingesperrt und erst nach elf Jahren Haft entlassen. Aus dieser Haftzeit rührt sein ungezügelter Hass gegen Weiße. 1979 wird Rhodesien unabhängig, 1980 gewinnt Mugabe die ersten freien Wahlen überhaupt in Schwarzafrika. Aus dem Südteil von Rhodesien wird Simbabwe. Das Land erlebt einen fulminanten Aufschwung im Bildungswesen und in der wirtschaftlichen Entwicklung, teilweise gefördert durch geostrategische Überlegungen im Konkurrenzkampf der Systeme im Kalten Krieg. Mugabe gilt als der Versöhner, der Hoffnungsträger eines beneidenswert modernen, demokratischen und friedlichen Miteinanders von Schwarz und Weiß in Afrika.[1]

Bundespräsident Richard von Weizsäcker machte im März 1988 dem Präsidenten von Simbabwe seine Aufwartung. *Spiegel*-Korrespondent Bartholomäus Grill erinnert sich: »»Was halten Sie von Robert Mugabe?‹, fragte ich den Bundespräsidenten bei einem Spaziergang an den Victoriafällen. Die Antwort war im Gedonner der Wassermassen kaum zu hören. ›Er ist ein kluger, besonnener Politiker, der um Ausgleich bemüht ist. Ich bin beeindruckt.‹«[2] Was Weizsäcker und Grill als Gäste nicht wussten: Mugabes Leute, dem Mehrheitsvolk der Shona zugehörig, hatten bereits von 1982 bis 1987 bis zu 20.000 Kämpfer und Zivilisten aus dem Volk der Matabele massakriert.

Mittels trickreicher Verfassungsänderungen gelang es Mugabe, die Opposition auszuschalten und eine Präsidialdiktatur zu errichten. Nach Wahlen ließ er auch mal mit Bulldozern Wohnquartiere plattmachen, in denen für seinen Geschmack zu viele Stimmen für die Opposition abgegeben worden waren. Statt der versprochenen Landreform forderte Mugabe ab 1990 arbeits- und landlose Kriegsveteranen auf, das Farmland der Weißen zu besetzen. Die Filetstücke enteigneter großer Farmen gingen an seine Klientel. Viele weiße Siedler, die zum Verlassen ihrer Farm aufgefordert wurden und vor dem Nichts standen, revanchierten sich für den Willkürakt mit der Tötung ihres Viehs und der Zerstörung ihres Maschinenparks.

Durch seine von Hass gegen Weiße und politische Gegner getriebene Politik hatte Mugabe persönlich hohen Anteil an der sich rapide verschlechternden ökonomischen Lage Simbabwes. Die Schwestern Korruption und Hunger waren ungebremst auf dem Vormarsch. Die Inflation galoppierte bis zum vollständigen Kollaps der Staatsfinanzen. Inzwischen sind der US-Dollar und der chinesische Yuan die einzigen Zahlungsmittel. Nach seinem umstrittenen Sieg bei den Präsidentschaftswahlen 2013 empfahl Mugabe seinen Gegnern, Selbstmord zu begehen. »Wer von seiner Niederlage schockiert ist, kann sich ja aufhängen, wenn er das will. Selbst wenn er es tut, wird nicht einmal ein Hund sein Fleisch essen.«[3]

Die Lage der noch im Land gebliebenen weißen Farmer ist kurios. Ihre Betriebe sind hochproduktiv, beschäftigungsintensiv, erbringen Steuern und Exporterlöse, aber die weißen Eigentümer müssen jederzeit mit neuen Steuern und gewaltsamer Vertreibung rechnen.

»Zuerst hat die Regierung das Land zerstört, jetzt saugt sie den letzten Großfarmen das Blut aus«, sagt der Vorarbeiter eines deutschen Farmers, dessen Vater 1988 auf Einladung Mugabes die damals verwahrloste Farm übernommen hatte. Das System

Mugabe gleiche einem Parasiten, der seinen Wirt aufzehrt, ohne ihn zu töten.[4]

Im September 2015 hielt Mugabe im Parlament eine Rede, die er wortwörtlich drei Wochen vorher schon einmal gehalten hatte – Demenz lässt grüßen. Diese hinderte den 92-Jährigen nicht daran zu erklären, er strebe im Jahr 2019 seine Wiederwahl als Präsident an.

Seinen 92. Geburtstag feierte der ehemalige Freiheitskämpfer mit seinen Getreuen in einer historischen Ruinenstadt. 60 Tiere wurden geschlachtet, die vom Staat gestiftete Hochzeitstorte wog 92 Kilo. Als die Fete vorbei war, standen Dutzende Hungrige Schlange vor dem Gebäude in der Hoffnung, Essensreste ergattern zu können.[5]

Im April 2016 gab es in der Hauptstadt Harare die größte Demonstration seit zehn Jahren. Im Präsidentschaftswahlkampf 2013 hatte Mugabe vollmundig angekündigt, er werde mehr als zwei Millionen Arbeitsplätze schaffen – ein Hoffnungsschimmer und Wahlargument in einem Land mit geschätzten 80 Prozent Arbeitslosigkeit. »Wo sind unsere 2,2 Millionen Jobs?«, war nun auf den Transparenten zu lesen.[6]

Im Februar 2016 hatte Mugabe Diamantminen beschlagnahmen lassen. Begründung: Das Bergbauunternehmen habe es versäumt, Steuergelder in Höhe von 15 Milliarden Dollar zu zahlen. Zwei Monate später forderten die Demonstranten Mugabe bei dem schon erwähnten Protestmarsch auf, zu erklären, wo die 15 Milliarden Dollar inzwischen geblieben seien.[7]

Nachdem Mugabe im August 2016 erklärt hatte, er werde 2018 erneut für das Präsidentenamt kandidieren – er wäre dann 94 Jahre alt! –, kam es zu den größten Protesten seit 20 Jahren.

Der total hassenswerte Robert Mugabe wird wohl bis zu seinem Tod regieren, denn ohne Macht droht ihm juristische Verfolgung wie vielen anderen Despoten vor ihm.

WEIL SIE ALS VERBOHRTE NATIONALISTEN EUROPA GEFÄHRDEN

Die Brexit-Abstimmung am 23. Juni 2016 bewies es: Senioren sind mehrheitlich verbohrte Nationalisten, junge Wahlbürger sind mehrheitlich proeuropäische Internationalisten. 60 Prozent der britischen Wähler im Alter von 65 und mehr Jahren stimmten dafür, die EU zu verlassen. 73 Prozent der Wähler im Alter zwischen 18 und 24 Jahren stimmten für den Verbleib Großbritanniens in der EU. Mit 95,9 Prozent für den Verbleib in der EU stimmten übrigens die Bewohner von Gibraltar. Selbst die Alten hatten hier offensichtlich die Nachteile bildhaft vor Augen, die ihnen bei einem Austritt aus der EU drohen.[8]

Alte Leute sind häufig der Meinung, früher sei alles besser gewesen. Unglücklicherweise wird in fast allen europäischen Ländern mit diesem Irrglauben Politik gemacht. Dabei sind die vielen munteren alten Leute doch der lebendige Beweis, dass es große Fortschritte in den Lebensverhältnissen und in der medizinischen Versorgung gibt, Sonst könnte die Lebenserwartung schwerlich so steigen, wie das in den letzten Jahrzehnten der Fall war.

Sollte das Projekt Europa an der Ignoranz der Senioren scheitern, müssten die Jungen, die um ihre Zukunft geprellt werden, zu besonderen Maßnahmen greifen. Möglich wäre etwa die Forderung nach einer Beschränkung des Wahlalters. So wie es ein Mindestalter von 18 Jahren gibt, um wählen zu dürfen, so könnte es auch ein Höchstalter von z. B. 70 Jahren für das aktive Wahlrecht geben. Es wäre einen Versuch wert.

WEIL SIE RACHSÜCHTIG UND UNBELEHRBAR SIND (DAS ERIKA-STEINBACH-SYNDROM)

Erika Steinbach hat sich ihren Platz in diesem Buch redlich verdient. Ihre Familie kommt aus Hessen; ihr Vater wurde 1941 als Feldwebel der Luftwaffe in das von Hitlerdeutschland besetzte Polen beordert, ihre Mutter kam 1943 auf den Militärstützpunkt, an dem die kleine Erika am 25. Juli 1943 das Licht der Welt erblickte. Die Mutter floh mit ihren beiden kleinen Kindern im Januar 1945 vor der vorrückenden Roten Armee in den Westen; der Vater geriet als Soldat in sowjetische Kriegsgefangenschaft, aus der er 1950 entlassen wurde.

Bizarr: Die spätere Vertriebenenpolitikerin ist eine sogenannte »falsche Vertriebene«. Denn ihre Eltern wohnten im Westen und kamen erst als Besatzer nach Polen. Erika Steinbach ist eine Soldatentochter, »die mit Hitler in unser Land kam und mit Hitler wieder gehen musste«, bemerkte seinerzeit der polnische Außenminister Radoslaw Sikorski. Ihren Einsatz für volksdeutsche Vertriebene rechtfertigte Steinbach mit dem Bonmot, man müsse »kein Wal sein, um sich für Wale einzusetzen«.

Sozial auffällig wurde Erika Steinbach, als sie 1991 im Bundestag zusammen mit zwölf weiteren CDU/CSU-Abgeordneten gegen die Anerkennung der seit 46 Jahren bestehenden und von den Alliierten 1945 auf der Potsdamer Konferenz festgelegten Oder-Neiße-Grenze stimmte. Mit dem Satz »Man kann nicht für einen Vertrag stimmen, der einen Teil unserer Heimat abtrennt«, wurde sie zur Ikone deutscher Revanchisten. Folgerichtig wurde sie später Präsidentin des Bundes der Vertriebenen. Obschon »falsche Vertriebene«, die nur als Kleinstkind polnische Luft eingeatmet hatte, hatte sie sich schon vorher in der Landsmannschaft Westpreußen engagiert.

Ihre Attacken galten bald nicht nur dem deutsch-polnischen Status quo, sie bemühte sich auch, den Forderungen der Sudetendeutschen Geltung zu verschaffen, und schloss 2008 sogar das ehemalige Jugoslawien in den Kosmos ihres Wirkens ein. Die Deutschen in Jugoslawien seien nach dem Zweiten Weltkrieg Opfer eines Völkermords geworden.[9]

Im September 2010 provozierte Steinbach einen Eklat, der mit ihrem Ausscheiden aus dem CDU-Parteivorstand endete. Der baden-württembergische Vertriebenenchef Arnold Tölg behauptete, Polen habe bereits im März 1939 mobil gemacht. Der deutsche Angriff auf Polen sei nur der zweite Schritt gewesen. Erika Steinbach stellte sich hinter ihren Verbandsfunktionär und legte nach: »Und ich kann es auch leider nicht ändern, dass Polen bereits im März 1939 mobil gemacht hat.« Nachweislich mobilisierte Polen erst unmittelbar vor dem deutschen Angriff.[10]

»Hinter der verbindlichen Fassade steht Frau Steinbach als Vertriebenenfunktionärin alten Typs. Knallhart revisionistisch, kompromisslos. Sie ist eine politische Figur, die nicht mehr ins 21. Jahrhundert passt.« So kommentierte Roland Nelles im *Spiegel* Steinbachs Position.[11] 2012 setzte Steinbach ihre Geschichtsklitterung mit einem Tweet fort: »Die NAZIS waren eine linke Partei. Vergessen? NationalSOZIALISTISCHE deutsche ARBEITERpartei ...« Hunderte Twitter-User kritisierten Steinbach wegen dieser unglaublich dummen Aussage. Ein User brachte es auf den Punkt. Der Thüringer Heimatschutz müsse ja dann eine gute Sache sein. Bestimmt schütze das Neonazi-Netzwerk seine Heimat. Ob Dummheit oder Provokation: Erika Steinbach war stolz auf das große Echo ihrer Umbewertung der Nazis. »Da habe ich die Linken richtig aufgescheucht, da sind die aus ihren Löchern gekrochen.«[12]

Linke und Pazifisten aufzuscheuchen genügte Steinbach 2016 nicht mehr. Mit einem infamen, rassistischen Foto-Tweet profilierte sich die unverbesserliche Reaktionärin. Das von ihr am

27. Februar gepostete Foto zeigt unter der Überschrift »Deutschland 2030« ein einzelnes blondes hellhäutiges Kind vor einer großen Gruppe dunkelhäutiger Kinder. »Woher kommst du denn?«, lautet die Bildunterschrift. »Im Zuge der Flüchtlingskrise sollte das Bild wohl die Vorstellung einer unkontrollierten Masseneinwanderung suggerieren«, schrieb *spiegel online*.[13]

Steinbachs Vorgehen war in diesem Fall besonders perfide. Zwar wurde das Foto mit ähnlichen Unterschriften von vielen rassistischen Gesinnungsfreunden auf der ganzen Welt benutzt, entstanden ist es aber 2011 beim Besuch einer australischen Familie in einem Kinderheim im indischen Chennai. Die Familie hatte das Bild ins Netz geladen in der Hoffnung, Aufmerksamkeit für das Kinderheim zu schaffen und ihm dadurch helfen zu können. Steinbachs Infamie empörte die Australier: »Wir sind sehr traurig, dass das Bild für solche Propaganda verwendet wird. Wir hatten genau das Gegenteil im Sinn.«[14]

Die Steinbach-Masche besteht aus der Umkehrung aller Werte: Aus dem Besatzerkind wurde eine Vertriebene, aus Nazis werden Linke, aus Unterstützung für Kinder in der Dritten Welt wird rassistische Propaganda. Widerlich.

Übrigens: Steinbach ist Mitglied im Bundestagsausschuss für Menschenrechte und ordentliches Mitglied des Innenausschusses. Außerdem gehört sie dem ZDF-Fernsehrat an. Eine wirklich hassenswerte Seniorin mit großem Einfluss.

109. GRUND

WEIL SIE AUF KONSERVATIV MACHEN, ABER RASSISTEN SIND (DAS ALEXANDER-GAULAND-SYNDROM)

Alterspräsident. Das ist eine Bezeichnung, die Respekt einflößt. Der Alterspräsident des brandenburgischen Landtags heißt

Alexander Gauland und ist alles andere als eine Respektsperson. Alexander Gauland wurde 1941 in Chemnitz geboren und ging in dieser Stadt auch zur Schule. Nach dem Abitur machte er rüber und studierte in Marburg Jura. Er wurde Mitglied im RCDS (Ring christlich-demokratischer Studenten) und legte den Grundstein zu einer CDU-Karriere, die ihn bis in die Vorzimmer der Macht brachte. Sein politischer Ziehvater war Walter Wallmann, in dessen Schlepptau Gauland persönlicher Referent, Redenschreiber und Büroleiter wurde. Die CDU-Spendenaffäre 1983, als acht Millionen DM illegale Spenden von der hessischen CDU ins Ausland transferiert und mit zynischer Chuzpe als jüdische Vermächtnisse nach Deutschland zurückgebucht wurden, konnte Gauland von der Seitenlinie aus verfolgen und daraus seine Lehren für seine künftige politische Arbeit ziehen.

Als Staatssekretär in der hessischen Landesregierung war Gauland ein paar Jahre später selbst in eine politische Affäre verstrickt. 1989 versuchte er, den Leitenden Ministerialrat Rudolf Wirtz (SPD) zu versetzen, um Platz für seinen Parteifreund Wolfgang Egerter zu schaffen. Gauland gab eine eidesstattliche Erklärung ab, und Wirtz zeigte Gauland »wegen des Verdachts der Abgabe einer falschen eidesstattlichen Erklärung« an. Die strafrechtlichen Ermittlungen führten zu keinem Ergebnis; Wirtz konnte nach Regierungswechsel wieder seinen alten Platz einnehmen, und im Jahr 2000, als sich niemand mehr an die Affäre erinnerte, stellte die 5. Kammer des Hessischen Verwaltungsgerichts fest, dass die eidesstattliche Versicherung des Alexander Gauland unrichtig war.[15]

Nach der Wende 1990 zog es Gauland in den wilden Osten. Der Verlag der *Frankfurter Allgemeinen* hatte sich die ehemalige SED-Bezirkszeitung *Märkische Allgemeine* in Potsdam ergattert und setzte Gauland von 1991 bis 2005 als Mitgeschäftsführer bzw. Generalbevollmächtigten ein. Gauland mischte wie Erika Steinbach im Berliner Kreis, der Speerspitze der CDU-Rechten, mit. Als bekannt wurde, dass Mitglieder des Berliner Kreises in der Merkel-CDU keine Spitzenpositionen besetzen konnten, trat Gauland nach 40 Jahren Mitgliedschaft aus der CDU aus.[16]

In der AfD gehörte Gauland von Anfang an zu den führenden Persönlichkeiten, die die Partei konsequent auf einen immer rechteren Kurs drängten. An die Stelle der ursprünglichen, von Volkswirten um Prof. Lucke formulierten Europakritik traten Fremdenfeindlichkeit, Islamophobie und Rassismus. Im April 2016 kokettierte Gauland mit dem Wunsch nach enger Zusammenarbeit mit den französischen Rechtsextremisten, im Mai fielen die berühmten zwei Sätze über den Nationalspieler Boateng: »Die Leute finden ihn als Fußballspieler gut. Aber sie wollen einen Boateng nicht als Nachbarn haben.« Nach der Veröffentlichung versicherten viele Menschen im Netz, einen Gauland bitte-bitte nicht als Nachbarn haben zu wollen. Der pfiffige Autovermieter Sixt schaltete Anzeigen mit dem Foto von Gauland vor einem Lkw im Hintergrund und der Bildunterschrift: »Für alle, die einen Gauland in der Nachbarschaft haben. (Jetzt einen günstigen Umzugs-Lkw mieten unter sixt.de)«

Nun bestritt Gauland, die fragliche Äußerung gemacht zu haben. Dann behauptete er, er sei von den beiden Journalisten der *FAS* reingelegt worden. Als alles Lügen und Leugnen nicht mehr half, floh er in Ausflüchte. Er habe nicht gewusst, dass Boateng ein Farbiger sei. Er habe mit den beiden Journalisten über den ungebremsten Zustrom »raum- und kulturfremder Menschen« geredet. Der politisch so aktive Senior hatte wohl nicht mitbekommen, dass er mit diesen Begriffen total auf der Linie von Blut-und-Boden-Ideologen lag. Auch sein Lieblingssatz »Heute sind wir tolerant und morgen fremd im eigenen Land« ist dem Parolen-Schatzkästlein von Neonazi-Musikgruppen und NPD-Transparenten entnommen.

Deutlich wurde Gauland bei seinem Auftritt bei Anne Will am 5. Juni 2016. Er wolle ein »Land, wie wir es ererbt von unseren

Vätern«. Was hat einer, der 1941 mitten im Krieg der Nazis geboren wurde, denn ererbt?, fragte Peter Carstens in der *Frankfurter Allgemeinen*, »ein zerstörtes, von Nationalismus und Rassismus der Väter seiner Generation moralisch und physisch zugrunde gerichtetes Land. Hat er wohl ganz vergessen?«[17]

Es steht zu befürchten, dass wir von Gauland noch viel krauses Zeug hören werden.

110. GRUND

WEIL SIE NICHT IN DER LAGE SIND, SICH VERNÜNFTIG ZU ORGANISIEREN

Obwohl die Senioren in unserer Gesellschaft ohnehin das Sagen haben, haben sie Angst, dass sie zu kurz kommen könnten. So entstand der Wunsch nach einer speziellen Seniorenpartei. Mit 50 Jahren gründete Trude Unruh aus Wuppertal den *Senioren-Schutz-Bund*. Unruhe war auch das Programm der Wuppertalerin. Sie war Mitglied von SPD und FDP gewesen und kam 1987 über die NRW-Landesliste der Grünen als parteilose Bundestagsabgeordnete in den Bundestag. 1989 wurde sie aus der Grünen-Fraktion ausgeschlossen. Zur gleichen Zeit gründete sie die Partei Die Grauen – Graue Panther, die bei den Landtagswahlen 2006 in Berlin mit 3,8 Prozent der Stimmen das beste Ergebnis ihrer Geschichte erzielte. Die Grauen hatten ein kunterbuntes, zum Teil sehr modernes Parteiprogramm. Sie setzten sich für eine Mindestrente ab 65 ein, die nicht aus der Rentenkasse, sondern aus den Erträgen eines selbst verwalteten Fonds gezahlt werden sollte. Die Förderung alternativer Energien und Maßnahmen für den Erhalt landwirtschaftlicher Betriebe gehörten ebenso zum Programm wie die Forderung nach mehr Möglichkeiten für Volksbegehren und Volksentscheide. Die Grauen grenzten sich gegen jedweden politischen Extremismus ab und gründeten einen Arbeitskreis gegen rechts.

Keine Partei ohne eigenen Jugendkader. Am 19. Juli 1998 gründeten die Grauen Panther eine Jugendorganisation. Mitglied konnte werden, wer zwischen 12 und 35 Jahren alt war. Es erstaunt nicht, dass dieses Auffangbecken für die Kinder und Enkel der Grauen nicht besonders erfolgreich war. Der Traum vom politischen Einfluss war 2007 beendet. Es kam heraus, dass die Partei über Jahre fleißig angebliche Spenden von angeblichen Seminarleitern für angebliche Veranstaltungen gesammelt und dafür Bundesmittel aus der Parteienfinanzierung erhalten hatte. Ein paar Wochen bevor die Kripo Büro- und Privaträume durchsuchte, trat die nunmehr 82-jährige Trude Unruh als Parteivorsitzende zurück. Die frischgebackene Ehrenvorsitzende erlebte nun das totale Desaster der Seniorenpartei. Der Finanzchef kam wegen Betrugsverdachts in Untersuchungshaft, und die Grauen sollten 8,5 Millionen Euro zurückzahlen. Konkurs und Auflösung der Partei im März 2008 folgten. Im März 2008 hatte die Partei noch 3.300 Mitglieder. An der Urabstimmung über die Auflösung durften jedoch Mitglieder nicht teilnehmen, wenn sie Beitragsrückstände von mehr als einem Vierteljahr hatten. 417 Parteimitglieder beteiligten sich an der Urabstimmung, 362 waren für die Auflösung, 65 waren dagegen. Doch damit nicht genug. Wie Phönix aus der Asche erhoben sich nun zwei Seniorenparteien aus den Trümmern der Grauen-Panther-Partei. Doch der Phönix wurde schnell flügellahm. Die Beteiligung an den Bundestagswahlen 2009 misslang, und über Graue Panther redet heute niemand mehr, wohl auch deshalb, weil die Öffentlichkeit den Eindruck hat, dass Rentnerinteressen in der Politik keineswegs unterrepräsentiert, sondern eher überbewertet sind.[18]

WEIL WIR DEM SENIOR UND US-PRÄSIDENTEN DONALD TRUMP UNSEREN RESPEKT VERSAGEN MÜSSEN

Bei den Vorwahlen zu den jüngsten US-Präsidentschaftswahlen im November 2016 trat ein Kandidat für die Republikaner in Erscheinung, der anfangs belustigtes Schmunzeln, später ungläubiges Kopfschütteln und sogar lähmendes Entsetzen hervorrief. Donald Trump ist ein hemdsärmeliger Milliardär – das unterscheidet ihn nicht von den meisten anderen Reichen in den USA. Aber seine Frisur hatte es den Medien von Anfang an angetan: Lange, rotblonde Haare, die zu einer ziemlich singulären Volahila-Föhnfrisur aufgetürmt waren.

Über Frisuren von Promis zu schreiben, macht den Medien immer Spaß. Als die vermeintliche Schießbudenfigur eine Vorwahl nach der anderen gewann, waren sie gezwungen, sich nicht nur mit dem Aussehen des Präsidentschaftskandidaten auseinanderzusetzen, sondern auch mit seinen Meinungen, Ansichten und Plänen.

»Sich mit Trumps Inhalten auseinanderzusetzen und auf Unzulänglichkeiten hinzuweisen sei, als würde man die architektonische Konstruktion einer Sandburg eines kleinen Jungen kritisieren, lästerte unlängst die *Washington Post*«, war im März 2016 in der *Süddeutschen* zu lesen.[19]

Schon in der Anfangsphase des Wahlkampfs erregte Trump Aufmerksamkeit mit der Ankündigung, er wolle »eine Mauer an der Grenze zu Mexiko errichten, die mindestens so imposant werden soll wie die Chinesische Mauer – und deren Bau angeblich Mexiko finanzieren wird.«[20] Weshalb die Mexikaner die Mauer bezahlen sollten, blieb Trumps Geheimnis. Später präzisierte er seinen Hass gegen Migranten mit dem Versprechen, »die elf Millionen Einwanderer aus Mittel- und Südamerika, die ohne Aufenthaltsstatus in den USA leben, zu deportieren – notfalls mit Gewalt.«[21]

Mit seiner Forderung, allen Muslimen die Einreise in die USA zu verweigern, sicherte sich Trump zwar die Zustimmung christlicher Fundamentalisten, profilierte sich aber immer stärker als Feind von Toleranz und Pluralismus. Um bei Industriearbeitern zu punkten, die ihre Arbeitsplätze wegen Produktionsverlagerungen nach Asien verloren hatten, erklärte Trump, »nach seinem Wahlsieg werde er als Erstes den Chef von Ford anrufen und ihn dazu zwingen, innerhalb von 48 Stunden die Autofabriken aus Mexiko zurück in die USA zu verlagern – von der angekündigten Verlegung der iPhone-Produktion aus China ganz zu schweigen.«[22]

Die Unterstützung der mächtigen Waffenlobby in den USA holte sich Trump bei seinem Auftritt auf der Jahresversammlung der National Rifle Association (NRA) im Mai 2016. »Er sprach in seiner Rede davon, sämtliche waffenfreien Zonen in den USA abzuschaffen, also auch in Schulen.«[23] Noch 2012 hatte er nach einem Blutbad an einer Grundschule in Connecticut den Aufruf von Präsident Obama nach schärferen Waffengesetzen unterstützt. Jetzt, bei seinem Kampf um den Einzug ins Weiße Haus, war ihm die Wahlhilfe von fünf Millionen NRA-Mitgliedern wichtig.

Innerparteiliche Gegner und Journalisten bezeichnete er als »Lügner« und »generell schlechte Menschen«[24], was seine Medienpräsenz und die fanatische Zustimmung seiner Gefolgschaft nur noch steigerte. In einem *Spiegel*-Essay bemerkte Holger Stark, die Wahlversprechen von Donald Trump hätten »etwas Operettenhaftes«, und zitierte den Faschismus-Forscher Paxton, der eine große Ähnlichkeit von Trump mit dem italienischen Faschistenführer Benito Mussolini festgestellt hatte. »Trump ähnele Mussolini nicht nur in der Art, wie er den Unterkiefer vorschiebe, sondern auch sprachlich. Seine kurzen, schrillen Sätze klängen ähnlich wie die Ansprachen des ›Duce‹. Wie Mussolini spiele Trump virtuos mit Massen. Und auch in seiner Verachtung für das Establishment gleicht er den Führern revolutionärer Bewegungen im Europa der Zwanziger und Dreißiger.«[25]

In der *Süddeutschen* spitzte Heribert Prantl das Problem der allzu großen Ausstrahlung des total hassenswerten Rassisten auf einen Satz zu: »Der neue Mob hat in Donald Trump eine globale Leitfigur.«[26]

Während sich Trumps Durchmarsch zum Präsidentschaftskandidaten der Republikaner im Wesentlichen ohne größere Probleme vollzog, hatte Hillary Clinton einen ernsthaften Widersacher. Bernie Sanders sprach sehr erfolgreich junge Leute an, indem er die wachsende Ungleichheit in den USA und die Vormacht des Kapitals kritisierte. Sanders bekannte sich als Sozialist, was viele Leute ziemlich attraktiv fanden. Hillary, die Kandidatin des Washingtoner Establishments, musste Forderungen von Sanders übernehmen, je länger der Wahlkampf dauerte. Den Attacken des weißen alten Rassisten Trump konnte sie ziemlich hilflos lange nichts entgegensetzen. Während Trump betonen konnte, er habe sein Vermögen als Unternehmer außerhalb und unabhängig von der Politik gemacht und brauche keine Spender, denen er später verpflichtet sei, musste Hillary eingestehen, dass sie und ihr Mann nach dem Auszug aus dem Weißen Haus mit Vorträgen 150 Millionen Dollar verdient hatten. »1,25 Millionen Dollar zahlte allein die Deutsche Bank dem ehemaligen US-Präsidenten und seiner Frau seit dem Jahr 2005 für Reden vor Vorständen, Managern und reichen Privatkunden.«[27]

Bernie Sanders hatte vor dem Sieg von Hillary bei den Vorwahlen seiner Konkurrentin vorgeworfen, sie habe für die berüchtigte Investmentbank Goldman Sachs Reden für jeweils 225.000 Dollar gehalten und sei als Präsidentschaftskandidatin »so sehr von den Interessen der Wirtschaft abhängig«.[28]

Hillary Clinton ist im Gegensatz zu Donald Trump eine erfahrene Politikerin, aber sie genießt in der Bevölkerung kein

Vertrauen. Zusätzlich zu ihrer Unfähigkeit, ihr Fehlverhalten in der sogenannten E-Mail-Affäre einzugestehen, gilt sie als Opportunistin, die ihre Meinungen dem Zeitgeist unterordnet. Erst war sie für den Irakkrieg, dann dagegen. Erst war sie für das Freihandelsabkommen mit Asien, dann schlug sie sich auf die Seite der Protektionisten.

Im Wahlkampf konnte Donald Trump Hillary Clinton fast nach Belieben vor sich her treiben. Hillary hatte konsequent die Verwendung des Begriffs »radikaler Islamismus« vermieden, dessen sich Trump ständig bediente. Am Tag nach dem Massaker von Orlando, als 49 Menschen von einem in den USA geborenen Kind pakistanischer Einwanderer erschossen wurden, benutzte sie in ihrer Trauerrede diesen Begriff und ließ Trump triumphieren. Endlich habe die »betrügerische« Hillary auch kapiert, was er schon immer gesagt habe.[29]

Als die Wahlstrategen der Demokraten feststellten, dass die kalte Kandidatin der Wall Street ins Hintertreffen zu geraten drohte, verlegte sich Hillary Clinton auf ähnlich abenteuerliche populistische Ankündigungen wie ihr Rivale. Sie werde ein gewaltiges Konjunkturprogramm in den ersten 100 Tagen ihrer Amtszeit auflegen und dadurch zehn Millionen neue Jobs schaffen.[30]

In ersten gemeinsamen Fernsehauftritten der Kandidaten am 26. September 2016 konnte Hillary punkten. Ebenso in zwei weiteren Duellen. Doch die Hasspredigten von Trump erreichten ihr Ziel. Hillary konnte zwar am 8. November 2016 über 2,6 Millionen Stimmen mehr für sich verbuchen als ihr Gegenspieler, verlor aber die Wahlmänner in den sog. Swing States und damit die Präsidentschaftswahlen.

Am Tag nach seiner Wahl schlug der künftige USA-Präsident friedlich wie ein sattgefressener Löwe überraschend versöhnliche Töne an. Hatte er vorher gefordert, Hillary wegen ihrer E-Mail-Affäre hinter Gitter zu bringen, lobte er sie nun in den höchsten Tönen. Bauernfängerei als Konstante eines erfolgreichen Geschäftsmannes, der sich irgendwie in die große Politik verirrt hatte, Einäugiger unter den Blindfischen des Spitzenpersonals bei Republikanern und Demokraten. Den Menschen in den USA und in der ganzen Welt stehen spannende Jahre bevor. Kanada eröffnete ein Einwanderungsportal für Trump-müde USA-Auswanderer: »Refugees welcome!«.

DAS SPIEL ZUM BUCH

Die Top Ten besonders hassenswerter Senioren
In altersmäßig absteigender Reihenfolge:

- ☐ Robert Mugabe (* 21.02.1924)
- ☐ Bernie Ecclestone (* 28.10.1930)
- ☐ Rupert Murdoch (* 11.03.1931)
- ☐ Sepp Blatter (* 10.03.1936)
- ☐ Silvio Berlusconi (* 29.09.1936)
- ☐ Bill Cosby (* 12.07.1937)
- ☐ Alexander Gauland (* 20.02.1941)
- ☐ Erika Steinbach (* 25.07.1943)
- ☐ Franz Beckenbauer (* 11.09.1945)
- ☐ Donald Trump (* 14.06.1946)

SPIELANLEITUNG

Liste kopieren und mit Bleistift oder Kulis an die zwei bis zehn Spielteilnehmer verteilen. Jeder Spielteilnehmer gibt offen oder verdeckt seine persönliche Bewertung ab. Der Kandidat mit dem höchsten Hassfaktor erhält zehn Punkte, der mit dem geringsten nur einen Punkt. Alle Zahlen von eins bis zehn müssen vergeben werden. Der Gewinner mit der höchsten Punktezahl wird in der *hall of hate* verewigt. Über eventuell unterschiedliche Bewertungen können die Spielteilnehmer gerne anschließend diskutieren. Dabei sind Handgreiflichkeiten zu vermeiden. Es empfiehlt sich, das Spiel alle halbe Jahr zu wiederholen. Gegebenenfalls können dann auch andere Namen eingesetzt werden. Hassenswerte Menschen unter 65 Jahren (außer Frührentner) sind allerdings von der Nennung auf der Liste ausgeschlossen. Bitte daher auf ein korrektes Geburtsdatum achten.

DANKSAGUNG

Viele rüstige Senioren haben mich zum Schreiben dieses Buches ermuntert, nachdem ich ihnen von diesem Projekt erzählt hatte. Ruhm sei dem Donnerstagvormittag-Wochenmarkt-Stammtisch im *Kornspeicher*! Einige Gründe, Senioren zu hassen, steuerten meine Nichten Karin und Ulrike und mein Freund Jürgen Pomorin bei. Mit Scharfsinn und Geduld beförderte meine Gattin Ulla tagtäglich das Werden dieses Buches.

QUELLENANGABEN

SZ: Süddeutsche Zeitung, Abonnentenausgabe NRW

WR: Westfälische Rundschau, Zeitung für Wetter und Herdecke (FUNKE Mediengruppe)

Syndrom: Krankheitsbild, das sich aus dem Zusammentreffen verschiedener charakteristischer Symptome ergibt (Duden)

Vorbemerkung

1 Zit. nach SZ 30.10.2015
2 ZDF, heute Show 03.06.2016 22:35 Uhr

1. Kapitel: Senioren im Alltag

1 Kathryn und Ross Petras: Alter spielt keine Rolle, Münster 2007, o. Seitenangabe
2 Fa. Walbusch, Angebot August 2016, S. 22
3 WR 20.01.2016
4 Christian Wernicke: Blick auf Haus Nummer 7, SZ 08.01.2016
5 Ruth Schneeberger, www.sueddeutsche. de/leben/guenther-krabbenhoeft-uebers-altern-lebt-wild-und-gefährlich-1.2691338 15.10.2015
6 www.spiegel.de/panorama/gesellschaft/ berlins-aeltester-hipster-unterwegs-mit-guenther-krabbenhoeft-a-1051327.html 04.09.2015
7 Zit. nach Petras, Alter spielt keine Rolle, Münster 2007
8 WR 25.04.2016
9 dpa/WR 03.11.2015; dpa/WR 28.09.2016 und www.bild.de/regional/muenchen/ prozess/laubenpieper-tot-nach-streit-

beerenstrauch-prozess-48017674.bild. html 27.09.2016
10 WR 20.12.2015
11 www.blick.ch/news/schweiz/zentral-schweiz/mit-auto-velofahrer-gerammt-zwei-jahre-knast-fuer.wut-rentner-id2935089.html 24.06.2014
12 Stefan Wette: Nachbar darf sich weiter nackt im eigenen Garten bewegen / Martin von Braunschweig: Nackt durch den Garten ist okay, WR 06.07.2016
13 www.presseportal.de/blaulicht/ pm/110976/3315771
14 Zit. nach WR 12.01.2016
15 SZ 12.01.2016
16 Zit. nach WR 12.01.2016
17 Ebd.
18 WR 24.02.2016
19 WR 01.02.2016
20 www.tier.tv/hund/sport-und-spiel/ hunde-und-senioren
21 SZ 21.04.2016
22 Zit. nach WR 29.02.2016
23 SZ 30.12.2015
24 SZ 04.01.2016
25 www.pferd.de/threads/96772-suche-rentnerstall-naehe-koeln-moeglichst-linksrheinisch …
26 www.psreiten.de

2. Kapitel: Senioren und Gesundheit

1 Stephan Lessenich: Was ist deutsch, SZ 25.01.2016
2 www.apetito.de/ueber-apetito/unternehmen/unternehmensprofil …
3 dpa/WR 12.05.2016

4 www.apothekerkammer-niedersachsen.
de/presse 02.02.2016

5 test 2/2016, S. 82 ff.

6 Mallorca Magazin 7/2016

7 WR 13.11.2015

8 Z. B. Der Spiegel Nr. 14/2016, S. 95

9 FAZ 02.05.2016, S. 21

10 Aldi Nord, Aldi aktuell 30/2016,
23.07.2016

11 www.derwesten.de/staedte/essen/was-
essener-senioren-mit-smoothies-am-
hut-haben-id5136527.html. 07.10.2011

12 www.drk.de/spenden/als-unternehmen-
engagieren-mit-dem-drk-als partner/
unsere-partner/das-grosse-stricken-ge-
meinsam-werden-wir-multionaere

13 dpa/SZ 21./22.05.2016

14 www.augenzentrum-ruhr.de Broschüre:
Aktiv gegen das Altern, März 2016

15 SZ 08.02.2016

16 WR 18.01.2016

17 Ebd.

18 Dirk Hautkapp, WR 19.05.2016

19 Der Spiegel Nr. 45/2015, S. 150

20 WR 03.06.2016

21 SZ 19.01.2016

22 Claudia Voigt: Doktor Botox, Der Spiegel, Chronik 2015, 09.12.2015

23 https://de.wikipedia.org/wiki/In-vitro-
Fertilisation

24 SZ 18.05.2016

25 www.spiegel.de/politik/deutschland/
schwanger-mit-65-vierlings-mutter-alar-
miert-politik-a-11028556.html

26 www.t-online.de/eltern/baby/
id_77791830/vierlinge-mutter-annegret-
raunigk-zeigt-keine-schwaechen.html
10.05.2016

27 RTL extra, 09.05.2016, 23:20 Uhr

3. Kapitel: Senioren als Autofahrer –
denn sie wissen nicht, was sie tun

1 WR 13.07.2016

2 WR 15.05.2016

3 WR 20.06.2016

4 www.bmw-syndikat.de/bmwsyndikatfo-
rum/topic299357_Rentnerfahrzeug_nie_
wieder_einfahren_3er_BMW-E30.html

5 WR 05.01.2016

6 Helmuth Booß: StVO, 3. A. 1980, S. 172

7 WR 01.02.2016

8 www.derwesten.de/staedte/essen/sued/
anwohner-entdecken-vermisstes-auto-
eines-essener-rentners-id11517150.html
01.02.2016

9 www.bild.de/regional/muenchen/park-
haus/2400-euro-parkkosten-44569080.
bild.html 15.02.2016

10 www.wochenblatt.de/nachrichten/baye-
rischer-wald/regionales/Kurios-Rentner-
vertauscht-eigenes-Auto;art785,105549
04.02.2012

11 www.aachener-zeitung.de/lokales/
heinsberg/rettungswagen-absichtlich-
zugeparkt-rentner-ging-zum-bae-
cker-1-1313100

12 WR 26.02.2016

13 WR 21.06.2016

14 www.solinger-tageblatt.de/solin-
gen/78-jaehriger-faehrt-kinderspiel-
zug-6537938.html 03.07.2016

15 Kubitzki/Janitzek, Sicherheit und
Mobilität älterer Verkehrsteilnehmer,
Ismaning/Brüssel, Januar 2009, S. 102

16 online focus 02.01.2013

17 Die Zeit Nr. 27/2015

18 www.fnp.de 07.07.2015

19 WR 04.01.2016

20 WR 25.01.2016

21 www.suedkurier.de/region/hochrhein/
bad-saeckingen/Nach-dem-Horrorun-
fall-von-Bad-Saeckingen-Eine-Stadt-
steht-unter-Schock;art372588,8702251
09.05.2016

22 WR 13.05.2016 und dpa/WR 05.09.2016

23 www.blick.ch/news/schweiz/ostschweiz/
von-der-strasse-abgekommen-opa-89-
kracht-in-wohnhaus-id2657063.html
06.02.2014

24 www.thueringer-allgemeine.de/web/
zgt/leben/blaulicht/detail/-/specific/82-

Jaehrige-mit-Rollstuhl-auf-Bundesstrasse-bei-Eisenach-unterwegs-113657 …
31.07.2016

25 www.vol.at/warum-halten-sie-mich-an-78-jaehriger-ohne-vorderreifen-auf-a12-unterwegs/4820097 01.08.2016

26 WR 13.05.2016

27 WR 29.10.2015

4. Kapitel: Senioren zu Wasser, zu Lande und in der Luft

1 WR 13.07.2016

2 Plantours Katalog Fluss-Kreuzfahrten 12/2015 – 12/2016, S. 11

3 www.mittelbayerische.de/region/kelheim/gemeinden/riedenburg/schiffsunfall-auf-dem-main-donau-kanal-21093-art1393230.html 18.06.2016; www.mittelbayerische.de/region/kelheim/gemeinden/badabbach/zweites-schiff-kollidiert-mit-bruecke-21081-art1393387.html 19.06.2016

4 www.abendzeitung-muenchen.de/inhalt.donau-schleuse-bad-abbach-schiffsunfall-mit-122-leuten-an-bord- … 10.05.2014

5 SZ 12.09.2016 und dpa/WR 12.09.2016

6 Phönix Reisen, Katalog Fluss und Küsten 2017, S. 212 f.

5. Kapitel: Senex amans: Geile alte Säcke und so

1 La Bruyère: Die Charaktere oder Die Sitten des Jahrhunderts, Leipzig 1970, S. 265

2 Die Zeit 04.09.2008

3 SZ 08.01.2016

4 Zit. nach Petras, Alter spielt keine Rolle

5 SZ-Magazin 04.12.1015

6 WR 16.12.2015

7 WR 14.03.2016

8 SZ 16./17.04.2016

9 www.tagesspiegel.de/weltspiegel/der-kleine-unterschied-viel-spricht-fuer-die-liebe-zum-juengeren-mann/1647408.html 13.12.2009

10 www.sueddeutsche.de/leben/frauen/frauen-mit-juengeren-partnern-das-haelt-eh-nicht-lange-1.203361 17.05.2010

11 SZ 07.04.2016

12 WR 19.05.2016

13 SZ 29.07.2016

14 dpa/WR 26.04.2016

15 www.zeit.de/politik/ausland/2014-05/berlusconi-sozialdienst-altenheim?print 08.05.2014

16 Ebd.

17 http://de.wikipedia.org/wiki/Silvio_Berlusconi

18 Ebd.

19 www.spiegel.de/politik/ausland/silvio-berlusconi … 11.03.2015

20 Der Spiegel Nr. 45/2015, S. 61

21 Zit. nach Petras, Alter spielt keine Rolle

22 Zit. nach WR 13.01.2016

23 Jochen Busse bei Lanz/ZDF 3.2.2016

24 https://de.wikipedia.org/wiki/Hugh_Hefner

25 Ebd.

26 Der Spiegel Nr. 43/2015

27 WR 09.04.2016

28 SZ 02.02.2016

29 www.bild.de/unterhaltung/leute … 19.10.2015

30 SZ 08.06.2016

31 WR 18.08.2016

32 Peter Dausend: SPD: Das neue Leben des Franz Müntefering, Die Zeit Nr. 1/2011

33 www.bundesregierung.de/Content/DE/Pressemitteilungen/BPA/2015/11/2015-11-25-merkel-muentefering.html

34 www.derwesten.de/staedte/nachrichten-aus-meschede-eslohe-bestwig-und-schmallenberg/pfarrer-aus-freienohl-verfolgt-frau-in-untersuchungshaft-id7792041.html 03.04.2013; www.haufe.de/recht/kanzleimanagement/katholischer-pfarrer-als-opfer-einer-

stalkerin-im-rentenalter_222_228704.
html 30.03.2014; www.abendzeitung-
muenchen.de/inhalt.besessen-vom-
pfarrer-stalking-oma-dekoriert-haus-
mit-kondomen … 10.12.2015; WR
11.12.2015;www.sauerlandkurier.
de/hochsauerlandkreis/meschede/
prozess-stalking-opfer-pfarrer-michael-
hammerschmidt-zeichnet-sich-eine-
wende …12.12.2015; www.focus.de/
kultur/kino_tv/sinnead-o-connor-
kein-einzelfall-katzenberger-nach-
stalker-erfahrung … 13.12.2015; WR
17.12.2015; www.derwesten.de/staedte/
nachrichten-aus-meschede-eslohe-
bestwig-und-schmallenberg/stalkerin-
verfolgt-pastor-immer-weiter-ordnungs-
haft-id11946253.html 24.06.2016

35 www.spiegel.de/panorama/leute/
hochzeit-von-richard-lugner-und-
cathy-schmitz-in-wien-a-991480.html
05.09.2014

36 SZ 16.03.2016, S. 3

37 SZ 14.01.2016

38 SZ 16.03.2016

39 www.tagesspiegel.de/weltspiegel/
richard-moertel-lugner-enttaeuscht-
vielleicht-war-es-mein-letzter-wiener-
opernball/12928002.html

40 www.faz.net/aktuell/gesellschaft/familie/
soziologie-welche-deutschen-maenner-
heiraten-frauen-aus-armen-laendern-
11557915-p2.html 10.12.2011

41 www.thailandaktuell.com/5737/rentner-
in-pattaya/ 04.12.2012; www.auswan-
dern-nach-thailand.net/die-neue-angst-
altersarmut/ 27.04.2013

6. Kapitel: Die Senioren und das liebe Geld

1 SZ 24.02.2016

2 Michail Sostschenko, Das Himmel-
blaubuch, Berlin 1973, S. 47

3 SZ 11.01.2016

4 Der Spiegel Nr. 8/2016, S. 20

5 Diese Darstellung folgt dem Artikel von
Berrit Gräber: Am besten in Eigenregie
verkaufen, SZ 18.04.2016.

6 Senioren Ratgeber 06/2016, S. 29

7 WR 08.06.2016

8 Ebd.

9 swr.de/landesschau-aktuell/bw/suedba-
den/konstanz-haftstrafe-fuer-betagten-
raeuber/ id … 07.06.2016

10 Der Spiegel Nr.48/2015

11 Ebd.

12 www.faz.net/aktuell/wirtschaft/men-
schen-wirtschaft/millionen-rente-vw-
personalchef-stiftet-grossen-teil-seiner-
pension-13919560.html 18.11.2015

13 SZ 30.10.2015

14 Ebd.

15 SZ 13.05.2016

16 Zit. nach http://kurier.at/chronik/niede-
roesterreich/85-jaehrige-zerschnitt-950-
000-euro/162.200.477 05.11.2015

17 Ebd.

18 www.tagesspiegel.de/weltspiegel/
bundesbank-bestaetigt-echtheit-des-
geldes-darmstadt-rund-20-000-euro-
zerschnitten … 22.8.2015

19 www.spiegel.de/panorama/wien-spu-
erhund-findet-ersparnisse-in-kuehl-
schrank-a-1072809.html 19.01.2016

20 www.theguardian.com/books/2016/
mar/02/helen-garner-learns-of-207000-
literary-prize-win-after-checking-junk-
email 02.03.2016

21 Die SZ widmete dieser Geschichte am
9./10.01.2016 eine ganze Seite: Christian
Zaschke: »Old School«. Die folgende
Darstellung folgt im Wesentlichen diesem Artikel.

22 Ebd.

23 Zit. nach WR 10.03.2016

24 www.handelsblatt.com/finanzen
30.05.2011; www.dr-schulte.de/109-
anlegerschutz/2572-betrugsverdacht-
gegen-green-planet-ag 06.06.2014;
www.gomopa.net/Themen-des-Monats.
html?Monat=6 02.06.2014;

www.fr-online.de/gericht/betrug-millio-nen-dank-erfundener-teakholzplanta-ge … 19.05.2015

25 www.xing.com/profile/Manfred_Wander

26 Zit. nach Petras, Alter spielt keine Rolle

27 WR 03.11.2015

28 WR 28.12.2015

29 SZ 28.04.2016

30 dpa/WR 13.05.2016

31 SZ 17.06.2016

32 SZ 10.12.2015

33 SZ 19.02.2016

34 https://de.wikipedia.org/wiki/Tho-mas_Middelhoff; Der Spiegel, Chronik 2015, S. 65 f. 09.12.2015; Im Irrgarten, SZ 29.12.2015; Der Spiegel Nr. 6/2016, S. 51 f.; http://www.faz.net/aktuell/wirtschaft/bgh-bestaetigt-untreue-urteil-ge-gen-arcandor-chef-thomas-middel-hoff-14084092.html; www.welt.de/wirtschaft/article154927043/Middelhoff-arbeitet-ab-heute-in-behindertenwerks-tatt.html 02.05.2016

7. Kapitel: Senioren und Gewalt

1 WR 11.03.2016

2 Die folgende Darstellung stützt sich auf den Bericht »Schuss in den Rücken« von Wolfgang Janisch in der SZ vom 28.10.2015

3 www.taz.de/!5114838/

4 Ebd.

5 WR 28.04.2016

6 Margret Klose: Schießerei in Kerpen, www.ksta.de/region/rhein-erft/schiesserei in kerpen-senior-fuehrte-seit-jahren-papierkrieg-gegen-verein-24180876 06.06.2016; www.sv-blatzheim.de/index.php/ … 07.06.2016

7 www.op-online.de/hessen/gerichts-vollzieher gelnhausen nach kopfschuss-weiter-lebensgefahr-6217023.html 17.03.2016

8 www.spiegel.de/panorama/justiz/geiselnahme-in-karlsruhe-mann-toetet-gerichtsvollzieher … 04.07.2012

9 www.spiegel.de/panorama/bomben-alarm-im-gericht-rentner-wollte-sich-mit-panzermine-gehoer-verschaf-fen-a-318048.html 14.09.2004; www.berliner-kurier.de/prozess-wolfgang-f---62--hatte-fuer-die-tat-panzerminen … 31.03.2005;www.welt.de/print-welt/article562751/Panzerminen-Prozess-An-geklagter-schweigt.html 31.03.2005

10 www.express.de/koeln/in-suelz-und-lin-denthal-mehr-als-170-autos-zerkratzt … 29.05.2014

11 www.abendblatt.de/hamburg/polizei/meldungen/article107547372/ … 20.08.2009; www.bild.de/regional/ham-burg/zerkratzt-auto-9456580.bild.html 19.08.2009

12 dpa/WR 16.12.2015

13 www.spiegel.de/panorama/justiz/klage-wegen-verleumdung-ehefrau-von-bill-cosby … 02.01.2016

14 SZ 27.05.2016

15 WR 25.05.2016

16 www.welt.de/vermischtes/artic-le129491769/Ist-das-Senioren-Gefaeng-nis-nur-ein-Knast-light.html 26.06.2014

17 Barbara Schmid: Kaminzimmer hinter Gittern, Der Spiegel NRW Nr. 17/2016, S. 11 ff.

18 Ebd.

19 Ebd.

20 SZ 09.09.2016

8. Kapitel: Kunst und Kultur

1 https://de.wikipedia.org/wiki/Wet-ten,_dass..%3F

2 WR 30.06.2016

3 www.welt.de/kultur/buehne-konzert/article 134660626 … 24.11.2014

4 Der Spiegel Nr. 24/2016, S. 125

5 SZ 11./12.06.2016

6 Ebd.

7 Ebd.

8 Olaf Przybilla: Rentnerin füllt Kreuz-
   worträtsel-Kunstwerk im Museum aus,
   SZ/Bayern 15.07.2016

9 Olaf Przybilla: »Ich bin noch nicht 91!«
   SZ 16./17.07.2016, S. 36

10 Katja Auer: Die Kunstbanausen aus dem
   Museum, SZ 03.08.2016

9. Kapitel:
Senioren als Memoirenschreiber:
Die Meister der Selbstbespiegelung

1 www.klatsch-tratsch.de/2016/05/12/
   paris-hilton-dreht-tv-doku-auf-ibi-
   za/275599

2 Thomas Gottschalk: Herbstblond, S. 17

3 Helmut Kohl, Erinnerungen: 1930–1982,
   Januar 2004

4 Helmut Kohl: Erinnerungen:1990–1994,
   2007, Werbetext

5 Rainer Blasius: Die Kohl-Protokolle,
   Frankfurter Allgemeine, 10.10.2014

6 www.randomhouse.de/Buch/Ausser-
   Dienst/Helmut-Schmidt/e222764.rhd

7 www.ullsteinbuchverlage.de/nc/
   buch/details/meine-sicht-der-din-
   ge-9783549074640.html

8 SZ 30.10.2015

9 »Ich bin ein glücklicher Einzelgänger«,
   Interview von Joachim Kronsbein mit
   Frederick Forsyth, Der Spiegel Nr.
   40/2015, S. 138

10 »Lady Dada«, Der Spiegel Nr. 39/2015,
   S. 144

10. Kapitel:
Senioren und Medien

1 O-Ton, Hessenschau kompakt,
   03.03.2016 21:55 Uhr

2 SZ 03.11.2015

3 www.spiegel.de/netzwelt/gadgets/silver-
   surfer-ganz-oder-gar-nicht-a-723306.
   html 18.10.2010

4 SZ 01.06.2016

5 WDR-Fernsehen, Markt, 01.06.2016, ab
   20:15 Uhr

6 Oliver Welke: Im Herzen jung, 3sat
   13.03.2016

7 Tagesspiegel 16.4.2011; Arbeitsgemein-
   schaft Fernsehforschung in Zusammenarbeit mit GfK: TV-Scope 2013

8 WR 25.05.2016

9 SZ 25.05.2016

10 SZ 28.01.2016

11 www.spiegel.de/kultur/tv/stadls-
   how-ard-setzt-volksmusik-sendung-
   ab-a-1071605.html 12.01.2016

12 dpa/WR 19.05.2016

13 SZ 28.01.2016

14 WR 05.02.2016

15 WR 19.07.2016

16 WR 09.06.2016

17 SZ 11./12.06.2016; Andreas Böhme:
   Mit Marco Schreyl auf Quotenjagd, WR
   14.09.2016

18 WR 31.05.2016

19 RTL 06.06.2016 23:05 Uhr

20 Jonas Erlenkämper: Die Kleinen werden
   selbstbewusst, WR 30.07.2016

21 www.stern.de/lifestyle 05.01.2016

22 WR 03.03.2016

23 Zit. nach Frankfurter Neue Presse
   06.04.2016

24 Zit. nach WR 19.05.2016 und dpa/WR
   08.09.2016

25 dpa/WR 26./27.05.2016

26 Biographische Daten siehe https://de.wi-
   kipedia.org/wiki/Henryk_M_Broder

27 SZ 11.12.2015

28 Biographische Daten siehe https://de.wi-
   kipedia.org/wiki/Waldemar_Hartmann

29 WR 09.07.2016

11. Kapitel:
Senioren im Dschungelcamp

1 www.focus/de/kultur/vermischtes/hel-
   mut-berger-so-kaputt-ist …14.09.2015

2 www.spiegel.de/kultur/tv/dschungel-
   camp-helmut-berger-aufstieg-und-

fall-eines-weltstars-a-877065.html
13.01.2013

3 Markus Lanz, ZDF 03.02.2016

4 kbe, t-online.de 08.02.2013

5 focus ebd.

6 www.tz.de/tv/dschungelcamp-2016-
gage-geld-so-viel-gibt-es-fuer-ich-bin-
ein-star-holt-mich-hier-raus-5974668.
html; www.rtl.de/cms/dschungelcamp-
2016-gunter-gabriel-sieht-dem-dschun-
gelcamp-gelassen-entgegen-2630268.
html

7 www.spiegel.de/kultur/tv/langhans-und-
das-dschungelcamp …16.11.2010; www.
spiegel.de/kultur/tv//rtl-dschungelcamp-
elf-ekel … 11.01.2011; www.spiegel.de/
kultur/tv/dschungelcamp-rainer-lang-
hans-fliegt … 26.01.2011

12. Kapitel: Senioren im
Schützen- und im Gesangverein

1 www.nnp.de/lokales/limburg_und_um-
gebung/Gesangverein-schliesst-sei-
ne-Notenmappen;art680,1442605
12.06.2015

2 www.allgemeine-zeitung.de/lokales/
bingen/bingen/gesangverein-einigkeit-
steht-vor-der-aufloesung_15141347.htm
28.03.2015

3 www.meinchor.de/mgv-caecilia-sun-
dern/wir.htm

4 Annika Fischer: Knappen-Sänger in der
Krise, WR 29.12.2015

5 www.erleben-magazin.de/425_234_kun-
denseite.html

6 schuetzen-zell.de/downloads/jhv_sg_
zell_2014_1.doc

7 Stefan Lieser: Schützenfest in Dahlem.
Zweite Amtszeit für Majestäten der St.
Michael Schützenbruderschaft, Kölner
Stadt-Anzeiger 24.08.2015

8 www.welt.de/vermischtes/artic-
le13538001/Glaubenskrieg-um-schwu-
len-Schuetzenkoenig.html 10.08.2011;
www.sueddeutsche.de/panorama/
diskriminierung-von-homosexuel-
len-schuetzen-verbieten-schwule-
koenigspaare-1.1305562 11.03.2012;
sueddeutsche.de/panorama/schwuler-
schuetzenkoenig-zwei-maenner-auf-
einem-thron-1.2676226

9 www.tagesspiegel.de/weltspiegel/
muslim-darf-nicht-schuetzenkoenig-
sein-antidiskriminierungsstelle-schaltet-
sich-ein/10293336.html 05.08.2014;
www.spiegel.de/panorama/gesellschaft/
muslimischer-schuetzenkoenig-bund-
sieht-diskriminierung-a-984551.html;
www.islamiq.de/2014/provinzposse-
muslimischer-schuetzenkoenig-darf-
schuetzenkoenig-bleiben 06.08.2014;
www1.wdr.de/nachrichten/schuetzen-
gemeinnuetzigkeit-100.html

10 www.schuetzengilde-altlandsberg.de/
cms_joomla/images/inhalte/kleiderord-
nung.pdf

13. Kapitel: Senioren, die es
im Sport toller treiben als erlaubt

1 www.spiegel.de/sport/fussball/kommen-
tar-zur-wm-affaere-franz-beckenbauer-
hat-ausgespielt-a-1080756.html

2 Rafael Buschmann u. a.: Schmutz in der
Schweiz. Sommermärchen-Affäre, Der
Spiegel Nr. 10/2016, S. 59 f.

3 www.monte.travel/servus-salzburg-
good-bye-kitzbuhel

4 www.vermoegenmagazin.de

5 SZ 05./06.03.2016

6 SZ 23.12.2015

7 Zit. nach SZ 18.12.2015

8 Der Spiegel Nr. 51/2015, S.105 f.

9 Ebd.

10 Claudio Catuogno: Hausverbot ist erst
der Anfang, SZ 22.12.2015

11 Zit. nach SZ 18.12.2015

12 Zit. nach SZ 13.05.2016

13 SZ 04./05. 06.2016

14 Detlef Hacke: Retro und Rolex,
Der Spiegel Nr. 41/2015, S.148

15 Zit. nach Hans von der Hagen: 100 Millionen und die Wahrheitssuche endet, www.sueddeutsche.de/wirtschaft/ecclestone-prozess-millionen-und-alles-ist-gut-1.2078282 05.08.2014

16 www.sueddeutsche.de/sport/formel-in-hockenheim-ecclestone-nennt-die-deutschen-fans-lausig-1.2334727 03.02.2015

17 Ebd.

18 Detlef Hacke, ebd.

19 Der Spiegel Nr. 42/2015, S. 99

20 www.sueddeutsche.de/sport/formel-zerstoererischer-einfluss-1.2921589 23.03.2016

21 www.motorsport-total.com/f1/news/2016/07/ecclestone-nachfolger-sollte-gebrauchtwagenhaendler-sein-16071205.html

22 Zit. nach Caspar Busse/Björn Finke: Malone macht das Rennen, SZ 08.09.2016

23) Zit. nach Elmar Brümmer: Alter Mann in schöner neuer Welt, SZ 17./18.09.2016

14. Kapitel: Royals: rüstig oder gruftig

1 www.welt.de/print/die_welt/wirtschaft/article146230886/Das-bescheidene-Vermoegen-der-Queen-Elisabeth.html 10.09.2015; Der Spiegel Nr. 6/2016, S. 143; WR 07.03.2016; WR 09.06.2016; Der Spiegel Nr. 16/2016, S. 102; www.fr-online.de/panorama/england-soldat-kollabiert-bei-queen-parade ... 11.06.2016

2 https://de.wikipedia.org/wiki/Elefanten-Orden; www.welt.de/vermischtes/prominente/article106186360/Jetzt-nimmt-Spanien-Koenig-Juan-Carlos-ins-Visier.html 15.04.2012; www.faz.net/aktuell/gesellschaft/details-zur-elefantenjagd-koenig-juan-carlos-erlegte-einen-alten-prachtbullen-11735169.html 29.04.2012; www.spiegel.de/panorama/leute/juan-carlos-von-spanien-dankt-ab ... 02.06.2014; www.bild.de/unterhaltung/royals/juan-carlos/spanischer-koenig-dankt-ab ... 02.06.2014

3 www.spiegel.de/panorama/gesellschaft/fotos-von-schwedens-koenig-peepshow-royal ... 26.05.2011; www.spiegel.de/politik/ausland/rotlicht-skandal-wie-carl-gustav-das-vertrauen-der-schweden-verspielt-a766077.html 01.06.2011; www.spiegel.de/spiegel/print/d-78832510.html 06.06.2011; www.bunte.de/schweden/carl-gustav-von-schweden-er-verkauft-seinen-ferrari-110427.html 24.11.2014; www.spiegel.de/panorama/leute/schwedens-koenig-carl-xvi-gustav-umweltschutz ... 23.11.2015; www.woman.at/a/strenge-regeln-freunde-royals 22.03.2016; André Anwar: Ein König kämpft um seinen Ruf, WR 29.04.2016

4 Reportage von André Anwar, SZ 19.4.2016

5 WR 23.06.2016

6 Florian Hassel: Loyal Royal, SZ 30.06.2016

7 dpa/SZ 13.07.2016

8 www.bunte.de/sonstige/irina-von-rumaenien-verurteilt-wegen-illegaler-hahnenkaempfe-106885.html 23.10.2014

9 SZ 30.06.2016

10 www.bunte.de/sonstige/nicholas-von-rumaenien-warum-darf-er-kein-prinz-mehr-sein-130941.html 13.08.2015

11 www.news.de/panorama/855117487/die-verarmten-koenigshaeuser-des-balkans/1/

15. Kapitel: Senioren in der Politik: Katastrophe

1 Biografische Daten aus https://de.wikipedia.org/wiki/Robert_Mugabe

2 Der Spiegel Nr. 8/2016. S. 201

3 www.faz.net/aktuell/politik/ausland/afrika/zimbabwe-mugabe-empfiehlt-sei-

nen-gegnern-selbstmord-12528599.html
12.08.2013

4 Michael Obert: Allein gegen Mugabe,
   National Geographic, dt. Ausgabe, Juni
   2016, S. 101

5 SZ 29.02.2016

6 www.zeit./de/politik/ausland/2016-04/
   simbabwe-demonstration-robert-muga-
   be-protest-diamanten … 14.04.2016

7 Ebd.

8 Wahlstatistik der Grexit-Abstimmung
   in: WR 25.06.2016

9 Biographische Daten aus https://de.wiki-
   pedia.org/wiki/Erika_Steinbach

10 www.spiegel.de/politik/deutschland/
   umstrittene-weltkriegsbemerkung-
   steinbach-provoziert-eklat-in-der-
   union-a-716491-druck.html 09.09.2010

11 www.spiegel.de/politik/deutschland/
   steinbach-rueckzug-die-union-wirft-
   ballast-ab-a-716679-druck.html
   09.09.2010

12 Yassin Musharbash: Steinbach-Eklat auf
   Twitter, www.spiegel.de/politik/deutsch-
   land/steinbach-eklat-auf-twitter-die-
   nazis-waren-eine-linke-partei-a-812950.
   html 02.02.2010

13 www.spiegel.de/netzwelt/web/
   erika-steinbach-ursprung-des-fotos-
   von-deutschland-2030-tweet-gekla-
   ert-a-1083841.html 23.03.2016

14 Ebd.

15 https://de.wikipedia.org/wiki/Aff%C3%/
   A4re_Gauland

16 Biographische Daten aus https//de.wiki-
   pedia.org/wiki/Alexander_Gauland

17 www.faz.net/aktuell/feuilleton/medien/
   tv-kritik-alexander-gauland-bei-anne-
   will-14271598.html 06.06.2016

18 https://de.wikipedia.org/Die_Grau-
   en_-_Graue_Panther; www.welt.de/
   politik/article1834606/Die-Partei-
   der-Grauen-Panther-loest-sich-auf.html;
   www.spiegel.de/politik/deutschland/
   die-grauen-verfassungsrichter-
   lassen-rentnerpartei-auflau-
   fen-a-639665.html

19 Der Einflüsterer, SZ 09.03.2016

20 Der Spiegel Nr.46/2015, S. 93

21 Holger Stark: Die erschöpfte Demokratie, Der Spiegel Nr. 20/2016, S. 102

22 Ebd., S, 103

23 SZ 23.05.2016

24 SZ 02.06.2016

25 Holger Stark a.a.O., S. 103

26 SZ 18./19.06.2016

27 Martin Hesse/Paul Middelhoff: Ein teu-
   res Paar, Der Spiegel Nr. 25/2016, S. 18 f.

28 Ebd.

29 Holger Stark: Amerikas letzte Hoffnung,
   Der Spiegel Nr. 25/2016, S. 16

30 WR 12.08.2016

HOW TO SURVIVE IM RUHESTAND

WIE MAN DAS LEBEN OHNE ARBEIT
IN VOLLEN ZÜGEN GENIESSEN LERNT

HOW TO SURVIVE IM RUHESTAND
WIE MAN DAS LEBEN OHNE ARBEIT
IN VOLLEN ZÜGEN GENIESSEN LERNT
Von Dietrich von Horn und Hein-Dirk Stünitz
232 Seiten, Taschenbuch
ISBN 978-3-86265-566-3 | Preis 9,99 €

Ruheständler sein und die Klappe halten ist nicht mehr. Dieses Buch gibt auf unterhaltsame Weise Auskunft über den sogenannten »Ruhestand« und wie man ihn so richtig auskostet und genießt. Es gibt zahlreiche erprobte Tipps und zeigt Wege auf, Fallstricke zu vermeiden und zu erfahren, dass dieser Lebensabschnitt nicht mit Stillstand und Warten gleichzusetzen ist, sondern viele wunderbare Überraschungen bereithält.

Die Autoren, selbst glückliche Ruheständler, wissen, wovon sie schreiben. Sie nehmen den Leser mit auf das Ruhestandsabenteuer und zeigen, wie man darin nicht nur überleben, sondern auch aufblühen kann. Am Ende steht dann die Erkenntnis: Das Leben ist schön! Man muss sein Glück nur beim Schopfe packen.

Ein Buch über Leute, die im Alter mit sich und der Zeit etwas anfangen können

Dieses aktuelle Buch hat ein Insider geschrieben. Der 72-jährige Autor wohnt in einer hübschen Kleinstadt mit der zweitältesten Bevölkerung von Nordrhein-Westfalen. Hier finden regelmäßig Bürgerfeste und Rollatortage statt. So konnte er seit Jahren detaillierte Studien zum Thema dieses Buches treiben. Seine humanistische Bildung mit großem Latinum und Graecum und sein Dr. phil. verschafften ihm auch Zugang zu Lebensweise und Verhalten hassenswerter akademischer Senioren. Seine frühere Tätigkeit als Verleger des Krimiverlags Grafit ließ ihn schon früh ein Gespür auch für die Schandtaten älterer Menschen entwickeln.

Rutger Booß
IMMER DIESE SENIOREN!
111 Gründe, warum sie uns in den Wahnsinn treiben

ISBN 978-3-86265-644-8
© Schwarzkopf & Schwarzkopf Verlag GmbH, Berlin 2017
Erste Auflage Februar 2017
Zweite Auflage März 2017

KATALOG
Wir senden Ihnen gern kostenlos unseren Katalog.
Schwarzkopf & Schwarzkopf Verlag GmbH
Kastanienallee 32, 10435 Berlin
Telefon: 030 – 44 33 63 00
Fax: 030 – 44 33 63 044

INTERNET | E-MAIL
www.schwarzkopf-schwarzkopf.de
www.facebook.com/schwarzkopfverlag
info@schwarzkopf-schwarzkopf.de